How Democracies Die
어떻게 민주주의는 무너지는가

어떻게
민주주의는
무너지는가

우리가 놓치는 민주주의 위기 신호

스티븐 레비츠키·대니얼 지블랫 지음

박세연 옮김

어크로스

차례

모든 민주국가에 던지는 경고

오늘날 민주주의는 위험에 처했는가? 지금까지 우리는 이러한 질문을 던지리라고 상상하지 못했다. 우리 두 저자는 지난 15년 동안 다양한 지역과 시대에 걸쳐(가령 1930년대 암흑기의 유럽이나 억압적이었던 1970년대의 라틴아메리카) 민주주의 붕괴를 주제로 연구하고, 글을 쓰고, 학생들을 가르치고 있다. 오랫동안 우리는 전 세계에 등장한 새로운 형태의 전제주의를 살펴보고 있다. 민주주의가 어떻게, 그리고 왜 죽어가고 있는지는 우리 두 사람에게 반드시 해결해야 할 연구 과제다.

그러나 여기서는 우리가 살고 있는 나라, 즉 미국의 사례에 주목하고자 한다. 지난 2년 동안 우리는 다른 나라에서 민주주의의 위기를 알리는 전조였던 행동을 미국 정치인들이 실행하고 있는 전례 없는 모습을 지켜보고 있다. '상황이 정말로 그렇게 심각한 것은 아닐 거야'라는 말로 스스로를 다독이고 있지만, 우리 두 사람 역시 다른 많은 미국인들처럼 두려움을 느낀다. 민주주의는 언제나 위태로운 제도였다. 그럼에도 미국 사회는 지금까지 잘 버텨왔다. 헌법, 자유와 평등에 대한 확고한 믿음, 역사적

어떻게 민주주의는 무너지는가

으로 탄탄한 중산층, 높은 수준의 부와 교육, 그리고 광범위하고 다각화된 민간 영역이 아마도 민주주의 붕괴라는 재앙에서 미국 사회를 지켜주었을 것이다.

그래도 걱정은 남아 있다. 최근 미국 정치인들은 경쟁자를 적으로 여기고, 언론의 자유를 억압하고, 선거 불복을 선언하고 있다. 그리고 법원과 안보기구, 윤리위원회 등 민주주의의 제도적 완충장치를 허물어뜨리고 있다. 위대한 전 연방 대법관 루이스 브랜다이스Louis Brandeis는 미국의 모든 주를 '민주주의 실험실'이라고 칭송했지만, 권력의 자리에 앉은 이들이 선거 승리를 위해 법률을 뜯어고치고, 헌법을 수정하고, 심지어 선거권까지 박탈하면서 민주주의 실험실은 이제 전제주의 실험실로 전락할 위기에 처했다. 게다가 2016년에는 미국 역사상 처음으로 공직 경험이 전혀 없고, 헌법이 보장한 기본권을 존중할 의지가 보이지 않는, 독단적 성향이 뚜렷한 인물이 대통령으로 선출되었다.

이 모든 사태는 무엇을 말해주는가? 미국 사회는 지금 세계에서 가장 역사가 깊고 가장 성공적인 민주주의의 쇠퇴와 붕괴를 경험하고 있는 것일까?

오늘날 민주주의의 죽음

1973년 9월 11일 정오 칠레 산티아고 도심에서 몇 달째 긴장이 고조되는 가운데, 영국산 호커 헌터 전투기가 급강하하더니 산티아고 중심에 위치한 신고전주의 양식의 대통령 관저인 모네다 궁전에 폭격을 가했다. 이후 폭탄 공세는 계속 이어졌고, 모네다 궁전은 불길에 휩싸였다. 3년 전 진보 연합의 대표로서 대통령으로 선출된 살바도르 아옌데Salvador Allende

는 궁전 안쪽에 방어벽을 설치했다. 아옌데 임기 동안 칠레는 사회불안과 경제 위기, 그리고 정치 마비로 많은 어려움을 겪었다. 아옌데 대통령은 임기가 끝날 때까지 절대 물러나지 않겠다고 선언했다. 그러나 운명의 순간은 점점 다가오고 있었다. 곧 아우구스토 피노체트Augusto Pinochet 총사령관이 이끄는 칠레 군부가 쿠데타를 일으켰고 국가권력을 장악했다. 운명의 그날, 아옌데 대통령은 아침 일찍 라디오 방송을 통해 자신은 결코 투항하지 않을 것이라고 선언했다. 그리고 수많은 지지자들이 민주주의를 지키기 위해 거리로 쏟아져 나올 것이라고 경고했다. 그러나 아옌데의 예상은 빗나가고 말았다. 대통령 궁을 호위했던 군 병력과 경찰 모두 그를 버렸고, 라디오 선언은 공허한 메아리로 사라졌다. 그리고 몇 시간 후 아옌데 대통령은 죽었다. 그리고 칠레의 민주주의도 함께 죽었다.

칠레 사례는 우리가 일반적으로 생각하는 민주주의의 죽음을 보여주었다. 칠레 민주주의는 총을 든 군인의 손에서 죽음을 맞이했다. 실제로 냉전 기간 전 세계에서 일어난 민주주의 죽음 가운데 75퍼센트는 쿠데타에 의한 것이었다. 아르헨티나, 브라질, 도미니카공화국, 가나, 그리스, 과테말라, 나이지리아, 파키스탄, 페루, 태국, 터키, 우루과이의 민주주의가 바로 그렇게 죽었다. 보다 최근 사례를 보자면 2013년 모하메드 무르시Mohamed Morsi 이집트 대통령, 그리고 2014년 잉락 친나왓Yingluck Shinawatra 태국 총리 역시 군부 쿠데타로 최고 권좌에서 내려와야 했다. 이들 사례에서 민주주의는 군부의 무력과 강압으로 순식간에 죽음을 맞이하고 말았다.

그러나 민주주의는 또 다른 형태로 죽음을 맞이하기도 한다. 그 죽음은 덜 극적이지만, 마찬가지로 치명적이다. 여기서 민주주의는 군인이 아

어떻게 민주주의는 무너지는가

니라 국민이 선출한 지도자의 손에서 죽음을 맞이한다. 민주적 절차를 거쳐 당선된 대통령이나 총리가 권력을 잡자마자 그 절차를 해체해버리는 것이다. 1933년 히틀러가 독일 의사당 화재를 통해 그랬던 것처럼 일부 지도자는 순식간에 민주주의를 해체해버린다. 하지만 더 많은 경우 민주주의는 눈에 잘 띄지 않는 방식으로 서서히 허물어진다.[1]

베네수엘라의 사례를 살펴보자. 우고 차베스Hugo Chávez 전 대통령은 원래 부패 정권에 맞서 싸운 정치 아웃사이더였다. 그는 나라의 풍부한 석유 자원을 가난한 이들을 위해 활용하는 '진정한' 민주주의를 건설하겠노라고 약속했다. 기성 정치에서 무시와 학대를 받았다고 느낀 많은 베네수엘라 국민의 분노를 효과적으로 이용한 차베스는 1998년 대통령으로 당선되었다. 바리나스 주의 한 여성은 선거 날 밤 이렇게 말했다고 한다. "민주주의는 감염되었다. 차베스야말로 우리의 유일한 항생제다."[2]

실제로 차베스는 자신이 약속했던 혁명 과제를 민주적으로 이행했다. 1999년에는 새로운 제헌국회 구성을 위해 자유선거를 실시했고, 차베스 연합은 압도적 과반수를 차지했다. 이로써 차비스타(chavista, 차베스 지지 세력-옮긴이) 정권은 독자적으로 새로운 헌법을 제정할 수 있게 되었다. 이는 민주적인 헌법이었고, 차베스 정권의 정통성을 강화해주었다. 이후 2000년에는 대통령 및 의회 선거가 치러졌다. 차베스와 그 연합은 여기서도 승리를 거두었다. 그러나 차베스의 포퓰리즘은 반대 세력을 자극했고, 2002년 4월에는 군부에 잠시 권력을 뺏기고 말았다. 궁극적으로 쿠데타는 실패로 돌아갔고, 이후 차베스 정권은 그들의 민주적 정통성을 더욱 큰 목소리로 선포했다.

그런데 2003년부터 차베스는 독재를 향한 행보를 시작했다. 그의 인기가 떨어질 무렵 야당은 소환투표를 추진했지만, 투표가 실시된 1년 뒤 유가 상승으로 베네수엘라 경기가 다시 살아나면서 차베스는 간신히 위기를 넘겼다. 이후 2004년 차베스 정권은 소환투표를 주도한 정치인들의 블랙리스트를 작성하고 이들을 법정에 세웠다. 그럼에도 차베스는 2006년 재선에서 압도적 승리를 거두었고, 민주주의 형태는 그대로 유지되었다. 그러나 2006년 이후로 차비스타 정권은 대형 TV 방송국을 폐쇄하고, 야당 인사와 판사, 그리고 비우호적인 언론인들을 체포하거나 추방하는 등 전제적 행보를 강화해나갔다. 게다가 대통령 임기 제한을 철폐함으로써 영구 집권을 위한 발판을 마련했다. 2013년 암으로 세상을 떠난 차베스가 또다시 승리를 거뒀던 2012년 대선은 비록 자유선거이기는 했으나 공정선거는 아니었다. 이후 차비스모(Chavismo, 차베스의 좌파 포퓰리즘을 일컫는 말-옮긴이) 세력이 언론을 장악했고, 그들에게 유리한 방향으로 정부 조직을 개편했다. 차베스가 세상을 떠나고 1년 뒤, 그의 후계자 니콜라스 마두로Nicolás Maduro는 또 한 번의 의심스러운 선거에서 승리했다. 2014년 마두로 정권은 주요 야당 인사를 대거 투옥했다. 하지만 2015년 의회 선거에서 야당이 압도적인 승리를 거두었다. 이러한 사실은 베네수엘라가 더 이상 민주주의 국가가 아니라는 정치 평론가들의 주장과는 모순을 이룬다. 베네수엘라가 진정한 독재국가로 널리 알려지게 된 것은 2017년 새로운 일당 제헌국회가 의회를 무력화하고 나서였다. 그것은 차베스가 대선에서 처음으로 승리하고 거의 20년 만의 일이었다.

오늘날 민주주의는 그렇게 죽어가고 있다. 파시즘과 공산주의, 혹은 군부 통치와 같은 노골적인 형태의 독재는 전 세계적으로 점차 종적을 감추고 있다.[3] 최근에는 군사 쿠데타를 비롯하여 다양한 형태의 폭력적인 권력 장악은 찾아보기 힘들다. 대부분의 국가가 정기적으로 선거를 치른다. 그럼에도 민주주의는 다른 형태로 죽어간다. 냉전이 끝나고 민주주의 붕괴는 대부분은 군인이 아니라 선출된 지도자의 손에서 이뤄졌다.[4] 베네수엘라의 차베스는 물론 조지아, 헝가리, 니카라과, 페루, 필리핀, 폴란드, 러시아, 스리랑카, 터키, 우크라이나에서도 선거로 추대된 지도자들이 민주주의 제도를 전복했다. 오늘날 민주주의 붕괴는 다름 아닌 투표장에서 일어나고 있는 것이다.

선거로 시작된 민주주의 붕괴는 위험하면서도 미묘한 방식으로 이뤄진다. 칠레의 피노체트처럼 일반적인 쿠데타에 의한 민주주의 붕괴는 즉각적이고 뚜렷한 형태로 일어난다. 가령 대통령 궁에 불이 난다, 대통령은 피격당하거나 투옥되고 혹은 해외로 추방된다, 헌법은 효력을 잃거나 폐기된다. 그러나 선거를 통한 붕괴에서는 이러한 일은 일어나지 않는다. 탱크가 거리로 진격하는 법은 없다. 헌법을 비롯한 형식적인 민주주의 제도는 온전히 남아 있다. 시민들은 예전과 다름없이 투표를 한다. 선출된 독재자는 민주주의 틀은 그대로 보존하지만, 그 내용물은 완전히 갉아먹는다.

많은 독재 정권의 민주주의 전복 시도는 의회나 법원의 승인을 받았다는 점에서 '합법적'이다. 심지어 사법부를 효율적으로 개편하고, 부패를 척결하고, 혹은 선거 절차를 간소화한다는 명분으로 민주주의를 '개선'하려고까지 한다. 신문은 똑같이 발행되지만, 정권의 회유나 협박은 자체 검열을 강요한다. 시민들은 정부를 비판할 수 있지만, 그럴 경우 세무조사를 받거나 소송당하게 된다. 이러한 사실은 사회 혼란을 불러온다. 그렇지만 대부분의 사람들은 정확하게 무슨 일이 벌어지고 있는지 잘 깨달지 못한다. 많은 이들은 여전히 민주주의 사회에서 살고 있다고 믿는다.[5] 2011년 비영리단체 라티노바로메트로Latinobarómetro는 설문 조사를 통해 베네수엘라 국민들에게 그들이 살고 있는 나라를 1점("전혀 민주적이지 않은")과 10점("완전히 민주적인") 사이에서 평가하도록 했다. 그 결과 응답자 가운데 51퍼센트가 8점 이상을 준 것으로 나타났다.

이러한 경우 쿠데타나 계엄령 선포, 혹은 헌정 질서의 중단처럼 독재의 '경계를 넘어서는' 명백한 순간이 없기 때문에 사회의 비상벨은 울리지 않는다. 독재를 비판하는 사람들은 과장이나 거짓말을 한다고 오해를 받는다. 사람들 대부분 민주주의가 무너지고 있다는 사실을 제대로 인지하지 못한다.

잠재적 독재자가 권력을 잡으면

미국의 민주주의는 이러한 위험에 얼마나 취약할까? 분명한 사실은 미국 민주주의 기반이 베네수엘라나 터키, 헝가리보다는 훨씬 튼튼하다는 것이다. 하지만 안심할 만큼 튼튼한 것일까?

이 질문에 답하기 위해 우리는 언론의 헤드라인이나 속보에서 한 걸음 물러서서 거시적으로 다양한 지역과 역사 속에서 교훈을 얻어야 한다. 우리는 위기에 처했던 다른 국가의 민주주의를 들여다봄으로써 미국 민주주의의 현 상태를 더 정확하게 이해할 수 있다. 이러한 관점에서 우리 두 저자는 다른 국가의 역사 경험을 바탕으로 어떤 유형의 인물이 독재자가 될 가능성이 높은지 판별할 수 있는 리트머스 시험지를 개발했다. 우리는 원래 민주주의 지도자였던 인물이 독재의 늪으로 빠져들고 만 사례를 통해 교훈을 얻을 수 있다. 거꾸로 극단주의자가 권력을 잡지 못하게 막는

어떻게 민주주의는 무너지는가

데 성공한 민주주의 국가의 사례에서도 그러한 교훈을 발견할 수 있다. 우리 저자들은 이러한 비교를 통해 다양한 지역에서 선출된 독재자들이 민주주의 제도를 전복하는 데 놀랍게도 비슷한 전략을 썼다는 사실을 확인했다. 이러한 전략 패턴을 확인할 수 있다면 민주주의 붕괴 조짐을 더욱 분명하게 알아챌 수 있다. 그리고 이를 통해 민주주의 사회는 보다 효과적으로 대처할 수 있을 것이다. 다른 나라의 시민들이 어떻게 선출된 독재자에 맞서 싸웠는지, 혹은 안타깝게도 왜 저항에 실패했는지 살펴보는 것은 오늘날 민주주의를 지키려는 자들에게 매우 중요한 과제다.

민주주의 기반이 아무리 튼튼하다 해도 극단주의 선동가는 어느 사회에서나 등장하기 마련이다. 미국 역시 예외는 아니다. 가령 헨리 포드Henry Ford, 휴이 롱Huey Long, 조지프 매카시Joseph McCarthy, 조지 윌리스George Wallace와 같은 인물들이 그들이다. 그러나 민주주의에 대한 중대한 시험은 이러한 인물이 등장하는가가 아니라, 정치 지도자와 정당이 나서서 이러한 인물이 당내 주류가 되지 못하도록 차단하고, 이들에 대한 지지와 연합을 거부하고, 필요하다면 다른 당의 민주주의 후보자를 지지하거나 경쟁 세력과 적극적으로 연대함으로써 이들이 권력을 잡지 못하도록 막을 수 있는가이다. 대중적으로 인기 있는 극단주의자를 정치적으로 고립시키기 위해서는 정치인들의 결단이 필요하다. 그러나 기성 정당이 두려움과 기회주의, 혹은 판단 착오로 인해 극단주의자와 손을 잡을 때 민주주의는 무너진다.

일단 잠재적인 독재자가 권력을 잡으면, 민주주의는 두 번째 중요한 시험대에 오르게 된다. 그 독단적인 지도자가 민주주의 제도를 전복할 것인가, 아니면 민주주의 제도가 그를 통제할 것인가? 그러나 제도만으로는 선출된 독재자를 실질적으로 제어할 수 없다. 정당 체제와 시민사회는 물론 민주주의 규범democratic norm이 필요하다. 그 규범이 무너질 때 헌법에 명시된 권력분립은 우리의 기대와는 달리 민주주의 보호막으로 기능하지 못한다. 독재자는 민주주의 제도를 정치 무기로 삼아 마음껏 권력을 휘두를 수 있다. 선출된 독재자는 사법부를 비롯한 중립 기관들을 자신의 입맛대로 바꾸거나 '무기로 활용하고', 언론과 민간 영역을 매수하고(목소리를 내지 못하도록), 정치 게임의 규칙을 바꿔서 경쟁자에게 불리하게 운동장을 기울인다. 선거를 통해 권력을 장악한 독재자의 시나리오에서 가장 비극적인 역설은 그가 민주주의 제도를 미묘하고 점진적으로, 그리고 심지어 합법적으로 활용함으로써 민주주의를 죽인다는 사실이다.

다른 나라 민주주의의 교훈

민주주의 규범이 허물어진 상태에서 치러졌던 2016년 11월 대선에서, 미국 사회는 그만 첫 번째 시험에서 탈락하고 말았다. 도널드 트럼프는 대중의 불만은 물론 극단주의 선동가와 손을 잡은 공화당 덕분에 깜짝 승리를 일궈냈다.

지금 미국의 민주주의는 얼마나 위험한 상태일까? 많은 정치 평론가들은 헌법에서 위안을 찾으려 한다. 그들은 미국 헌법이 도널드 트럼프와 같은 선동가를 제어할 수 있도록 설계되었다고 말한다. 실제로 견제와 균형의 매디슨 시스템Madisonian system은 200년이 넘는 세월을 견뎌왔다. 남북전쟁과 대공황, 냉전과 워터게이트까지 이겨냈다. 그러므로 트럼프도 이겨낼 것이다.

그러나 확신할 수는 없다. 물론 미국의 견제와 균형 시스템은 역사적으로 대단히 효과적이었다. 하지만 그것은 건국의 아버지들이 설계한 헌법 시스템 덕분만은 아니었다. 민주주의가 건강하게 돌아가고 오랫동안 이어지기 위해서는 성문화되지 않은 규범이 헌법을 뒷받침해야 한다. 지금까지 두 가지 기본적인 규범이 오늘날 우리가 당연시 여기는 미국 사회의 견제와 균형을 유지해왔다. 그 두 가지 규범이란 정당이 상대 정당을 정당한 경쟁자로 인정하는 상호 관용mutual toleration과 이해understanding, 그리고 제도적 권리를 행사할 때 신중함을 잃지 않는 자제forbearance를 말한다. 이 두 규범은 20세기 대부분의 기간 동안 미국 민주주의 기반을 강화해왔다. 양당 지도자는 서로를 정당한 경쟁자로 받아들였고, 그들에게 시한부로 주어진 제도적 권리를 오로지 당의 이익을 위해서만 활용하려는 유혹에 굴복하지 않았다. 이처럼 관용과 절제의 규범은 미국 민주주의를 보호하는 연성軟性 가드레일로 기능하면서, 당파 싸움이 파멸의 나락으로 떨어지지 않도록 막아주었다. 반면 1930년대 유럽이나 1960년대와 70년대 남미에서 나타난 자멸적인 당파 싸움은 여러 국가의 민주주의를 죽음으로 내몰았다.

이제는 미국 민주주의의 가드레일이 흔들리고 있다. 1980년대와 90년대 시작된 민주주의 규범의 침식은 2000년대에 들어서 가속화되었다. 특히 버락 오바마가 대통령이 되었을 때 많은 공화당 인사들은 민주당을 정당한 경쟁자로 받아들이지 않았고, 수단과 방법을 가리지 않고 승리하기 위해 자제의 규범을 저버렸다. 이러한 움직임은 도널드 트럼프에 의해 가속화되었을지 몰라도, 그로부터 시작된 것은 아니다. 오늘날 미국 민주주의가 직면하고 있는 과제는 그 뿌리가 무척이나 깊다. 민주주의 규범 침식은 당파적 양극화에서 비롯되었다. 그 양극화는 정책 차이를 넘어서,

인종과 문화에 걸친 본질적 갈등으로까지 뻗어 있다. 미국 사회가 다양화되면서, 인종 간 평등을 실현하려는 사회 노력은 교묘한 전략에 직면했고, 오히려 양극화를 심화했다.[6] 민주주의 붕괴에 관한 역사적 사례를 통해 우리가 확인할 수 있는 한 가지 분명한 진실이 있다면, 그것은 극단적인 양극화가 민주주의를 죽음에 이르게 할 수 있다는 사실이다.

그러므로 우리는 미국 사회에 경고를 해야 한다. 미국 사회는 2016년 대선은 물론 과거에 민주주의 규범이 허물어졌던 때에도 똑같은 모습을 보였다. 하지만 우리가 다른 나라의 경험을 통해 극단적인 양극화가 민주주의를 죽일 수 있다는 교훈을 얻는다면, 동시에 민주주의 붕괴는 필연적인 것도, 되돌릴 수 없는 것도 아니라는 교훈도 얻을 수 있다. 이 책에서 우리 두 저자는 위기에 처한 다른 나라의 민주주의에서 얻을 수 있는 교훈을 살펴보고, 동시에 민주주의를 지키기 위해 시민사회가 따라야 할, 그리고 따르지 말아야 할 전략을 제시하고자 한다.

많은 미국인들이 지금 그들 주변에서 일어나는 일에 두려움을 느끼고 있다. 그러나 두려움, 혹은 분노만으로 민주주의를 지켜낼 수는 없다. 우리는 겸손하면서 동시에 용감해야 한다. 경고신호를 인식하고 위험한 신호를 가려내기 위해 다른 나라에서 배워야 한다. 또한 다른 나라의 민주주의를 파멸로 몰아갔던 치명적인 실수를 인식하고, 다른 나라의 시민들은 민주주의의 심각한 위기에 맞서 어떻게 저항했는지, 그리고 민주주의 붕괴를 막기 위해 어떻게 뿌리 깊은 양극화를 극복했는지 살펴보아야 한다. 물론 역사는 똑같이 반복되지 않는다. 하지만 거기에는 패턴이 있다. 역사적 사명인 이 책에서 우리가 바라는 것은 너무 늦기 전에 그 패턴을 발견해내는 일이다.

1장

민주주의자와
극단주의자의
치명적 동맹

말과 사슴이 싸움을 벌였다. 말은 사냥꾼을 찾아가 사슴에게 복수하도록 도와달라고 부탁했다. 그런데 사냥꾼은 한 가지 조건을 달았다. "정말로 복수하고 싶거든 내가 고삐로 널 조종할 수 있도록 입에 마구를 채우고, 사슴을 쫓는 동안 내가 편히 앉도록 등 위에 안장을 얹어야 해." 말은 기꺼이 동의했다. 결국 말은 사냥꾼의 도움을 받아 사슴을 물리치는 데 성공했다. 말은 사냥꾼에게 말했다. "이제 그만 내려와요. 입과 등에 채운 것도 풀어주세요." 하지만 사냥꾼의 대답은 이랬다. "이봐, 너무 서두르지 말라고. 이제 막 마구를 채웠잖아. 난 지금 이대로가 좋단 말이야."

– 〈말과 사슴, 그리고 사냥꾼〉, 《이솝 우화》

1922년 10월 30일 오전 10시 55분, 베니토 무솔리니Benito Mussolini는 밤새 밀라노에서 로마로 넘어왔다.[1] 무솔리니가 로마에 온 것은 이탈리아 국왕의 요청으로 수상직을 수락하고 새 내각을 꾸리기 위해서였다. 소규모 근위대를 동반한 무솔리니는 가장 먼저 사보이아 호텔에 들렀다. 그러고는 검정색 재킷과 검정색 셔츠 차림에 검정색 중절모까지 쓰고서 국왕이 있는 퀴리날레 궁전Quirinal Palace으로 당당히 걸어 들어갔다. 그 무렵 로마는 음험한 소문으로 가득했다. 기괴한 제복을 갖춰 입은 파시스트 무리들이 로마 거리를 어슬렁거리고 있었던 것이다. 극적인 장면의 놀라운 위력을 익히 잘 알고 있던 무솔리니는 대리석이 깔린 왕궁으로 걸어 들어가 국왕을 알현했다. "전하, 제 옷차림을 부디 용서하소서. 전쟁터에서 돌아오는 길입니다."[2]

그것은 바로 무솔리니의 전설적인 '로마진군March on Rome'의 시작이었다. 이탈리아 정권을 차지하기 위해 루비콘 강을 건넌 검은색 셔츠 차림의 무솔리니 병력의 이미지는 이후 파시스트의 상징이 되었다. 20년대와 1930년대에 걸쳐 로마진군은 국경일 행사로 재연되었고, 교과서에까지 실렸다. 무솔리니는 신화 창조에서 자신의 역할에 충실했다. 심지어 무솔리니는 그날 로마를 앞둔 마지막 기차역에서 근위병의 호위를 받으며 말을 타고 로마로 들어가는 장면도 상상했다.[3] 비록 그 계획은 포기했지만, 그럼에도 그는 자신의 권력 장악에 관한 신화를 보다 화려하게 만들기 위해 최선을 다했다. 새로운 파시스트 시대를 선포한 "혁명"과 "민란"이라는 표현까지 동원했다.[4]

진실은 보다 평범하다. 식량과 무기 부족으로 어려움을 겪던 '검은셔츠단'이 로마로 들어온 것은 무솔리니가 수상으로 추대되고 나서였다. 당시 그의 파시스트 단원들은 이탈리아 전역에서 위협적인 존재였다. 그러나 무솔리니가 정권을 잡기 위해 선택한 방법은 혁명이 아니었다. 대신에 무솔리니는 자신의 당이 의회에서 차지했던 35석(총 535석 중), 기성 정치인들의 분열, 사회주의에 대해 만연한 공포, 3만 명에 달하는 위협적인 검은셔츠단을 활용하여 소심한 국왕 비토리오 에마누엘레 3세Victor Emmanuel III의 관심을 샀다. 국왕에게 무솔리니는 정치적으로 떠오르는 별이자 사회불안을 잠재워줄 구원의 손길이었다.

무솔리니 득세와 사회주의 후퇴로 이탈리아의 정치 질서가 안정을 되찾으면서 주식시장도 회복되었다. 그러자 지오반니 졸리티Giovanni Giolitti나 안토니오 사란드라Antonio Salandra 같은 원로 정치인들 역시 당시의 변화를 환영했다. 그들은 무솔리니를 유용한 인물로 보았다. 그러나 《이솝 우화》에 등장한 말처럼 이탈리아는 조만간 '마구'에 묶이는 신세로 전락하고 말았다.

20세기 전반에 걸쳐 이탈리아의 시나리오는 정황만 달리하여 전 세계 다양한 지역에서 반복되었다. 예를 들어 아돌프 히틀러와 브라질의 제툴리우 바르가스Getúlio Vargas, 페루의 알베르토 후지모리Alberto Fujimori, 베네수엘라의 우고 차베스와 같은 아웃사이더 정치인들 모두 내부로부터, 그리고 선거나 강력한 정치인과의 연합을 통해서 권좌에 올랐다. 각각 사례에서 기존 엘리트 집단은 인기 있는 아웃사이더를 받아들여도 얼마든지 '제어'할 수 있으며, 나중에 자신들이 권력을 차지하게 될 것이라고 믿었다. 그러나 그들의 예상은 어긋나고 말았다. 그들은 두려움과 야심, 그리고 판단 착오라는 치명적 실수로 파멸의 길로 들어서고 말았다. 그들은 권력의 열쇠를 잠재적 독재자에게 기꺼이 넘겨주었다.

노련한 정치인들의 순진함

그런데 노련한 기성 정치인들이 왜 이런 치명적인 실수를 저지른 걸까? 1933년 1월 아돌프 히틀러의 등장보다 그 이유를 잘 설명해주는 사례는 없을 것이다. 히틀러의 폭력 성향은 이미 1923년 뮌헨의 맥주홀 폭동Beer Hall Putsch 사건에서 명백히 드러났다. 사건 당일 저녁, 총기를 소지한 충성 당원들이 여러 정부 청사는 물론 바이에른 공화국 장관들이 회의를 진행하고 있던 뮌헨 맥주홀까지 장악했다. 하지만 당시 폭동은 치밀하지 못한 계획 탓에 실패로 돌아갔고, 히틀러는 9개월 동안 투옥되었다. 그 기간 동안에 그가 쓴 책이 바로 악명 높은 자서전, 《나의 투쟁Mein Kampf》이다. 석방 후 히틀러는 공식적인 선거를 통해 권력을 잡는 것으로 전략을 바꿨다. 히틀러의 사회주의 운동은 초기에 거의 관심을 받지 못했다. 1919년 바이마르 공화국 정치 상황은 사회민주당, 가톨릭 중앙당, 진보당을 중심으로 이루어진 정치 연합에 기반을 두고 있었다. 그러나 1930년 초 경제가 흔들리면서 중도우파 세력이 경쟁에서 밀려났고, 공산주의와 나치가 대중의 지지를 얻었다.

선거로 세워진 정부는 1930년 3월 대공황의 고통 속에서 무너졌다. 정치가 교착 상태에 빠지면서 행정부 기능이 마비되었다. 당시 명목상 대통령이자 제1차 세계대전의 영웅인 파울 폰 힌덴부르크Paul von Hindenburg는 의회가 중단된 국가 비상사태에서 대통령이 수상을 임명할 수 있다는 헌법 조항을 실행에 옮겼다. 그때 힌덴부르크의 목적은 정치 상황을 안정시키고, 좌파와 우파의 급진주의자가 정치 무대로 올라오지 못하도록 막는 것이었다. 이를 위해 그는 가장 먼저 중앙당 인사인 경제학자 하인리히 브뤼닝Heinrich Brüning(이후에 미국으로 망명하여 하버드 대학의 교수가 되었다)을 수상으로 임명하여 경제 회복을 시도했지만 실패로 돌아가고 말았다. 브뤼닝은 짧은 임기를 뒤로하고 물러났다. 힌덴부르크 대통령은 다음으로 귀족 출신 프란츠 폰 파펜Franz von Papen을 수상으로 임명했지만, 또다시 실패로 끝나고 말았다. 그리고 세 번째로 힌덴부르크는 파펜의 동료이자 경쟁자인 전 국방장관 쿠르트 폰 슐라이허Kurt von Schleicher를 임명했다. 하지만 의회 과반을 차지하지 못한 상태에서 정체 국면은 계속 이어졌다. 당연하게도 정치 지도자들은 다음 선거를 걱정했다.

1933년 1월 말 서로 경쟁하던 보수주의 정치인들은 '뭔가 타협이 필요하다'는 생각에 회동을 가졌고, 한 가지 합의안을 마련했다. 그것은 대중 사이에서 인기가 높은 아웃사이더 인물인 히틀러를 수상 자리에 앉히는 것이었다. 물론 그들은 히틀러를 탐탁지 않게 여겼지만, 그의 높은 인기는 어떻게든 이용해야 했다. 게다가 무엇보다도 그를 얼마든지 제어할 수 있다고 믿었다.

1933년 1월 30일 그 합의안의 주도자 중 한 명인 파펜은 국가적 위기 상황에서 히틀러를 수상에 임명하는 위험한 도박에 대한 우려의 목소리를 다음과 같은 말로 일축했다. "우리의 이익을 위해서 그를 이용하는 겁니다 (…) 두 달 뒤에 그를 구석으로 밀어내면 아마 찍소리도 하지 못할 겁니다."[5] 그러나 이보다 치명적인 착각은 없었다.

이탈리아와 독일의 시나리오는 독재자를 권력의 자리에 앉힌 "치명적 연합"[6]의 대표 사례다. 어느 민주주의 사회에서건 정치인들은 때로 중대한 도전을 맞이한다. 경제 위기와 여론 악화, 선거 패배는 노련한 정치인조차 판단의 시험대에 들게 만든다. 이러한 상황에서 카리스마 있는 아웃사이더가 기성 질서에 도전하면서 정치 무대로 올라설 때 그를 자신의 편으로 끌어들여 이용하겠다는 생각은 정치인에게 대단히 유혹적이다. 경쟁자가 그와 손잡기 전에 그를 서둘러 영입한다면 아웃사이더의 높은 인기를 활용하여 경쟁자를 물리칠 수 있다는 생각을 떨쳐버리기 힘들다. 그리고 나중에 자신의 계획에 따라 그를 충분히 조종할 수 있을 것이라고 확신한다.

이와 같은 악마의 거래는 기성 정치 세력이 아웃사이더에게 정당한 도전자의 자격을 부여할 때 아웃사이더에게 유리하게 흘러간다. 1920년대 초 이탈리아의 경우 파업이 늘고 사회불안이 고조되면서 정치 질서가 흔들리기 시작했다. 주요 정당이 의회 대다수를 차지하지 못한 상태에서 연로한 5대 수상 지오반니 졸리티는 궁지에 몰렸고, 자문들의 반대에도 불구하고 1921년 5월에 조기 선거를 실시했다. 졸리티는 갑자기 정치 무대로 뛰어오른 무솔리니의 인기를 이용하기 위해 국민당, 파시스트, 자유당으로 이루어진 선거 동맹인 '부르주아 연합' [7]을 맺었다. 하지만 부르주아 연합은 선거에서 20퍼센트의 지지도 얻지 못했고, 결국 졸리티는 사임했다. 그럼에도 무솔리니는 연합 내에서 자리를 지켰고, 그의 보잘것없던 세력은 이를 기반으로 권력에 도전할 자격을 얻었다.

이러한 치명적 연합은 두 세계대전 사이의 유럽 대륙에서만 나타난 것은 아니었다. 우고 차베스의 집권 역시 이러한 연합으로 설명할 수 있다. 베네수엘라는 1958년 이후로 남미에서 가장 오래된 민주주의 국가라는 자부심을 갖고 있었다. 공직 경험이 없는 하급 장교이자 실패한 쿠데타 우두머리였던 차베스 또한 정치 아웃사이더였다. 그리고 차베스 역시 권력을 향한 도전에서 주요한 정치 내부자의 결정적인 도움을 받았다. 그는 다름 아닌 베네수엘라 민주주의를 구축한 영웅이자 전직 대통령인 라파엘 칼데라Rafael Caldera였다.

베네수엘라 정치 역사에서는 중도좌파인 민주행동당Democratic Action과

칼데라가 이끄는 중도우파인 사회기독당Social Christian Party(COPEI로 알려진)이 30년 넘는 세월 동안 평화적으로 정권을 주고받았다. 1970년대 베네수엘라는 쿠데타와 독재가 난무한 남미에서 모범적인 민주주의 국가로 이름을 알렸다. 그러나 1980년대로 접어들면서 석유에 의존한 베네수엘라 경제가 위기를 맞았고, 경기 침체가 10년 넘게 이어지면서 빈곤율은 두 배 가까이 높아졌다. 당연하게도 베네수엘라 국민의 불만은 커졌다. 결국 1989년에 일어난 대규모 폭동은 기성 정당에 위기의식을 가져다주었다. 그리고 3년이 지난 1992년 2월 하급 장교 집단이 카를로스 안드레스 페레스Carlos Andrés Pérez 대통령에게 반기를 들고 일어섰다. 우고 차베스가 이끄는 혁명군은 존경받는 독립 영웅 시몬 볼리바르Simón Bolívar의 이름을 따서 스스로를 '볼리바리언Bolivarian'이라 칭했다. 그러나 그의 쿠데타는 실패로 돌아갔다. 그럼에도 붙잡힌 차베스가 생방송에 출연해 자신의 지지자들에게 이제 그만 무기를 내려놓으라고 말했을 때(그들의 목적이 "현재로서는" 실패로 돌아갔다고 말한 역사적 선언), 많은 베네수엘라 국민들, 특히 가난한 사람들은 그를 영웅으로 바라보았다. 1992년 11월 두 번째 쿠데타마저 수포로 돌아가면서 차베스는 다시 투옥되었다. 이후 그는 선거를 통해 권력을 잡기로 노선을 바꿨다. 그리고 이를 위해 누군가의 도움이 절실했다.

전 대통령 칼데라는 존경받는 원로 정치인이었지만, 1992년 무렵에 그의 정치 경력은 위기를 맞고 있었다. 그로부터 4년 전 칼데라는 대선 출마를 위한 당의 공천을 받지 못하면서 퇴물 정치인 취급을 받았다. 그러나 그 76세의 정치인은 다시 대통령 자리로 돌아갈 날을 꿈꾸었고, 그런 그에게 차베스는 생명줄과 같았다. 차베스의 1차 쿠데타가 있었던 그날 밤에 칼데라는 의회 긴급회의에 출석해 혁명군의 사명을 인정하면서 이렇게 선언했다.

자유와 민주주의가 먹을거리를 가져다주지 못하고, 생필품 가격은 날로 치솟고, 모두가 알고 있듯 극심한 부패와 재앙이 베네수엘라의 제도를 허물어뜨리고 있는 지금의 상황에서 국민들에게 자유와 민주주의를 위해 희생하라고 강요할 수만은 없습니다.[8]

칼데라의 정치 경력은 이 놀라운 발언에 힘입어 부활했다. 그는 차베스의 반정부 지지층과 손을 잡음으로써 대중의 인기를 얻었고, 이를 기반으로 1993년 대선에 출마할 수 있었다.

칼데라와 차베스의 공식 연합은 그 전 대통령의 정치 입지를 강화해주었을뿐만 아니라, 차베스에게 새로운 신임장을 주었다. 차베스와 그의 동료들은 34년 된 베네수엘라 민주주의를 파괴할 계획을 세우고 있었다. 그럼에도 칼데라는 쿠데타 지도자를 위협적인 극단주의자라고 비난하는 대신 지지를 표명했고, 이를 통해 차베스가 주류 정치 무대로 올라설 수 있도록 기회의 문을 열어주었다.

또한 칼데라는 베네수엘라의 기성 정당 체제에 치명적인 일격을 가함으로써 차베스가 대통령 궁으로 들어설 수 있도록 말 그대로 문을 열어주었다. 칼데라는 놀랍게도 반세기 이전에 자신이 설립한 사회기독당을 저버리고는 무소속 후보로 대선에 출마했다. 당시 베네수엘라의 주요 정당은 위기를 맞고 있었다. 그리고 칼데라의 탈당과 뒤이은 반체제 운동은 이들 정당을 더욱 무력하게 만들었다.[9] 1993년 대선에서 칼데라가 무소

어떻게 민주주의는 무너지는가

속으로 출마하면서 베네수엘라의 정당 시스템은 무너졌다. 그리고 이는 아웃사이더 차베스가 정치 무대에 올라설 수 있는 발판이 되었다. 그리고 5년 후 차베스의 차례가 돌아왔다.

하지만 1993년 차베스에게는 한 가지 문제가 있었다. 그는 반역죄에 대한 재판을 기다리며 교도소에 수감되어 있었다. 그러나 1994년 칼데라 대통령은 그를 모든 혐의에서 풀어주었다. 칼데라가 취한 마지막 행동은 차베스가 교도소를 나오도록 철창문을 활짝 열어준 것이었다. 한 기자가 석방된 차베스에게 어디로 갈 것인지 물었을 때 그의 대답은 이랬다. "권력을 향해서."[10] 자유의 몸이 된 차베스의 인기는 더욱 높아졌다. 그의 석방은 칼데라가 선거운동에서 내건 공약이었다. 대부분의 베네수엘라 엘리트 정치인처럼 칼데라 역시 차베스의 인기를 일시적인 현상으로 보았다.[11] 그리고 다음 대선이면 그 인기도 한풀 꺾일 거라고 예상했다. 그래서 그는 차베스를 재판정에 세운 뒤 사면을 하는 방식이 아니라, 처음부터 모든 혐의를 풀어주는 방식을 선택했다.[12] 이로써 차베스는 쿠데타 우두머리에서 유력 대선 후보로 올라설 수 있었다. 그리고 1998년 12월 6일, 차베스는 기성 정당 후보들을 가볍게 물리치고 대권을 거머쥐었다. 대통령 궁을 떠나게 된 칼데라는 차베스의 취임식에서 그의 옆자리에 서지도 못했다. 다만 멀찍이 떨어져 침울한 표정으로 바라볼 뿐이었다.[13]

그 구체적인 내용은 다르지만, 히틀러와 무솔리니, 차베스 모두 흡사한 여정을 거쳐 권력의 자리에 올랐다. 그들 모두 대중의 관심을 사로잡는 기술이 있었을뿐만 아니라, 기성 정치인들이 경고신호를 무시하고 권력을 쉽게 넘겨주거나(히틀러와 무솔리니) 혹은 정치 무대에 들어오도록 문을 열어주었기(차베스) 때문에 권좌에 오를 수 있었다.

기존 정치 지도자가 정치적 책임을 저버릴 때 그 사회는 전제주의로 들어서는 첫걸음을 내딛게 된다. 차베스가 대선에서 승리하고 몇 년이 흐른 뒤, 라파엘 칼데라는 자신의 행동에 대해 이렇게 변명했다. "차베스가 대통령이 되리라고는 누구도 예상하지 못했다."[14] 그리고 히틀러가 수상이 되고 단 하루 만에 그를 지지했던 한 유력 보수 인사는 이렇게 고백했다. "내 인생에서 가장 어리석은 실수를 저질렀다. 세계 역사상 가장 위험한 선동가와 손을 잡고 말았다."[15]

민주주의를 지키는 건 국민이 아니다

그러나 모든 민주주의가 이러한 함정에 빠지는 것은 아니다. 벨기에, 영국, 코스타리카, 핀란드를 포함한 많은 나라들 역시 대중선동가의 위협에 직면했지만, 그들은 그 인물이 권력의 자리에 오르지 못하도록 잘 막아냈다. 그렇다면 그들은 어떻게 했던 것일까? 사람들은 그 이유를 국민의 집단 지성으로 치부해버리는 경향이 있다. 다시 말해 벨기에와 코스타리카 국민이 독일이나 이탈리아 국민보다 더 민주적인 집단이라고 생각해버리는 것이다. 사람들은 국가의 운명이 국민의 손에 달려 있다고 믿는다. 즉, 국민이 민주적 가치를 지지한다면 민주주의는 살아남을 것이다. 반면 전제주의의 유혹에 넘어간다면 민주주의는 곧 위기에 봉착할 것이라고 생각한다.

그 생각은 틀렸다. 이러한 입장은 민주주의 사회에서는 '국민'이 자신의 의지대로 정부를 구성할 수 있다며 그 능력을 과대평가하는 것이다. 우리는 1920년대 독일과 이탈리아에서 유권자 대다수가 전제주의를 지지했다는 어떤 증거도 발견하지 못했다. 나치와 파시스트가 권력을 잡기 전에 이들 정당의 당원은 전체 인구의 2퍼센트에도 미치지 못했으며, 자유롭고 공정한 선거에서 과반을 득표하지 못했다. 오히려 유권자 대다수는 히틀러와 무솔리니 세력에 반대했다. 적어도 두 아웃사이더가 정치 야망에 눈이 먼 기성 정치인들의 도움으로 기회를 잡기 전까지는 말이다.

우고 차베스는 유권자 과반의 지지로 대통령이 되었지만, 그렇다고 해서 베네수엘라 국민이 강한 독재자를 원했다는 증거는 없다. 베네수엘라 국민은 안정적인 민주주의 국가를 원했다. 그 열망은 지금까지 민주주의를 지켜온 칠레 국민보다 더 높았다. 1998년 라티노바메트로 설문 조사에 따르면 베네수엘라 국민 중 60퍼센트가 "민주주의는 언제나 최고의 통치 형태다"라는 문항에 동의했던 반면, "특정 상황에서 독재는 민주주의보다 더 나을 수 있다"라는 문항에 찬성한 응답자는 25퍼센트에 불과했다.[16] 당시 칠레에서 실시한 같은 설문 조사에서 "민주주의는 언제나 최고의 통치 형태다"에 동의한 응답자 비중은 53퍼센트였다.

잠재적 대중선동가는 모든 민주주의 사회에 존재하며, 때로 그들은 대중의 감성을 건드린다. 그러나 어떤 사회에서는 정치 지도자들이 경고신호를 인식하고, 이러한 인물들이 권력의 중앙 무대로 올라서지 못하도록 방어한다. 극단주의자나 선동가가 대중의 인기를 얻었을 때 기성 정치인들은 힘을 합쳐 그들을 고립시키고 무력화한다. 물론 극단주의자의 호소에 대한 대중의 반응도 중요하지만, 더 중요한 것은 정치 엘리트 집단, 특히 정당이 사회적 거름망으로서 기능할 수 있는가이다. 간단하게 말해서 정당은 민주주의의 문지기gatekeeper인 셈이다.

독재자를 감별하는 법

독재자를 사전에 차단하기 위해서는 먼저 누가 잠재적인 위험인물인지 알 수 있어야 한다. 그러나 안타깝게도 이를 알려주는 객관적인 경고 장치는 없다. 그렇지만 많은 독재자는 권력의 자리에 오르기 전에 고유한 조짐을 드러낸다. 그들에게는 뚜렷한 경력이 있다. 가령 히틀러는 쿠데타에 실패했고, 차베스 역시 무장봉기에 실패했다. 무솔리니의 검은셔츠단은 의회 폭력에 가담했다. 그리고 20세기 중반 아르헨티나의 후안 페론 Juan Perón은 대통령이 되기 2년 6개월 전에 쿠데타에 성공했다.

하지만 모든 정치인이 권좌에 오르기 전에 자신의 독재 특성을 드러내는 것은 아니다. 일부는 처음에는 민주주의 규범을 성실히 따르다가 나중에 본색을 드러낸다. 헝가리 총리 빅토르 오르반 Viktor Orbán이 그랬다. 오르반과 그의 피데스 Fidesz 당은 1980년대 말에 자유민주주의 노선으로 시작했고, 1998년에서 2002년까지 민주적으로 국정을 운영했다. 그러나 2010년 다시 권력을 잡았을 때 오르반은 독재자로서의 모습을 드러냄으로써 국민들을 깜짝 놀라게 만들었다.

그렇다면 우리는 독재의 징후를 보이지 않은 정치인 중에서 잠재적 독재자를 어떻게 가려낼 수 있을까? 이 질문과 관련하여 뛰어난 정치학자 후안 린츠 Juan Linz에 주목해보자. 바이마르 공화국 시절의 독일에서 태어나고 어린 시절에 스페인 내전을 겪은 린츠는 민주주의가 붕괴되는 비극에 대해 누구보다 잘 알고 있다. 예일 대학 교수인 린츠는 오랜 연구를 통해 민주주의가 왜, 그리고 어떻게 죽어가는지를 들여다보았다. 그의 다양한 주장은 얇지만 중요한 책,《민주주의 정권의 몰락 The Breakdown of Democratic Regimes》에서 확인할 수 있다. 1978년에 출판된 이 책은 정치인의 역할을 조명하면서, 그들의 선택이 어떻게 민주주의를 강화하거나 위태롭게 만드는지 살피고 있다. 여기서 린츠는 반민주적 정치인을 가려내기 위한 '리트머스 테스트'[17]에 도전했지만 완성하지는 못했다.

우리는 린츠의 연구를 기반으로 잠재적인 독재자를 감별할 수 있는 네 가지 경고신호를 개발했다.[18] 우리는 1) 말과 행동에서 민주주의 규범을 거부하고, 2) 경쟁자의 존재를 부인하고, 3) 폭력을 용인하거나 조장하고, 4) 언론의 자유를 포함하여 반대자의 기본권을 억압하려는 정치인을 유심히 지켜봐야 한다. 우리는 이러한 네 가지 기준으로 정치인을 평가하는 방법을 [도표 1]에 요약해서 설명해놓았다.

이러한 기준 중 하나라도 충족한다면 우리는 그를 주의 깊게 관찰해야 한다. 그렇다면 어떤 정치인들이 전제주의 리트머스 테스트에서 양성반응을 보이는가? 주로 포퓰리즘 아웃사이더가 그렇다. 포퓰리스트는 기성 정치에 반대한다. 그들은 자신이 '국민'의 목소리를 대변하면서, 부패하고 음모를 꾸미는 엘리트 집단과 전쟁을 벌이겠다고 주장한다. 그리고 기존 정당 체계의 가치를 부정하면서, 기성 정치인들을 비민주적이고 비애국적인 자들로 매도한다. 또한 지금의 통치 시스템은 진정한 민주주의가 아니며, 엘리트 집단이 독점한, 부패하고 상처입은 가짜 민주주의임을 유권자들에게 강조한다. 포퓰리스트는 엘리트 집단을 처단해서 권력을 '국민'에게 되돌려주겠다고 약속한다. 그러나 우리 사회는 이러한 주장을 경계해야 한다. 포퓰리스트가 선거에서 이길 때 그들은 종종 민주주의 제도부터 공격한다. 예를 들어 남미의 경우 1990년에서 2012년까지 볼리비아, 에콰도르, 페루, 베네수엘라에서 선출된 15명의 대통령 중 다섯 명이 포퓰리즘 아웃사이더였다. 이들 다섯은 알베르토 후지모리, 우고 차베스,

[도표 1] 전제주의 행동을 가리키는 네 가지 주요 신호

1) 민주주의 규범에 대한 거부(혹은 규범 준수에 대한 의지 부족)	• 헌법을 부정하거나 이를 위반할 뜻을 드러낸 적이 있는가? • 선거제도를 철폐하고, 헌법을 위반하거나, 정부 기관을 폐쇄하고, 기본적인 시민권 및 정치 권리를 제한해야 한다고 주장한 적이 있는가? • 권력을 잡기 위해 군사 쿠데타나 폭동, 집단 저항 등 헌법을 넘어선 방법을 시도하거나 지지한 적이 있는가? • 선거 불복 등 선거제도의 정당성을 부정한 적이 있는가?
2) 정치 경쟁자에 대한 부정	• 정치 경쟁자를 전복 세력이나 헌법 질서의 파괴자라고 비난한 적이 있는가? • 정치 경쟁자가 국가 안보나 국민의 삶에 위협을 주고 있다고 주장한 적이 있는가? • 상대 정당을 근거 없이 범죄 집단으로 몰아세우면서, 법률 위반(혹은 위반 가능성)을 문제 삼아 그들을 정치 무대에서 끌어내려야 한다고 주장한 적이 있는가? • 정치 경쟁자가 외국 정부(일반적으로 적국)와 손잡고(혹은 그들의 지시에 따라) 은밀히 활동하는 스파이라고 근거도 없이 주장한 적이 있는가?
3) 폭력에 대한 조장이나 묵인	• 무장단체, 준군사조직, 군대, 게릴라, 혹은 폭력과 관련된 여러 조직과 연관성이 있는가? • 개인적으로 혹은 정당을 통해 정적에 대한 폭력 행사를 지원하거나 부추긴 적이 있는가? • 폭력에 대한 비난이나 처벌을 부인함으로써 지지자들의 폭력 행위에 암묵적으로 동조한 적이 있는가? • 과거나 다른 나라에서 벌어진 심각한 정치 폭력 행위를 칭찬하거나 비난을 거부한 적이 있는가?
4) 언론 및 정치 경쟁자의 기본권을 억압하려는 성향	• 명예훼손과 비방 및 집회를 금지하거나, 정부 및 정치조직을 비난하는 등 시민의 자유권을 억압하는 법률이나 정책을 지지한 적이 있는가? • 상대 정당, 시민 단체, 언론에 법적 대응을 하겠다고 협박한 적이 있는가? • 과거에 혹은 다른 나라의 정부가 행한 억압 행위를 칭찬한 적이 있는가?

어떻게 민주주의는 무너지는가

에보 모랄레스Evo Morales, 루시오 구티에레스Lucio Gutiérrez, 라파엘 코레
아Rafael Correa이다. 이들 모두 민주주의 제도를 허물어뜨렸다.[19]

정당이라는 문지기

전제적인 정치인이 권력의 중심 무대로 올라서지 못하도록 막는 일은
현실적으로 쉽지 않다. 어쨌든 민주주의 사회에서는 함부로 특정 정당을
해산하거나 출마를 막을 수 없다. 우리는 그러한 방법을 결코 옹호해서는
안 된다. 잠재적 독재자를 걸러내야 할 일차적 책임은 민주주의 문지기인
정당과 그 지도자들에게 있다.

주요 정당이 문지기 역할을 잘 해내기 위해서는 극단주의 세력을 고립
시키고 억제할 힘이 있어야 한다. 정치학자 낸시 버메오Nancy Bermeo는
이를 일컬어 '거리두기distancing'[20]라고 표현했다. 민주주의를 지향하는
정당은 여러 방식으로 거리두기를 실행할 수 있다. 첫째, 잠재적인 독재
자를 선거 기간에 당내 경선에서 배제하는 것이다. 이를 위해서 정당 지
도자는 선거에서 이길 가능성이 아무리 높다고 해도 극단주의자를 고위
직 후보자로 공천하려는 유혹을 떨쳐내야 한다.

둘째, 정당의 조직 기반에서 극단주의자를 제거하는 것이다. 두 번의
세계대전 사이에 스웨덴 보수당Swedish Conservative Party(AVF)의 사례를 살
펴보자. 스웨덴 보수당 산하 스웨덴 민족주의 청년동맹Swedish Nationalist
Youth Organization(투표연령 운동가 집단)은 1930년대 초 급진적인 형태로 변
화하기 시작했다.[21] 그들은 의회 민주주의를 비판하고 히틀러를 공공연
하게 지지하면서, 유니폼까지 갖춰 입은 돌격대를 조직했다. 1933년 스
웨덴 보수당은 이 집단을 당에서 제명했다. 이로 인해 2만 5000명에 달

하는 당원이 탈당하면서 스웨덴 보수당은 1934년 지방선거에서 큰 어려움을 겪었다.[22] 그럼에도 그들은 거리두기 전략을 선택함으로써 스웨덴 최대 중도우파 정당에서 반민주주의 세력이 등장하는 것을 저지할 수 있었다.

셋째, 반민주적인 정당이나 후보자와의 모든 연대를 거부함으로써 거리두기를 할 수 있다. 이탈리아와 독일 사례에서 보았듯이 민주주의를 지향하는 정당도 때로 선거에서 이기고 의회를 장악하기 위해, 혹은 내각을 구성하기 위해 극단주의자와 손을 잡으려는 유혹을 느낀다. 그러나 이러한 연합은 장기적으로 파괴적인 결과로 이어지고 만다. 린츠가 설명했듯이 다양한 사례에서 민주주의가 붕괴한 이유는 "〔주류〕정당이 이념적 스펙트럼에서 반대쪽으로 이동한 것이 아니라, 극단주의자와 밀접한 관계를 맺었기 때문이다."[23]

넷째, 극단주의자를 체계적으로 고립시키는 것이다. 이를 위해서는 1930년대 초 독일 보수당이 히틀러와 합동 집회를 열거나 칼데라가 차베스 지지 연설을 했던 것처럼 잠재적인 독재자를 정상인으로 보이게끔 만들거나 공식적으로 지지하는 행동을 해서는 안 된다.

마지막으로 극단주의자가 유력 후보자로 떠오를 때 주요 정당들은 연합 전선을 형성해야 한다. 린츠의 말을 빌리자면, "이념적으로 멀다고 해도 민주주의 질서를 지키기 위한 강한 의지만 있다면 얼마든지 상대 정당과 연합할 수 있어야 한다."[24] 물론 일반적인 상황에서 이러한 연합은 생각하기 힘들다. 미 상원 의원 에드워드 케네디Edward Kennedy를 비롯한 많은 민주당 인사가 로널드 레이건을 지지했던 상황을 떠올려보자. 혹은 영국 노동당과 노동조합이 손을 잡고 마거릿 대처Margaret Thatcher를 지지했

어떻게 민주주의는 무너지는가

던 때를 생각해보자. 당시 민주당과 노동당 지지자들은 지도부가 원칙을 저버렸다며 크게 분노했다. 그러나 용기 있는 지도자는 급박한 순간에 민주주의와 국가를 당의 이익보다 앞세우고, 또한 유권자에게 무엇이 더 중요한지 분명히 밝혀야 한다. 우리가 제시한 리트머스 테스트에서 양성반응을 보인 정당이나 정치인이 강력한 선거 후보로 떠오를 때 대안은 그리 많지 않다. 연합을 통해 민주 세력을 집결함으로써 극단주의자가 권력을 차지하는 것을 막아야 한다. 이것이야말로 민주주의를 수호하는 길이다.

극단주의를 막기 위한 일시적 동거

물론 실패 사례가 더 두드러져 보이기는 하지만, 그래도 일부 유럽 민주주의 국가는 분명하게도 두 번의 세계대전 사이에 문지기 역할을 충실히 수행했다. 우리는 뜻밖에도 작은 나라들에서 교훈을 얻을 수 있다. 가령 벨기에와 핀란드의 경우를 보자. 유럽 대륙이 정치적·경제적 위기를 겪었던 1920년대와 30년대에 두 나라는 민주주의 위기를 알리는 초기 경고신호를 인식했다. 당시 이들 국가에서는 반체제 극단주의자가 득세하고 있었다. 하지만 두 나라의 정치 엘리트 집단은 이탈리아나 독일과는 달리 민주주의 제도를 성공적으로 지켜냈다(적어도 몇 년 뒤 나치의 침공을 받기 전까지는).

1936년 벨기에 총선이 이뤄질 무렵 파시즘은 이탈리아와 독일을 넘어 유럽 전역으로 확산되고 있었다. 당시 총선은 충격적인 결과를 낳았다. 벨기에 극우 세력인 렉스당Rex Party과 플랑드르 국민당(Flemish nationalist party, 혹은 Vlaams Nationaal Verbond)이 20퍼센트 가까이 득표하면서 기존 세 정당인 중도우파 가톨릭당Catholic Party, 사회당Socialists, 자유당Liberal

Party의 역사적 통치 체제에 도전장을 내밀었다. 그중에서도 나치와 손을 잡은 가톨릭 저널리스트 출신의 렉스당 지도자 레옹 드그렐Léon Degrelle 은 특히 위협적인 인물이었다. 의회 민주주의를 가차 없이 비판했던 드그렐은 우파 가톨릭당을 떠난 뒤 당 지도부를 부패 혐의로 맹렬히 비난했다. 그는 히틀러와 무솔리니에게 격려와 함께 재정 지원까지 받았다.

1936년 선거는 중도 세력을 완전히 흔들어놓았다. 이들 정당은 치명상을 입었다. 가까운 이탈리아와 독일에서의 반민주주의 움직임을 알고 있고 자신들의 생존을 우려해야 하는 상황에서 이들 정당은 힘든 선택의 기로에 섰다. 특히 가톨릭당은 딜레마에 처해 있었다. 그들은 오랜 경쟁자인 사회당·자유당과 협력할 것인지 아니면 이념적으로는 가깝지만 민주주의 가치를 부정하는 렉스당과 우파 연합을 형성할 것인지 결정을 내려야 했다.

이탈리아와 독일의 주류 정치인들이 한발 물러섰던 것과 달리 벨기에 가톨릭당 지도부는 렉스당과의 협력으로는 당의 정체성을 지킬 수 없다고 판단내렸다. 그리고 반민주주의 세력에 맞서 싸우기 위해 이중 전략을 취했다. 우선 가톨릭당 지도부는 렉스당에 동조하는 인사들을 확인하고, 극단주의 입장을 표명한 당원들을 제명했다. 그리고 극우 세력과 거리두기를 시작했다.[25] 다음으로 외부적으로는 렉스당에 맞섰다. 이후 가톨릭당은 새로운 의제와 선거 전략을 받아들여 렉스당 기반을 이루는 젊은 가톨릭 집단에 주목했다. 1935년 12월 그들은 가톨릭 청년전선Catholic Youth Front을 발족하고,[26] 동시에 드그렐에 반대하는 기존의 연합 조직을 가동하기 시작했다.

렉스당과 가톨릭당 사이의 마지막 충돌은 1936년 선거 후 새로운 내

어떻게 민주주의는 무너지는가

각 수립 과정에서 일어났다. 거기서 렉스당은 권력의 주변부로 밀려났다. (나치 점령 이전까지) 가톨릭당은 현직 총리인 폴 판 젤란트Paul van Zeeland 를 지지했다.[27] 그리고 젤란트가 또 한 번 총리 자리에 오르고 난 뒤, 가톨릭당은 내각 수립 과정에서 중요한 선택을 내려야 했다. 첫 번째는 프랑스의 인민전선Popular Front을 따라 경쟁 세력인 사회당과 연합을 맺는 방법이었다. 젤란트를 비롯한 많은 가톨릭당 지도자들은 처음에 그 방법을 달가워하지 않았다. 다음으로 두 번째는 사회당에 맞서 렉스당과 플랑드르 국민당을 포함하여 우파 연합을 형성하는 방법이었다. 가톨릭당의 선택은 쉽지 않았다.[28] 가톨릭당 당원들을 집결시켜 '브뤼셀 행군March on Brussels'을 조직하고, 렉스당 대표 드그렐과 젤란트를 맞붙게 하는 보궐선거를 강행함으로써 위태로운 젤란트 내각을 엎으려고 했던 보수주의 세력은 두 번째 방법을 지지했다. 그러나 1937년 보궐선거에서 드그렐이 패하면서 이들의 계획은 물거품이 되었다. 그 주된 이유는 가톨릭당 인사들이 기존 입장을 고수했기 때문이었다. 그들은 보수주의자들의 계획에 동의하지 않았고, 그 대신 젤란트를 중심으로 자유당·사회당과 연대를 형성했다. 이를 통해 가톨릭당은 문지기 역할을 충실히 수행했다.

가톨릭당이 우파 연합을 선택하지 않았던 데는 벨기에 국왕 레오폴드 3세와 사회당의 역할이 컸다. 1936년 선거를 통해 사회당은 가장 많은 의석을 차지했고, 내각 수립에서 주도권을 쥘 수 있었다. 하지만 사회당 단독으로는 의회를 장악할 수 없다는 사실이 분명히 드러났을 때 레오폴드 3세는 재선거를 요청하는 방법이 아니라(만약 그랬다면 극단주의 세력이 더 많은 의석을 확보했을 것이다), 주요 정당의 지도자를 만나 현직 총리인 젤란트를 중심으로 권력을 공유하는 내각 수립 방안을 선택했다.[29] 젤란트의 연립 내각에는 보수주의 정당인 가톨릭당과 사회당은 포함되었지만, 양쪽 진영 모두에서 반체제 세력은 제외되었다. 물론 사회당은 가톨릭당 인사인 젤란트를 전적으로 신뢰하지는 않았지만, 당의 이익보다 민주주의 수호를 더 중요하게 생각했기에 연립 내각 제안을 기꺼이 받아들였던 것이다.

벨기에와 상당히 흡사한 시나리오가 핀란드에서도 펼쳐졌다. 1929년 핀란드 극우파 집단인 라푸아 운동Lapua Movement이 갑작스럽게 정치판에 모습을 드러내면서 핀란드의 민주주의를 위협하기 시작했다.[30] 라푸아 운동은 온갖 수단을 동원하여 공산주의 세력을 궤멸하고자 했다.[31] 그들은 자신들의 요구가 받아들여지지 않을 때 곧바로 폭력을 행사했고, 실제로 사회당과 관련된 주요 정치인들을 공격했다. 지배적인 중도우파를 형성한 농민조합운동 출신 정치인들은 초기에 라푸아 운동의 반공주의를 정치적으로 활용할 수 있다는 생각에 연합을 고려했지만, 곧 그들이 극우파의 폭력을 용인하고 공산주의자의 정치 권리를 전면적으로 부정한다는 사실을 깨닫게 되었다.[32] 1930년 라푸아 운동 지도부가 "우리 사람"으로 인정한 보수주의자 P. E. 스빈후부드P. E. Svinhufvud가 총리가 되면서 내각 수립 과정에서 라푸아 진영에 두 자리를 내주었다.[33] 그리고 1년 후 스빈후부드는 대통령의 자리에 올랐다. 이후 라푸아 운동은 극단주의 행동을 이어나갔고, 특히 온건파 사회민주당Social Democratic Party을 집중적으로 공격했다.[34] 라푸아 운동의 폭력단은 1000명이 넘는 사회민주당 당원들을 납치했고, 여기에는 노동조합 간부와 의원도 포함되어 있었다.[35] 게다가 그들은 1만 2000명을 동원하여 헬싱키 진군(전설적인 로마진군을 따라서) 행사를 조직했고, 1932년에는 "반정치적", "애국주의" 정부로 정권을 교체하려는 쿠데타를 지원했다.[36] 그 시도는 실패로 돌아갔다.

그러나 라푸아 운동이 점점 과격한 양상을 보이면서 핀란드의 기존 보수당들은 단호한 결정을 내려야만 했다. 1930년대 말 농민조합운동, 자유진보당, 인민당 대다수가 폭력적인 극단주의자에 맞서 민주주의를 지키기 위해 그들의 이념적 경쟁자인 사회민주당과 손을 잡고 연합 전선을 형성했다.[37] 또한 보수주의 대통령인 스빈후부드조차 라푸아 운동과의 관계를 끊었고, 결국에는 이들의 정치 활동을 금지했다.[38] 라푸아 운동은 고립되었고, 핀란드의 파시즘 열풍은 그렇게 막을 내렸다.[39]

문지기 역할을 성공적으로 수행한 사례는 역사적으로 그리 멀지 않은 곳에서도 발견할 수 있다. 2016년 오스트리아 대선에서는 중도우파 정당인 오스트리아 국민당ÖVP이 급진적인 우파 정당인 자유당FPÖ을 물리쳤다. 오스트리아는 역사적으로 오랫동안 극단주의 우파 세력이 지배했고, 자유당은 유럽에서 가장 강력한 극우파 정당으로 손꼽혔다. 전후에 대통령을 번갈아가며 차지했던 주요 정당인 사회민주당SPÖ과 국민당이 위축되면서 오스트리아의 기존 정치체제는 힘을 잃었다. 게다가 2016년에는 두 명의 신흥 정치인인 녹색당 전직 의장 알렉산더 판데어벨렌Alexander Van der Bellen과 극단주의자인 자유당 당수 노르베르트 호퍼Norbert Hofer의 도전을 받았다.

정치 평론가들의 눈에도 놀랍게도, 판데어벨렌과 우파 아웃사이더 호퍼가 1차 선거를 통과했다. 2차 선거는 2016년 10월에 절차적 문제가 생기면서 12월로 연기되었다. 당시 보수주의 국민당 일부 인사를 비롯하여 여러 주요 정치인들은 호퍼와 그의 자유당에 승리를 내줘서는 안 된다고 믿었다. 호퍼는 이민자에 대한 폭력을 용인한 전력이 있었다. 또한 많은 이들은 호퍼가 대통령이 되면 자유당에 특혜를 베풀 것이라고 걱정했다. 그렇다면 대통령이 정치에 관여하지 않는 오스트리아의 오랜 전통이 무너지게 될 것이었다. 이러한 위협에 직면한 일부 국민당 인사는 호퍼를 물리치기 위한 방안을 마련하는 데 착수했다. 그리고 그들의 이념적 경쟁자인 진보주의 녹색당 후보 판데어벨렌을 지지하기로 결정을 내렸다. 국민당 대선 후보 안드레아스 콜Andreas Khol은 물론 라인홀트 미터레너Reinhold Mitterlehner 의장과 조피 카르마진Sophie Karmasin 장관을 비롯하여 외곽 지역의 수십 명에 달하는 국민당 시장들 역시 판데어벨렌에 대한 지지 의사를 표명했다. 또한 에르하르트 부젝Erhard Busek 전 의장은 서한에서 "열정이 아니라 신중한 고민 끝에"[40] 판데어벨렌을 지지하기로 결심했으며, 나아가 "대선이 끝난 후 르펜Le Pen과 조빅Jobbik, 빌더스Wilders, 그리고 독일 극우정당인 독일대안당AfD을 비롯하여 극단주의자들에게 축하 인사를 받고 싶지는 않다는" 마음으로 그런 결정을 내렸다고 밝혔다. 판데어벨렌은 30만 표 차이로 간신히 이겼다.

이러한 정치적 결단을 내리기 위해서는 상당한 용기가 필요하다. 빈 외곽 소도시의 가톨릭당 시장이자 녹색당 후보를 지지했던 슈테판 슈무켄슐라거Stefan Schmuckenschlager는 선거 때문에 가정 내 불화가 있었다고 말했다.[41] 또 다른 당의 지도자인 그의 쌍둥이 형제가 호퍼를 지지했기 때문이었다. 슈무켄슐라거는 올바른 선택을 내리기 위해서는 때로 정치를 잊어버려야 한다고 말했다.

그렇다면 국민당의 지지는 실질적인 도움이 되었을까? 우리는 이 질문에 대답해주는 객관적인 증거를 확인할 수 있다. 당시 출구조사에 따르면 국민당 지지자라고 밝힌 응답자 중 55퍼센트가 판데어벨렌에 투표

어떻게 민주주의는 무너지는가

했다고 답했다. 또한 판데어벨렌에 투표한 사람들 중 48퍼센트는 호퍼의 승리를 막기 위해 그랬다고 답했다. 이에 더하여 이번 대선에서는 오스트리아 정치의 뚜렷한 특징인 도시와 시골 지역의 구분(도시의 진보주의 대 시골의 보수주의)이 희미해졌다. 2016년 12월에 실시된 2차 선거에서 전통적으로 보수적인 시골의 많은 주들이 판데어벨렌 지지로 돌아섰다.

간단하게 말해서 2016년 국민당의 책임 있는 지도자들은 이념적 관점에서 극단주의 정당과 연합하려는 유혹을 이겨냈고, 이를 통해 극단주의 세력의 승리를 막을 수 있었다. 하지만 2017년 총선에서 자유당은 꽤 좋은 성적을 거두며 새로운 우파 연합의 파트너로 떠올랐고, 이러한 사실은 오스트리아 보수 진영이 직면했던 딜레마가 아직 끝나지 않았음을 말해주는 것이다. 그럼에도 대선에서 극단주의 세력을 몰아내려던 오스트리아 보수 진영의 노력은 오늘날 충실한 문지기의 모범으로 남았다.

다른 한편에서 미국 또한 충실한 문지기로서 인상적인 면모를 보여주었다. 미국의 민주당과 공화당 역시 정치 세계의 주변부에서 모습을 드러낸 극단주의 인물들의 도전을 받았고, 이들 중 일부는 상당한 대중적 인기를 끌었다. 그럼에도 양당은 오랫동안 이들을 정치 무대에서 끌어내는 데 성공했다. 물론 2016년까지는 말이다.

2장

무력화된 정당

소설가 필립 로스Philip Roth는 《미국에 대한 음모The Plot Against America》라는 작품에서 역사적인 사건을 바탕으로 제2차 세계대전 이전 파시즘이 고개를 들었던 미국 사회를 새롭게 그려보고 있다.

이 소설의 주인공은 언론을 통해 영웅으로 각광받았던 찰스 린드버그Charles Lindbergh다. 린드버그는 1927년 단독 비행으로 대서양 횡단에 성공하면서 엄청난 인기를 얻었지만, 말년에 강경한 고립주의자로서 나치를 지지했다. 로스는 이 작품에서 이후의 역사 흐름을 환상적으로 바꾸어 놓는다. 소설 속 린드버그는 1940년에 필라델피아에서 열린 공화당 전당 대회장에 비행기를 몰고 가 새벽 3시 14분에 착륙한다. 당시 인파로 가득한 대회장은 20번째 표결까지 동점을 기록하면서 교착 상태에 빠져 있었다. 린드버그가 들어서자 "린디! 린디! 린디!" 외침은 30분 동안 끊이질 않았고, 그러한 집단적 열기 속에서 그를 후보로 추대하자는 외침이 터져 나왔다. 그리고 재청이 이어졌고, 군중의 환호성과 함께 린드버그는 그 자리에서 대통령 후보로 선출되었다. 정치 경험이 전혀 없었지만 언론의 생리를 잘 알고 있었던 린드버그는 자문들의 만류를 뒤로한 채 파일럿 고글과 롱부츠, 항공 점퍼 차림으로 자신을 상징하는 스피릿 오브 세인트루이스Spirit of St. Louis 호를 몰고 여러 주를 날아다니며 선거 유세를 펼쳤다.

그리고 이변이 일어났다. 린드버그가 현직 대통령 프랭클린 루즈벨트를 꺾고 대통령에 당선된 것이다. 그러나 선거운동 과정에서 히틀러와 손을 잡았다는 사실이 드러났고, 린드버그는 더 나아가 독일과 평화조약을 맺는다. 이후 미국 전역에 반유대주의와 폭동의 물결이 일었다.

많은 미국인들이 로스의 소설과 2016년 대선 사이에 유사성을 발견하고 있다. 민주주의를 존중하지 않는 아웃사이더가 외세의 도움으로 권력을 잡게 된다는 이 소설의 모티브는 미국 독자들의 많은 공감을 얻었다. 하지만 둘 사이의 유사성은 미국 사회에 또 다른 놀라운 질문을 안겨다주었다. 1930년대 심각한 경제 위기를 겪고 있던 미국 사회에서, 왜 그 소설과 같은 일이 벌어지지 않았을까?

끊임없이 도전하는 극단주의 선동가들

2016년 이전 미국 대선에서 극단주의 선동가가 단 한 번도 이기지 못한 이유는 그러한 선동가의 역할을 맡았던 도전자가 없었기 때문은 아니다. 또한 이들 선동가들이 대중적 인기를 끌지 못했던 것도 아니다. 극단주의 인물은 미국 정치 역사에서 끊임없이 존재했다. 1930년대에 미국 내 극단주의 우파 집단은 800곳을 넘어섰다.[1] 대표 인물로 찰스 코글린Charles Coughlin을 꼽을 수 있다. 유대인을 혐오했던 가톨릭 신부 코글린이 진행을 맡았던 민족주의 라디오 프로그램은 매주 4천만 명이 들었다.

공공연한 반민주주의자이기도 했던 코글린은 정당 제도의 폐지를 촉구했고, 선거제도의 가치에 대해서도 의문을 제기했다. 1930년대 코글린이 발행한 신문, 〈사회정의Social Justice〉는 파시스트 지지자의 주장을 실었고, 무솔리니를 "금주의 인물"[2]로 선정하는가 하면 종종 나치 정권을 두둔하는 입장을 밝히기도 했다. 이러한 극단주의 성향에도 불구하고 코글린 신부의 인기는 대단히 높았다. 〈포천Fortune〉지는 그를 "라디오 역사상 가장 위대한 인물"로 꼽았다.[3] 코글린은 미국 전역을 돌면서 관중이 들어찬 경기장이나 강당에서 연설을 했다.[4] 그가 여러 도시를 돌아다니며 연설을 하는 동안 열렬한 지지자들은 그를 보기 위해 구름처럼 몰려들었다.[5] 일부 평론가는 그를 루즈벨트 이후로 미국에서 가장 영향력 있는 인물로 꼽았다.

다음으로 루이지애나 주지사와 상원 의원을 지낸 휴이 롱은 극심한 경기 침체 상황에서 인기를 끌어모았던 인물이다. 그는 스스로를 '거물Kingfish'이라 칭했다. 역사가 아서 슐레진저 2세Arthur M. Schlesinger Jr.는 롱을 "남미 독재자 바르가스나 페론을 떠올리게 하는 오늘날 최고의 대중 선동가"[6]로 평가했다. 실제로 그 거물은 뛰어난 정치 연설가였고, 또한 끊임없이 법치 질서를 조롱했다.[7] 주지사 시절 롱은 뇌물과 협박을 동시에 활용하여 루이지애나 주 의회와 재판부, 그리고 언론을 꼼짝 못하게 통제함으로써 슐레진저가 언급한 "미국 역사상 전제주의에 가장 가까운 접근방식"을 실천에 옮겼다.[8] 한 야당 의원이 그에게 루이지애나 헌법을 들어본 적이 있느냐고 물었을 때 롱의 대답은 이랬다. "지금은 내가 곧 헌법이오."[9] 언론사 편집자 호딩 카터Hodding Carter는 롱을 "미국 땅에서 처음으로 탄생한 진정한 독재자"라고 평했다.[10] 1933년 프랭클린 루즈벨트 선거운동 관리자 제임스 팔리James A. Farley가 로마에서 무솔리니를 만났을 때 그는 이탈리아 독재자를 보고 "휴이 롱을 떠올렸다"고 소회를 밝혔다.[11]

롱은 부를 재분배해야 한다는 주장으로 폭넓은 지지층을 확보했다. 1934년 롱은 "다른 상원 의원 모두를 합친 것보다 더 많은 우편을 받았다. 심지어 대통령보다 더 많았다"는 소문이 떠돌 정도였다.[12] 롱이 주창한 '부의 공유Share Our Wealth' 운동은 미국 전역에 걸쳐 2만 7000곳이 넘는 지부를 두었고, 우편물 발송 명단에는 8백만이 넘는 이름이 등록되어 있었다.[13] 롱은 대선 출마에 대한 계획을 세웠다.[14] 그리고 한 〈뉴욕 타임스〉 기자에게 이렇게 말했다. "루즈벨트를 잡을 수 있습니다. (…) 크게 이길 겁니다. 그도 그 사실을 짐작하고 있을 겁니다."[15] 실제로 루즈벨트는 롱을 심각한 위협으로 느꼈다.[16] 그러나 1935년 9월에 롱이 암살을 당하면서 위협은 사라졌다.

미국 사회의 전제주의 흐름은 제2차 세계대전이 끝난 황금기에도 이어졌다. 조지프 매카시 상원 의원은 냉전 시대의 공포를 적극 활용하여 블랙리스트를 작성하고, 언론을 검열하고, 출판사를 폐쇄하면서 대중 사이에서 높은 인기를 모았다.[17] 매카시의 인기가 절정에 달했을 무렵에 실시한 설문 조사 결과는 미국인 절반 가까이가 그를 지지했다는 사실을 보여주었다. 1954년 상원의 불신임 결의에도 불구하고 매카시는 갤럽 여론조사에서 40퍼센트의 지지율을 기록했다.[18]

그로부터 10년 후 앨라배마 주지사 조지 월리스는 극단적인 인종차별주의를 앞세워 인기몰이를 했다. 놀랍게도 월리스는 1968년과 1972년 대선에서 강력한 후보로 떠올랐다. 그는 아서 하들리Arthur Hadley 기자가 언급한 "권력자를 싫어하는 미국의 오랜 명예로운 전통"을 실행에 옮겼다.[19] 하들리에 따르면 월리스는 "미국 사회의 오래 묵은 분노"를 천재적으로 이용했다. 월리스는 종종 폭력을 용인하는 태도를 보였고, 다음과 같은 주장으로 헌법 질서를 경멸했다.

> 헌법보다 더 강한 것이 하나 있다. (…) 그것은 바로 국민의 뜻이다. 대체 헌법이란 무엇인가? 그건 국민이 만든 것이다. 국민은 권력의 원천이다. 그렇기 때문에 국민은 그들의 뜻에 따라 헌법을 없애버릴 수 있다.[20]

월리스는 인종차별과 백인 노동자 계층의 피해의식, 그리고 그들의 경제적 분노를 뒤섞은 메시지로 민주당의 전통적인 블루컬러 기반을 잠식해 들어갔다.[21] 여론조사 결과는 미국인의 약 40퍼센트가 1968년 월리스의 제3당 후보 출마를 찬성한 것으로 나타났다.[22] 그리고 1972년 민주당 예비선거에서는 유력한 도전자로 떠오르면서 기성 정치인들을 놀라게 했다. 1972년 5월 암살 시도로 월리스의 선거운동이 중단되었을 당시, 그는 프라이머리에서 조지 맥거번George McGovern을 백만 표 넘게 앞서고 있었다.[23]

간단하게 말해서 미국 사회는 끊임없이 전제주의 위협을 겪었다. 코글린과 롱, 매카시, 그리고 월리스 같은 인물이 30퍼센트에서 심지어 40퍼센트에 달하는 지지율을 얻은 것은 미국 정치사에서 드문 일이 아니었다. 미국인들은 종종 그들의 정치 문화가 전제주의 위협에서 그들을 안전하게 지켜주고 있다고 주장하지만, 그건 장밋빛 안경을 쓰고 역사를 바라볼 때에만 납득할 수 있는 말이다. 잠재적 독재자의 위협으로부터 미국 사회를 지켜준 것은 민주주의에 대한 국민의 확고한 의지가 아니라 민주주의 문지기, 다시 말해 미국의 정당 체제였다.

비민주주의가 지켜온 민주주의

우드로 윌슨 대통령의 임기가 끝나가던 1920년 6월 8일, 공화당 대의원들은 환기가 안 될 정도로 건물을 성조기로 도배한 시카고 콜리세움 Chicago Coliseum에 모여 대선 후보 지명자를 결정하고 있었다. 전당대회장의 열기는 무척 뜨거웠다. 그러나 나흘간 아홉 번의 투표에도 결정나지 않았다. 그러던 금요일 저녁, 공화당 전국위원회 의장 월 헤이스Will Hays와 막강한 영향력을 발휘하는 〈하비스 위클리Harvey's Weekly〉 발행인 조지 하비George Harvey 두 사람은 콜리세움 인근에 있는 블랙스톤 호텔 13층 스위트룸 404호에 자리를 잡고, 상원 의원 및 당 지도부 인사들을 "담배연기로 자욱한 밀실"[24]로 돌아가며 초대했다. 기자들이 '올드가드Old Guard'라 부른 이 공화당 원로들은 그 방에서 밤늦게까지 술을 마시고 시가를 태우면서 지금의 교착 상태에서 벗어나기 위해서 최종 후보 결정에 필요한 493명의 대의원을 어떻게 확보할 것인지 이야기를 나눴다.

당시 가장 유력한 후보는 시어도어 루즈벨트의 오랜 동지인 레너드 우드Leonard Wood 장군이었다. 그는 프라이머리에서 인기가 높았고, 앞선 투표에서 대의원 287명을 확보하면서 압도적인 선두를 달리고 있었다. 우드 뒤로는 일리노이 주지사 프랭크 로우든Frank Lowden과 캘리포니아 상원 의원 히람 존슨Hiram Johnson, 그리고 오하이오 상원 의원 워런 하딩Warren G. Harding이 따랐다. 그러나 65½표밖에 확보하지 못한 하딩은 선두권과 큰 격차를 보였다. 전당대회에 모인 기자들은 이렇게 썼다. "아무도 하딩 이야기는 하지 않는다. (…) 다크호스 그룹에 끼지 못했다."[25] 블랙스톤 호텔에서 밀실 논의가 진행되고 있다는 소문이 퍼졌을 때 열정적인 기자들은 13층 스위트룸 404호 앞에 즉각 모여들었고, 매사추세츠의 헨리 카봇 로지Henry Cabot Lodge, 일리노이 맥코믹McCormick, 콜로라도 핍스Phipps, 뉴욕의 칼더Calder, 그리고 매사추세츠 전 상원 의원 크레인Crane 등 유력 의원들이 방을 들고 날 때 분위기를 엿보았다.

404호 안에서는 각 후보자의 장단점에 대한 신중한 분석이 이뤄지고 있었다(녹스Knox는 나이가 너무 많고, 로지는 쿨리지Coolidge를 싫어한다는 등). 결국 자정을 넘겨 올드가드 일곱 명은 방 안에서 '기립투표'를 실시했다. 새벽 2시 11분, 하딩은 조지 하비에게서 자신이 낙점받았다는 전화를 받고 깜짝 놀랐다. 소문은 삽시간에 퍼졌다. 그리고 그날 저녁, 무더위에 지친 대의원들에게는 참으로 다행스럽게도 워런 하딩은 마지막 열 번째 투표에서 692$\frac{1}{2}$ 표를 얻어 성대한 환호와 함께 압도적 승리를 거두었다. 하딩은 프라이머리에서 4퍼센트밖에 지지를 얻지 못했음에도 1920년 공화당 대선 후보로 선출되었다.

오늘날 담배연기로 자욱한 밀실에서 이뤄지는 회의를 좋아하는 사람은 없을 것이다. 당연하게도 당시 결정은 민주적이지 않았다. 전체 유권자보다 훨씬 적은 공화당 평당원들에게 아무 책임도 지지 않는 소수 권력자들이 최종 후보자를 선택했다. 담배연기로 가득한 밀실 회담이 좋은 선택으로 이어진다는 보장은 없다. 실제로 하딩의 대통령 임기 동안 스캔들이 끊이질 않았다. 하지만 이러한 밀실 회의에도 오늘날 우리가 잘 알지 못하는 장점이 있다. 그것은 밀실이 문지기 역할을 할 수 있다는 점이다. 실제로 그들은 밀실 회의를 통해서 자질이 부족한 후보를 명단에서 제외했다. 물론 그럴 수 있었던 것은 밀실에 들어앉았던 소수 권력자들의 고매한 인품 때문은 아니었다. 사실 민주당이 '보스'라고 비난하는 이들 공화당 권력자들은 대선에서 승리하기 위해 보다 안전한 후보자를 선정하는 데 관심이 있었다. 그리고 그 과정에서 극단주의 후보를 걸러낼 수 있었다.

이러한 문지기 역할은 미국의 건국 시점으로까지 거슬러 올라간다. 1787년 미국 헌법은 세계 최초로 대통령제를 만들어냈다. 대통령제는 문지기 역할을 중요한 과제로 남겼다. 의원내각제에서 총리는 의회의 일원이며, 다수당이 선출한다.[26] 그렇기 때문에 총리가 되기 위해서는 정치 내부자들의 인정을 받아야 한다. 그리고 내각 수립 과정은 그 자체로 하나의 필터 기능을 한다. 반면 대통령은 의회의 일원이 아니며, 다수당이 선출하지도 않는다. 적어도 이론적으로 대통령은 국민이 뽑는다. 그리고 누구나 대선에 출마할 수 있으며, 최고 득표자가 대통령이 된다.

건국의 아버지들은 문지기 역할에 주목했다. 그들은 헌법과 선거제도를 설계하는 과정에서 오늘날 미국 사회에 여전히 남아 있는 다양한 딜레마와 씨름했다. 그들은 군주가 아니라 선출된 지도자가 공화국 이념을 존중하고 국민의 뜻을 따르는 대통령제를 추구했다. 그러나 다른 한편 건국자들은 국민이 후보자의 자질을 객관적으로 판단할 수 있다고 완전히 신뢰하지는 않았다. 알렉산더 해밀턴Alexander Hamilton은 대통령 선거제도가 대중의 공포와 무지를 이용해서 선거에 당선되고 난 뒤 본색을 드러내는 독재자에게 쉽게 농락당할 수 있다고 걱정했다. 해밀턴은 《페더럴리스트 페이퍼Federalist Papers》에서 이렇게 언급했다. "우리는 처음에 국민에게 아첨했다가, 대중선동가로 변신하고, 결국에는 폭군으로 군림해서 공화국의 자유를 허물어뜨린 인물들의 역사에서 교훈을 얻어야 한다."[27] 해밀턴과 그의 동료들은 대통령을 투표로 선출하기 위해서는 이러한 위험을 걸러내는 특별한 장치가 필요하다고 보았다.[28]

건국자들이 고안한 장치는 바로 선거인단Electoral College이었다. 해밀턴이《페더럴리스트 페이퍼》68편에서 다음과 같이 제시했던 근거에 따라 미 헌법 제2조는 간접선거 방식을 규정하고 있다.

직접선거는 지위에 어울리는 자질을 분석할 줄 알고, 신중한 판단력 및 합당한 근거와 동기를 조화롭게 갖춘 사람들에 의해 이뤄져야 한다.[29]

간접선거제에서 각 주의 유명 인사로 구성된 선거인단이 최종적으로 대통령을 선출하는 책임을 진다. 해밀턴은 이러한 시스템에서는 "자격을 갖추지 못한 인물이 대통령 자리에 오르는 일은 없을 것이며", 또한 "음모를 꾸미고 인기에 영합하는 천박한 재능"을 지닌 인물은 걸러질 것이라고 확신했다. 그렇게 선거인단은 미국 정치의 고유한 문지기 역할을 맡게 되었다.

그러나 이 시스템은 그리 오래가지 못했다. 이유는 건국자들의 고유한 설계에 두 가지 결함이 있었기 때문이다. 첫째, 헌법은 대통령 후보 선출 방식에 대해 아무런 말도 하지 않는다. 선거인단은 국민투표가 모두 끝난 '이후에' 활동을 시작하기 때문에 후보 선정 과정에서는 아무런 역할도 하지 않는다. 둘째, 헌법은 정당에 대해서도 아무런 말을 하지 않는다. 토머스 제퍼슨과 제임스 매디슨은 양당 시스템을 설계하는 과정에서 정당의 존재에 대해 심각하게 고민하지 않았다.

1800년대 초 정당이 성장하면서 미국 선거제도의 작동 방식이 바뀌었다. 건국자들이 구상했던 것처럼 지역 유명 인사를 대의원 선거인단으로 선출하는 대신, 각 주는 정당 지지자를 선출하기 시작했다. 대의원은 이제 정당의 대리인이 되었고, 이 말은 곧 선거인단이 문지기 역할을 정당에 넘겨주었다는 뜻이다. 이후 정당들은 이러한 시스템을 계속 유지했다.

이제 정당은 미국 민주주의의 관리인이 되었다. 정당은 대통령 후보를 선출함으로써 위험한 선동가가 대통령이 되지 못하게 막는 권한(그리고 책임)을 부여받았다. 이러한 점에서 정당은 두 가지 역할 사이에서 균형을 잡아야 한다. 우선 민주주의 관리자로서 유권자의 뜻을 가장 잘 대변하는 후보자를 선출해야 한다. 다음으로 정치학자 제임스 시저James Ceaser가 언급한 '걸러내기filtration'[30] 기능을 해야 한다. 즉, 민주주의에 위협이 되거나 대통령직에 어울리지 않는 인물을 사전에 걸러내야 한다.

인기 있는 후보를 선택하고, 동시에 선동가를 걸러내야 하는 정당의 두 역할은 때로 상충하기도 한다. 만일 선동가를 선택한다면? 이는 건국 시대에서 오늘날에 이르기까지 대선 후보를 선출하는 과정의 핵심 문제이다. 하지만 정당이 문지기 역할에만 집중할 때 후보 선출 과정이 비민주적으로 이루어질 위험이 있다. 즉, 국민은 물론 일반 당원의 뜻을 제대로 반영하지 못하는 보스 정치로 전락할 수 있다. 반대로 '국민의 뜻'에만 집중해도 위험에 빠질 수 있다. 자칫 민주주의를 위협하는 선동가를 후보로 선출할 수 있기 때문이다. 정당이 이러한 상충 관계에서 벗어날 방법은 없다. 문제는 언제나 균형을 잡는 일이다.

어떻게 민주주의는 무너지는가

문지기가 제 역할을 할 때

미국 역사에서 대부분의 기간 동안 정당들은 국민의 뜻보다 문지기 역할에 더 치중했다. 담배연기로 자욱한 밀실은 사라지지 않았다. 19세기 초 대통령 후보 선출은 '의회간부회의Congressional Caucus'라는 하원 단체에서 이루어졌다. 그러나 이 방식은 지나치게 폐쇄적이라는 비판을 받았고, 1830년 초부터는 각 주의 대의원이 참석하는 전당대회에서 후보를 결정했다. 여기서 대의원은 일반 투표가 아니라, 주 및 지역 정당위원회에서 뽑혔다. 그들에게는 특정 후보를 지지해야 할 의무는 없었다. 하지만 일반적으로 대의원은 그들을 전당대회로 보낸 정당 지도부의 결정을 따랐다.[31] 그랬기 때문에 이러한 방식은 당의 내부자들, 그리고 대의원을 통제하는 정당 지도부가 지지하는 후보에게 유리했다. 주 및 지역 정치인들로 이루어진 정당 네트워크에서 인정을 받지 못한 인물이 대선 후보로 지명될 가능성은 희박했다.

그러나 이러한 전당대회 시스템 역시 폐쇄적이고 비민주적이라는 비판이 일었고, 이 문제를 해결하기 위한 많은 노력이 있었다. 프라이머리 선거는 1890년부터 제1차 세계대전 발발 전까지 이어진 혁신주의 시대 Progressive era에 도입되었다. 프라이머리 제도는 1901년 위스콘신 주에서 가장 먼저 실시되었고, 1916년에는 24개 주에서 이루어졌다. 그러나 실질적인 변화는 일어나지 않았다.[32] 많은 주가 프라이머리를 받아들이지 않는 탓도 있었지만, 주된 이유는 선출된 대의원이 프라이머리에서 승리한 후보를 지지해야 할 의무가 없었기 때문이다. 그들은 전당대회에서 자신의 의지에 따라 특정 후보에게 표를 던질 수 있었다. 그럼에도 인사와 보조금을 비롯한 다양한 혜택에 관한 권한을 갖고 있는 당 지도부는 이러한 문제를 조율할 수 있는 충분한 힘을 갖고 있었고, 그래서 대통령제의 문지기 역할을 계속 해낼 수 있었다.[33] 프라이머리는 대선 후보 지명에 대한 구속력이 없기 때문에 그 자체로는 화려한 행사에 불과했다. 그리고 실질적인 힘은 여전히 당 내부자들, 혹은 오늘날 말하는 '조직인 organization man'에게 주어져 있었다. 이들의 지지를 얻는 것이야말로 대선 후보로 지명받기 위한 유일하고 확실한 방법이었다.

이러한 전당대회 시스템의 오랜 역사는 문지기 역할의 핵심이라 할 수 있는 균형의 개념을 잘 보여준다. 한편 전당대회는 민주적인 시스템이 아니다. 어쨌든 조직인 집단을 미국 사회의 대표라고는 할 수 없다. 이들 '원로' 정치인은 말 그대로 정당 네트워크의 핵심 구성원이다. 일반 당원, 가난하고 인맥이 없는 이들, 여성, 그리고 소수민족 집단의 뜻은 조직인들의 밀실 회의에 반영되지 못했다. 당연하게도 대선 후보 지명 과정에서도 반영되지 못했다.

그러나 전당대회 시스템은 위험한 후보를 체계적인 방식으로 걸러냈다는 점에서 실질적으로 문지기 역할을 했다. 정당 내부자들은 정치학자들이 말하는 '동료평가peer review'[34]의 기능을 했다. 시장과 상원 및 하원 의원들은 대선 후보자들을 개인적으로 잘 알고 있었다. 이들은 후보자들과 오랜 기간에 걸쳐 다양한 환경에서 함께 일했기 때문에 그들의 성격과 이념, 그리고 위기관리 능력을 평가할 수 있었다.[35] 이러한 점에서 밀실 회의는 평가 시스템으로 기능했고, 이를 통해 민주주의를 파괴하는 대중 선동가와 극단주의자를 당 밖으로 쫓아낼 수 있었다. 미국 정당의 문지기 기능은 대단히 효과적이어서, 외부 인사는 후보자 명단에 좀처럼 이름을 올릴 수 없었다. 그래서 대부분의 사람들은 대통령 후보로 나설 엄두조차 내지 못했다.

포드자동차 설립자 헨리 포드의 경우를 살펴보자. 20세기 초 세계적인 갑부였던 포드는 해밀턴이 경고한 극단주의 대중선동가 유형에 해당하는 인물이었다. 포드는 자신이 소유한 주간지 〈디어본 인디펜던트 Dearborn Independent〉를 마이크 삼아 은행가와 유대인, 그리고 공산주의자들을 비난했으며, 유대인 은행가들이 미국 사회를 장악할 음모를 꾸미고 있다고 주장했다. 포드의 주장은 전 세계 인종주의자들의 열렬한 지지를 받았다.[36] 히틀러조차 《나의 투쟁》에서 포드에 대한 존경을 드러냈고,[37] 미래의 나치 지도자 하인리히 힘러Heinrich Himmler는 포드를 "가장 가치 있고, 중요하고, 재치가 넘치는 투사"로 꼽았다. 1938년 나치 정권은 포드에게 최고훈장을 수여했다.

그럼에도 포드는 미국 전역에서, 특히 중서부에서 국민들의 뜨거운 존경과 사랑을 받았다.[38] "가난한 농부의 아들로 태어나 엄청난 부를 일궈낸"[39] 당당한 기업가 포드는 시골 지역에서 워싱턴이나 링컨 대통령과 같은 영웅 대접을 받았다.

자신만만한 포드는 정치판에 뛰어들기로 마음을 굳혔다. 그의 첫 행보는 제1차 세계대전에 반대하는 것이었다. 포드는 어설프지만 널리 알려진 유럽 '평화사절단'을 출범했다. 그는 제1차 세계대전이 끝난 뒤 정치 활동에 주력했고, 1918년 상원 선거에서 거의 당선될 뻔했다. 그리고 1924년 대선에 민주당 후보로 출마할 것이라는 이야기가 흘러나왔다. 그 소식은 특히 시골을 중심으로 뜨거운 반응을 얻었다. 1923년 포드 대통령 클럽이 발족했고, 언론에서는 '포드 열풍'[40]에 관한 기사가 쏟아져 나왔다.

그해 여름 미국 유명 주간지 〈콜리어스Collier's〉는 독자를 대상으로 매주 설문 조사를 실시했다. 그 결과는 포드의 높은 인기와 기업인으로서의 능력, 그리고 언론의 뜨거운 관심이 대선 후보로서의 가능성을 높여주고 있다는 사실을 보여주었다. 〈콜리어스〉가 매주 설문 결과를 발표하는 동안 다른 언론들은 "포드의 지지율 상승이 정국을 혼란에 빠져들게 만든다", "포드가 대선 혼전을 이끌고 있다"처럼 자극적인 헤드라인을 뽑아내고 있었다.[41] 25만 명이 넘는 독자를 대상으로 두 달에 걸쳐 실시한 〈콜리어스〉 설문 조사가 끝나갈 무렵, 헨리 포드는 12명의 경쟁자를 누르고 단독 1위를 차지했다. 그 경쟁자 중에는 현직 대통령 워런 하딩과 미래의 대통령 허버트 후버Herbert Hoover도 있었다. 〈콜리어스〉 편집자들은 설문 조사를 바탕으로 이렇게 결론을 내렸다. "헨리 포드는 미국 정치에서 논의의 핵심으로 떠올랐다."[42]

하지만 포드는 안타깝게도 대통령이 되기에는 시대를 한 세기 일찍 태어났다. 당시 중요한 것은 여론이 아니라 당 지도부의 생각이었다. 민주당 지도부는 포드를 인정하지 않았다. 설문 조사 발표 후 일주일이 흘러 〈콜리어스〉는 "정치인들이 대통령을 뽑는다"라는 제목의 기사를 포함한 연재 기사를 통해 최고 내부자들의 투표 결과를 보도했다. 그들이 말한 최고 내부자에는 양당 전국위원회 위원들과 주요 주지사 14명, 양당 상원 및 하원 의원을 비롯하여 총 116명의 정당 지도자가 포함되어 있었다. 포드는 이러한 킹메이커들의 투표에서 한참 뒤처진 5위를 기록했다. 〈콜리어스〉 편집자들은 그 결과를 이렇게 평가했다.

민주당 지도부 인사들에게 "포드는 어떤가요?"라고 물었을 때 그들 모두

어깨를 으쓱할 뿐이었다. 모든 주의 "조직"이라고 부르는 곳에서 활동하는 사람들은 한 명의 예외 없이 포드에 반대했다. '프라이머리를 실시하는 곳을 제외하고 모든 주에서 실질적으로 이들이 전당대회에 나갈 대의원을 뽑는다.' (…) 민주당과 공화당 모두 포드의 인기를 모르지 않았다. 민주당 지도부 모두 그들의 주가 포드 열기로 뜨겁다는 사실을 알고 있었다. 그리고 이를 두려워했다. 하지만 대의원 선출 방식 때문에 포드가 좋은 성적을 거둘 것이라고 기대한 사람은 없었다.[43]

대선 출마를 바라는 대중의 요구에도 불구하고, 포드는 정당 네트워크 속으로 비집고 들어가지 못했다. 제임스 쿠젠스James Couzens 상원 의원은 포드의 출마를 이렇게 일축했다. "예순이 넘도록 훈련도 경험도 없는 사람이 어떻게 감히 그런 자리를 꿈꾼단 말인가? 가당치도 않다."[44]

그해 긴 여름의 끝에 포드가 〈콜리어스〉와의 인터뷰에서 대통령이 되겠다는 꿈을 어느 정도는 접은 것처럼 보였던 것도 어찌 보면 당연한 일이었다.

지금으로서는 지명 가능성에 대해 생각하지 않습니다. 하지만 내일 무슨 일이 벌어질지 아무도 모릅니다. 어쩌면 전쟁이 터질 수도 있죠. 위기 상황에서 중요한 것은 법률과 헌법이 아닙니다. 국민이 바라는 것은 위기를 조속히 해결해줄 인물입니다.[45]

이 말은 자신의 앞길을 가로막는 문지기 제도가 사라져야 출마를 고려하겠다는 뜻이었다. 그러나 포드는 끝내 기회를 얻지 못했다.

휴이 롱은 대통령이 되기 전에 세상을 떠났다. 그는 탁월한 정치 수완과 대중의 인기, 그리고 정치 야망 모두를 갖춘 인물이었다. 그러나 암살을 당하지 않았더라도, 그는 문지기 시스템 때문에 자신의 꿈을 이루지는 못했을 것이다. 1932년 롱은 상원 의원에 당선되었지만, 이후 계속해서 규범을 무시하면서 동료 정치인들의 지지를 얻지 못했다.[46] 특히 민주당 지도부의 신임을 잃으면서, 1936년 전당대회에서 루즈벨트에 대항할 후보 자격을 얻지 못했다. 그는 결국 무소속 후보로 출마했다. 미국 대선에서 무소속 출마는 대단히 힘든 일이었다. 당시 여론조사는 1936년 대선에서 롱의 출마가 민주당 표를 잠식해서 공화당에 도움을 줄 수는 있겠지만, 본인의 당선 가능성은 극히 희박할 것이라는 전망을 보여주었다.[47]

조지 월리스 역시 정당의 문지기 역할 때문에 중심 무대로 올라서지 못했다. 1965년 인종차별주의 주지사 월리스는 민주당 프라이머리에 참여해서 놀라운 성적을 거뒀다. 시민권을 무시하고, "미국을 위해 일어서라"는 슬로건으로 경선에 뛰어든 월리스는 위스콘신과 인디애나 주에서 3분의 1의 지지율을, 그리고 메릴랜드 주에서 43퍼센트를 기록함으로써 정치 평론가들을 혼란에 빠트렸다.[48] 하지만 1964년에 프라이머리는 별로 중요하지 않았다. 예견된 것처럼 린든 존슨이 출마를 선언했을 때 월리스는 물러나야 했다. 그러나 그는 4년 후에 있을 1968년 대선을 생각하며 미국 전역을 돌며 유세를 강행했다. 월리스는 포퓰리즘과 백인 우월주의를 앞세워 특히 백인 노동자 계층에서 강력한 지지를 얻었다. 1968년에는 약 40퍼센트의 미국인이 월리스를 지지했다.[49] 즉, 당시 월리스는 지금의 트럼프 못지않은 높은 인기를 누렸다.

그러나 월리스는 아웃사이더로서 행보를 이어나갔다. 민주당이 자신을 후보로 지명하지 않을 것임을 깨닫고 난 뒤, 그는 미국독립당American Independence Party 후보로 출마했다.[50] 그러나 선거에서 이기지는 못했다. 월리스가 받은 13.5퍼센트의 득표율은 제3당 후보로서 꽤 좋은 성적이었지만, 어쨌든 백악관에 들어가지는 못했다.

이제 우리는 필립 로스가 그의 소설《미국에 대한 음모》에서 보여준 상상력을 충분히 이해할 수 있다. 린드버그 열풍은 로스가 지어낸 허구만은 아니었다. 1936년에 나치 독일을 여행한 "인종적 순수성racial purity"[51]의 옹호자이자 헤르만 괴링Hermann Göring에게서 훈장도 받은 린드버그는 1939년에서 1940년까지 미국에서 가장 유명한 고립주의 정치인으로 활동했다. 그리고 미국 제1위원회America First Committee(유럽의 파시즘을 지지한 압력단체—옮긴이)의 대변인으로 전국을 돌며 연설을 했다. 린드버그의 인기는 높았다. 그는 구름 관중을 몰고 다녔다.[52] 1939년에〈리더스 다이제스트Reader's Digest〉 편집자 폴 파머Paul Palmer는 다른 누구보다 린드버그의 라디오 연설 덕분에 엄청나게 많은 우편물이 도착했다고 밝혔다. 한 역사가는 이렇게 표현했다. "린드버그가 결국 대선에 출마할 것이라는 생각이 일반적이었다."[53] 1939년 아이다호 상원 의원 윌리엄 보라William Borah는 린드버그가 훌륭한 대통령 후보가 될 것이라고 주장했다.[54] 그러나 현실로 돌아와서, 1940년 공화당 전당대회는《미국에 대한 음모》의 시나리오와 조금도 비슷하지 않았다. 실제 린드버그는 전당대회에 참석하지 않았다. 그리고 거기서 그의 이름이 언급된 적도 없었다. 그것은 문지기 기능이 제대로 작동했기 때문이었다.

미국 급진 우파의 정치사를 조명한《부조리의 정치학The Politics of Unreason》의 저자인 시모어 마틴 립셋Seymour Martin Lipset과 얼 라브Earl Raab

는 결론에서 미국 정당을 극단주의의 유입을 막았던 "주요한 실질적 방파제"라고 언급했다. 그 말은 옳았다. 하지만 립셋과 라브가 책을 발표했던 1970년은 정당들이 후보 지명 시스템을 한 세기 만에 가장 극적인 형태로 바꾸기 시작했던 시점이었다. 모두가 변화를 맞이할 준비를 하고 있었다. 그리고 그 결과는 모두의 상상을 뛰어넘는 것이었다.

강해진 프라이머리, 약해진 정당

변화의 전환점은 1968년이었다. 그해는 미국인들에게 가슴 아픈 시간이었다. 린든 존슨 대통령은 손쓸 수 없이 혼란의 소용돌이로 빠져들고 있던 베트남 전쟁을 오히려 더 확대해나갔다. 1968년 한 해에만 미국인 1만 6592명이 베트남에서 목숨을 잃었다. 이 수치는 이전 어느 해보다 높은 것이었다. 미국인들은 저녁마다 거실에 둘러앉아 밤늦게까지 TV 뉴스를 통해 전쟁의 참혹한 영상을 지켜보았다. 1968년 4월에는 마틴 루터 킹 목사가 암살당했다. 그리고 6월에는 존슨의 전쟁 확산에 반대했던 로버트 케네디가 캘리포니아 민주당 대선 프라이머리에서 승리를 거둔 지 몇 시간 만에 두 번째 암살자의 총에 숨을 거두었다. 그날 밤 로스앤젤레스 앰버서더 호텔 연회장에서는 소설가 존 업다이크John Updike의 애도가 절망의 외침으로 울려 퍼졌다. 업다이크는 "신이 미국의 모든 축복을 거두어들였다"는 느낌이 들었다고 했다.[55]

다른 한편 민주당은 존슨의 외교정책을 지지하는 쪽과 로버트 케네디의 반전운동을 지지하는 쪽으로 갈렸다. 그리고 이러한 분열은 시카고에서 열린 민주당 전당대회에서 파괴적인 모습으로 존재를 드러냈다. 케네디가 비극적으로 세상을 떠나고 난 뒤, 기존의 민주당 조직이 그 공백을 메웠다. 당시 전당대회의 분위기를 지배했던 당 내부자들은 부통령 허버트 험프리를 주목하고 있었지만, 존슨 대통령의 베트남 정책에 관여한 전력 때문에 전쟁에 반대하는 대의원들 사이에서 인기가 없었다. 게다가 그는 단 한 번의 프라이머리에도 나서지 않았다. 여러 평론가의 지적대로, 험프리의 선거운동은 "당 지도부, 노동조합 지도부, 그리고 여러 내부자들"로 국한되었다.[56] 그럼에도 시카고 시장 리처드 데일리Richard Daley를 포함하여 민주당 지도부의 강력한 지지를 받았던 험프리는 첫 번째 투표에서 후보 지명을 받았다.

험프리는 프라이머리에서 경쟁을 하지 않고 후보 지명을 받은 최초의 대선 후보가 아니라, 그러한 마지막 후보였다. 시카고 전당대회에서 벌어진 사건은(미국 전역에 중계되었던) 당 내부자가 주축이 된 대선 후보 지명 시스템에 치명적인 타격을 입혔다. 로버트 케네디 암살에 따른 충격과 베트남 전쟁을 둘러싸고 고조되는 갈등, 그리고 시카고 그랜드파크에 모인 반전 시위대의 뜨거운 열기는 시카고 전당대회가 열리기 전부터 기존의 후보 지명 시스템에 대한 대중의 불신을 증폭시켰다. 8월 28일, 반전 시위대가 전당대회장으로 행진을 시작하면서 푸른 헬멧을 쓴 경찰이 시위대와 구경꾼들을 마구잡이로 공격했고, 피투성이의 남녀와 아이들이 인근 호텔로 숨어들었다. 소위 '미시간 애비뉴 전투Battle of Michigan Avenue'의 물결은 전당대회장으로까지 밀려들었다. 생방송 TV 화면 속에서 코네티컷 상원 의원 에이브러햄 리비코프Abraham Ribicoff는 반전 후보 조지 맥거번을 위한 지명 연설을 하던 도중 데일리 시장을 노려보면서 시카고 경찰의 '게슈타포식 진압 작전'을 맹비난했다. 당내 갈등이 전당대회장에서 폭발하면서, 사복 경찰관들이 대의원 여러 명을 대회장에서 끌어냈다. 충격을 받은 표정으로 중계 화면을 바라보던 NBC 앵커 쳇 헌틀리Chet Huntley는 이렇게 말했다. "경찰이 전당대회장에 진입한 최초의 사건입니다." 그리고 공동 앵커 데이비드 브린클리David Brinkley는 씁쓸한 표정으로 이렇게 덧붙였다. "그것도 미국에서 말이죠."[57]

시카고 전당대회장의 참사는 이후 광범위한 개혁의 출발점이 되었다. 1968년 대선에서 험프리가 패배하면서, 민주당은 맥거번-프레이저 McGovern - Fraser 위원회를 설립하고는 후보 지명 시스템을 새롭게 검토하도록 했다. 1971년 그 위원회의 최종 보고서는 오랜 격언을 인용했다. "민주주의의 병폐에 대한 해결책은 더 많은 민주주의다."[58] 민주당 지도부는 정치 시스템의 정당성이 위기에 처하면서 대통령 후보 지명 과정을 개방해야 한다는 강한 압박에 직면했다.[59] 조지 맥거번은 이렇게 말했다. "지금 변화하지 않으면, 다음번 전당대회는 주일학교 소풍처럼 끝나고 말 것이다." 맥거번-프레이저 보고서는 국민에게 진심을 전하지 못할 때 그들은 "거리의 반정치"로 돌아설 것이라고 강하게 경고했다.[60]

맥거번-프레이저 위원회는 두 정당이 1972년 대선 이전에 받아들였던 일련의 권고안을 내놓았다. 그것은 바로 구속력 있는 프라이머리 시스템이라는 것이었다. 민주당과 공화당은 1972년을 시작으로 전당대회에 참석하는 대의원 대부분을 각 주의 프라이머리와 코커스를 통해 선출했다. 후보들은 대의원들의 이탈을 막기 위해 이들을 미리 선출해두었다. 다시 말해 당 지도부에 의존하지 않고, 또한 전당대회의 밀실 협상과도 무관한 이들이 처음으로 대선 후보를 뽑게 되었다. 그들은 프라이머리 유권자의 뜻을 충실히 반영한다. 물론 정당 간에 약간의 차이는 있었다. 민주당의 경우 많은 주에서 비례대표제, 그리고 여성과 소수민족의 의견을 반영하는 시스템을 받아들였다.[61] 양당은 구속력 있는 프라이머리를 통해 후보자 선택 과정에서 당 지도부의 영향력을 크게 약화했고, 그 과정을 유권자에게 열어놓았다. 민주당 전국위원회 의장 래리 오브라이언Larry O'Brien은 이러한 시스템에 대해 "정당 체제가 생긴 이후로 최고의 개악"이라고 비판했다. 반면 예상을 깨고 1972년 민주당 대선 후보 지명을 받았던 조지 맥거번은 새로운 프라이머리 시스템을 "미국 역사상 가장 개방적인 정치 절차"라고 높이 평가했다.[62]

맥거번의 말은 옳았다. 대선 후보로 지명을 받기 위해 당 체제를 거쳐야 할 필요가 없어졌다. 역사상 처음으로 정당의 문지기를 건너뛰고, 그 힘을 무력화할 수 있게 되었다.

초기 프라이머리에서 불안정과 분열을 겪었던 민주당은 1980년대 초에 한 걸음 후퇴했다.[63] 그들은 전국 대의원의 일부는 프라이머리에서 선출하는 것이 아니라, 당이 임명하는 선출직 공직자(주지사, 대도시 시장, 상원 및 하원 의원)가 될 것임을 분명히 밝혔다. 전국 대의원 가운데 15~20퍼센트에 해당하는 이러한 '슈퍼대의원superdelegate'은 프라이머리 투표자들에 대해 균형을 유지하는 역할을 맡고, 당 지도부가 승인하지 않는 후보를 차단하는 시스템으로 기능한다. 민주당과는 달리 1980년대 초 공화당은 로널드 레이건 행정부와 함께 순조로운 항해를 시작하고 있었다. 그들은 슈퍼대의원의 필요성을 전혀 느끼지 못했고, 결국 보다 민주적인 후보 지명 시스템을 그대로 유지하는 치명적인 선택을 내리고 말았다.

일부 정치학자는 새로운 시스템에 우려를 표했다. 구속력 있는 프라이머리는 분명하게도 더욱 민주적인 방식이었다. 그런데 혹시 '지나치게' 민주적인 방식은 아닐까? 대선 후보 지명을 오로지 투표자의 손에 맡겨

둠으로써 구속력 있는 프라이머리는 정당의 문지기 역할을 약화했고, 동료에 대한 평가 절차를 생략함으로써 아웃사이더에 문을 열어놓았다. 맥거번-프레이저 위원회가 본격적인 활동을 시작하기 전에, 두 유명 정치학자는 프라이머리가 정당에 충성하지 않아도 되는, 그리고 "대중의 분노를 자극하거나 공허한 공약을 해도 잃을 게 없는 극단주의자와 대중선동가의 등장을 초래할 수 있다"고 경고했다.[64]

처음에 이들의 경고는 기우처럼 보였다. 물론 아웃사이더들은 등장했다. 시민운동가 제시 잭슨Jesse Jackson은 1984년과 1988년 민주당 후보 경선에 뛰어들었다. 또한 남부 침례교 지도자 팻 로버트슨Pat Robertson(1988), TV 해설자 팻 뷰캐넌Pat Buchanan(1992, 1996, 2000), 그리고 〈포브스〉 발행인 스티브 포브스Steve Forbes(1996)는 공화당 대선 후보 경선에 뛰어들었다. 그러나 이들 모두 패했다.

이처럼 정당 체제를 우회하는 것은 현실적으로 대단히 힘든 것으로 드러났다. 대다수 대의원의 지지를 얻기 위해서는 전국에 걸친 프라이머리에서 이겨야 했다. 그리고 프라이머리에서 이기기 위해서는 선거 자금과 호의적인 언론 기사, 그리고 더욱 중요하게 모든 주에서 활발하게 뛰어줄 인력이 필요했다. 또한 프라이머리라고 하는 힘든 장애물 경주를 완주하기 위해서는 후원자와 언론인, 이익단체, 사회운동가, 그리고 주지사와 시장, 상원 및 하원 의원 등 주 단위의 주요 인사들과 연합을 형성해야 했다.[65] 1976년에 아서 하들리는 이처럼 힘든 과정을 '보이지 않는 프라이머리invisible primary'라고 표현했다.[66] 그는 프라이머리 시즌 이전에 시작되는 일련의 과정을 "실질적으로 후보를 선출하는 단계"라고 설명했다.[67] 이러한 점에서 선출된 공직자, 사회운동가, 이익집단 등 정당 체제의 구

어떻게 민주주의는 무너지는가

성원들이 그 게임에 참여하지 못하는 것은 아니었다. 하들리는 이들의 지지 없이 양당에서 후보 지명을 받는 일은 불가능에 가깝다고 주장했다.

이러한 하들리의 주장은 사반세기 동안 유효했다.

3장

**왜 정치인들은
잠재적 독재자를
방조하는가**

2015년 1월 15일 부동산 사업가이자 리얼리티 TV 프로그램 스타 도널드 트럼프가 자신의 트럼프타워에서 중대 발표를 위해 에스컬레이터를 타고 로비 층으로 내려왔다. 그는 거기서 대선 출마를 선언했다. 그러나 당시만 해도 트럼프는 엄청난 부와 높은 인기로 혹시 가능성이 있을지 모른다고, 혹은 적어도 몇 달 동안 집중 조명을 받을 수는 있을 것이라고 기대한, 또 한 명의 그저 그런 후보에 불과했다. 그보다 한 세기 앞서 활동한 기업가 헨리 포드처럼 트럼프 역시 극단주의자였다. 트럼프의 정치 경험이라고는 버락 오바마 대통령이 미국에서 태어났는지 집요하게 캐물었던 소위 '버서birther'로서의 역할뿐이었다. 게다가 주요 언론과 정치인들은 트럼프의 이러한 경력을 긍정적으로 평가하지 않았다.

그러나 당시 프라이머리 시스템은 경선 과정의 문을 미국 역사상 그 어느 때보다 넓게 열어놓았다. 그리고 이러한 개방성은 언제나 그렇듯 양날의 검으로 작용했다. 이제 다양한 스펙트럼의 정치인들이 새로운 환경에서 대선 후보 지명을 놓고 격돌하게 되었다. 동시에 그 문은 공직 경험이 전혀 없는 진정한 아웃사이더에게도 활짝 열려 있었다.[1] 1945년에서 1968년까지 기존 전당대회 시스템이 지배했던 23년 동안 공식적으로 대선 후보 경선에 나섰던 아웃사이더는 드와이트 아이젠하워Dwight Eisenhower가 유일했다. 반면 프라이머리 시스템이 시작된 1972년에서 1992년 동안에는 총 여덟 명의 아웃사이더(민주당 다섯 명, 공화당 세 명)가 경선에 출마하면서 선거 당 평균 1.25명을 기록했다. 다음으로 1996년에서 2016년까지 18명의 아웃사이더가 프라이머리에 뛰어들면서 선거 당 평균 세 명으로 늘었다. 그리고 그중 13명은 공화당이었다.

1972년에 시작된 프라이머리 시스템은 특히 특정 형태의 아웃사이더에게 약점을 드러냈다. 그들은 바로 '보이지 않는 프라이머리'[2]를 건너뛸 정도로 엄청난 부와 인기를 누리는 유명인들이었다. 1980년대와 90년대에 걸쳐 보수당 아웃사이더인 팻 로버트슨과 팻 뷰캐넌, 그리고 스티브 포브스는 비록 보이지 않는 프라이머리 벽을 넘어서지는 못했지만, 그들이 거둔 뜻밖의 좋은 성적은 '어쩌면 가능할지도 모른다'는 단서를 보여주었다. 엄청난 재력의 기업가 포브스는 돈으로 인기를 샀다. 그리고 크리스천 브로드캐스팅 네트워크Christian Broadcasting Network를 설립했던 TV 전도사 로버트슨, 그리고 TV 평론가이자 백인 우월주의 지지자인 공화당 인사 뷰캐넌은 언론과 각별한 화려한 경력의 소유자들이었다. 이들 모두 최종 후보 지명을 받지는 못했지만, 부와 인기를 바탕으로 경선에 참여했다.

물론 이들 유명인 아웃사이더들은 끝내 벽을 넘지 못했다. 그리고 어느 초여름 오후 트럼프타워의 번쩍이는 로비 층으로 내려온 트럼프의 경우도 이들과 별로 달라 보이지 않았다. 트럼프가 경선에서 승리하기 위해서는 16명의 다른 후보자와 함께 코커스와 프라이머리로 복잡하게 얽힌 경쟁의 벽을 뛰어넘어야 했다. 당시 경선에 참여한 인물들 모두 훌륭한 대선 후보자로서 화려한 경력을 뽐내고 있었다. 그리고 무리의 선두에는 아버지와 형이 대통령을 지낸 플로리다 주지사 젭 부시Jeb Bush가 있었다. 또 다른 주지사로는 위스콘신의 스콧 워커Scott Walker, 루이지애나의 보비 진덜Bobby Jindal, 뉴저지의 크리스 크리스티Chris Christie, 오하이오의 존 케이식John Kasich이 있었다. 그리고 마르코 루비오Marco Rubio 상원 의원과 버락 오바마처럼 갑작스럽게 유력 후보로 떠오른 랜드 폴Rand Paul과 같은 언론을 잘 아는 젊은 공화당 스타도 있었다. 지난 여덟 명의 대통령 중 세 명을 배출한 텍사스 주에서는 테드 크루즈Ted Cruz 상원 의원과 전 주지사 릭 페리Rick Perry가 도전장을 내밀었다. 게다가 아웃사이더에는 트럼프 이외에도 두 명이 더 있었다. 그들은 기업가 칼리 피오리나Carly Fiorina와 신경외과 의사 벤 카슨Ben Carson이었다.

트럼프는 공화당 지도부의 지지를 기대하기 힘든 상황이었다. 정치 경험도 없을 뿐 아니라, 오랫동안 공화당에 몸을 담은 인물도 아니었다. 부시와 루비오, 크루즈, 크리스티, 워커, 케이식 모두 뼛속 깊이 공화당 사람이었던 반면 트럼프는 당적을 수차례 옮겼고, 심지어 힐러리 클린턴이 상원 의원 선거에 출마했을 때 힘을 보태기까지 했었다.

트럼프가 여론조사에서 두각을 드러낸 이후에도 그의 지명을 진지하게 생각하는 사람은 거의 없었다. 트럼프가 출마를 선언한 지 두 달이 지난 2015년 8월 라스베이거스의 도박사들은 그가 백악관에 입성할 가능성을 1퍼센트로 점쳤다.[3] 그리고 트럼프가 공화당 여론조사에서 1위를 기록했던 2015년 11월에 블로그 파이브서티에이트FiveThirtyEight의 설립자이자 2008년과 2012년 대선 결과를 정확하게 맞춰 많은 관심과 인기를 끌었던 네이트 실버Nate Silver는 이런 제목의 기사를 발표했다. "친애하는 언론에게: 도널드 트럼프의 여론조사 결과에 그만 호들갑 떨기를" 이 기사에서 실버는 트럼프가 공화당 내부자들의 지지를 얻지 못하고 결국에는 탈락하게 될 것이라고 예언했다. 트럼프는 여론조사에서 크게 앞섰지만, 실버는 그가 경선에서 이길 가능성이 "20퍼센트에도 훨씬 못 미친다"고 장담했다.[4]

그러나 상황은 갑자기 바뀌었다. 두 가지 중요한 이유 때문에 정당 문지기들은 힘을 크게 잃었다. 첫째, 연방대법원의 2010년 판결(Citizens United v. FEC)[5] 덕분에(비록 그 직접적 원인은 아니었지만) 외부 자금을 선거운동에 훨씬 더 수월하게 끌어들일 수 있게 되었다. 이제 미셸 바크먼Michele Bachmann, 허먼 케인Herman Cain, 하워드 딘Howard Dean, 버니 샌더스Bernie Sanders 등 주변부에 머물러 있던 후보자들 역시 억만장자 후원자를 찾아 나서거나, 인터넷을 통한 소액 기부를 통해 어마어마한 규모의 후원금을 합법적으로 모을 수 있게 되었다. 자금이 풍부한 프라이머리 후보자들의 약진은 미국의 정치 환경이 보다 개방적이고 유연해졌음을 나타내는 현상이었다.

정당 문지기의 힘을 위축시킨 또 다른 요인으로 대체 언론, 특히 케이블 뉴스와 소셜 미디어 산업의 성장을 꼽을 수 있다.[6] 과거에 전국적인 인지도를 높이기 위해서는 오로지 소수의 주류 언론에 의존해야 했던 반면, 새로운 매체 환경에서는 보다 쉽고 빠르게 인기와 대중적 지지를 끌어모을 수 있게 되었다.[7] 이러한 현상은 특히 공화당 쪽에서 더욱 두드러졌다.

정치 평론가 데이비드 프룸David Frum이 "보수주의 엔터테인먼트 복합체 conservative entertainment complex"[8]라고 언급한 영향력 있는 라디오 토크쇼와 폭스 뉴스Fox News를 통해 스타들이 등장해 보수 진영 유권자들의 생각을 극단주의 후보에게 유리한 쪽으로 돌려놓았다.[9] 갓파더피자Godfather Pizza의 CEO이자 라디오 토크쇼 진행자 허먼 케인이 스캔들 파문으로 포기하기 전인 2011년 말에 공화당 여론조사에서 1위를 차지할 수 있었던 것도 그 덕분이었다.

이제 후보 지명 과정의 문이 활짝 열렸다. 게임의 법칙이 트럼프와 같은 인물의 승리를 보장하는 것까지는 아니라고 해도, 이들의 등장을 더이상 막을 수 없게 되고 말았다. 마치 러시안룰렛과 같은 상황이 벌어졌다. 극단주의 아웃사이더가 대선 후보 지명을 받을 가능성이 미국 역사상 그 어느 때보다 높아진 것이다.

트럼프 당선의 핵심 원인

도널드 트럼프의 충격적인 정치 성공에는 다양한 요인이 작용했겠지만, 대통령으로 당선되기까지 문지기 기능의 마비가 가장 중요한 역할을 했다.[10] 정당 문지기들은 세 가지 측면에서 실패했다. 그것은 보이지 않는 프라이머리, 실제 프라이머리, 그리고 본 선거였다.

보이지 않는 프라이머리에서 트럼프는 꼴찌를 기록했다. 프라이머리 시즌이 시작된 아이오와 코커스 당일인 2016년 2월 1일, 트럼프는 공화당 유력 인사 중 어느 누구에게도 지지를 얻지 못했다. 그날 주지사, 상원 및 하원 의원 31명의 지지를 얻은 젭 부시가 프라이머리 선두 주자로 나섰다. 그리고 마르코 루비오가 27명으로 2위를 차지했다. 테드 크루즈는

18명으로 3위, 그리고 랜드 폴이 11명으로 뒤를 이었다. 또한 그 뒤로 크리스 크리스티, 존 케이식, 마이크 허커비Mike Huckabee, 스콧 워커, 닉 페리, 칼리 피오리나 역시 트럼프보다 많은 지지를 얻었다.[11] 어떤 기준으로 보더라도 트럼프의 출마는 애초에 가망 없는 선택이었다. 과거의 선례를 돌이켜볼 때 여론조사에서 드러난 트럼프의 높은 인기는 시간이 갈수록 사그라질 것으로 보였다.

트럼프는 첫 번째 프라이머리 투표가 있었던 아이오와에서 24퍼센트의 득표율로 2위를 차지했지만, 이러한 성과도 기존의 예상에 큰 영향을 미치지 못했다. 과거에도 팻 로버트슨(1988년 25퍼센트), 팻 뷰캐넌(1996년 23퍼센트), 스티브 포브스(2000년 31퍼센트)와 같은 아웃사이더가 아이오와에서 2위를 했지만, 그들의 인기는 머지않아 크게 떨어졌기 때문이었다.

하지만 트럼프는 과거의 아웃사이더들이 보여주지 못한 일을 했다. 그는 뒤이은 뉴햄프셔와 사우스캐롤라이나 주 프라이머리에서도 많은 표를 얻었다. 그래도 공화당은 여전히 그를 달가워하지 않았다. 사우스캐롤라이나 주 프라이머리 당일까지도 트럼프는 현직 공화당 주지사와 상원 및 하원 의원들로부터 단 하나의 지지도 얻지 못했다.[12] 트럼프가 처음으로 지지를 얻은 것은 사우스캐롤라이나 주 프라이머리를 승리로 마친 뒤였다. 하원 의원 던컨 헌터Duncan Hunter(캘리포니아)와 크리스 콜린스Chris Collins(뉴욕) 두 사람이 트럼프에 대한 지지 선언을 했다. 그러나 이후로 이어진 프라이머리에서 쟁쟁한 경쟁자들을 파죽지세로 물리쳤음에도 트럼프는 여전히 당 지도부의 많은 지지를 얻지 못했다. 프라이머리 시즌이 모두 끝났을 때 트럼프를 지지한 공화당 인사는 46명에 불과했다.[13] 이는 마르코 루비오의 3분의 1에도 못 미쳤고, 오랫동안 이어진 선거운동이

어떻게 민주주의는 무너지는가

끝났을 무렵의 젭 부시보다 훨씬 적었다.

트럼프가 3월 1일 슈퍼 화요일 프라이머리에서 승리했을 때 보이지 않는 프라이머리가 허물어졌음이 분명히 드러났다. 이제 보이지 않는 프라이머리는 의미가 없어져버렸다. 그 과정에 분명하게도 트럼프의 인기가 중요한 역할을 했다. 동시에 변화된 언론 지평 역시 핵심 역할을 했다. 선거운동 초반부터 트럼프는 영향력이 점차 높아지고 있던 브라이트바트 뉴스Breitbart News와 같은 채널은 물론 션 해니티Sean Hannity, 앤 콜터Ann Coulter, 마크 레빈Mark Levin, 마이클 새비지Michael Savage와 같은 우파 언론인들의 공감과 지지를 얻었다.[14] 초반에 폭스 뉴스와 논쟁을 벌이기도 했지만, 결국에 트럼프는 양극화된 언론 지평으로부터 큰 도움을 얻었다.

또한 트럼프는 기존 언론을 정당의 지지와 전통적인 선거운동의 대체물로 활용하는 새로운 시도를 했다.[15] "디지털 시대의 자질을 갖춘 맞춤형 후보자"[16]인 트럼프는 끊임없이 논쟁거리를 빚어내는 방식으로 주류 방송 채널을 공짜로 활용했다. 한 조사에 따르면 트럼프를 절대 지지하지 않았던 MSNBC, CNN, CBS, NBC 네 언론사 모두 트위터 계정을 통해 본선 경쟁자인 힐러리 클린턴보다 트럼프를 두 배나 자주 언급한 것으로 드러났다. 또 다른 조사에 따르면 트럼프는 프라이머리 시즌에 언론 채널을 공짜로 활용함으로써 20억 달러에 달하는 이득을 누렸다.[17] 주류 방송을 무료로 활용한 독보적 인물이자 우파 매체 네트워크의 자랑스러운 아들로서, 트럼프는 전통적인 공화당 내부자들의 도움을 필요로 하지 않았다. 보이지 않는 프라이머리 문지기들이 정말로 보이지 않게 되어버린 것이다. 2016년 그들은 문지기로서의 역할을 완전히 포기하고 말았다.

트럼프가 슈퍼 화요일 프라이머리를 승리로 가져간 이후로 공화당 내부에는 두려움이 엄습하기 시작했다. 유력 내부자와 보수주의 여론 주도자들은 트럼프를 반대하는 성명을 서둘러 내놓기 시작했다. 2016년 3월 전 공화당 대선 후보 미트 롬니Mitt Romney는 힝클리 정치연구소Hinckley Institute of Politics에서 유명한 연설을 했다. 여기서 롬니는 트럼프가 공화당과 미국에 대한 위협임을 강조했다. 로널드 레이건의 1964년 연설, '선택의 시간'을 떠올리게 하는 강연에서 롬니는 트럼프가 "대통령에 어울리는 기질과 판단력을 갖추지 못한 사기꾼"이라고 비난했다. 그리고 2008년 대선 후보 존 매케인John McCain과 상원 의원 린지 그레이엄Lindsey Graham을 비롯한 공화당 원로 의원들도 트럼프에 대한 경고사격에 가세했다. 또한 〈내셔널리뷰National Review〉와 〈위클리스탠더드Weekly Standard〉와 같은 보수 진영 잡지들 역시 단호한 태도로 트럼프와 거리두기에 나섰다. 하지만 '트럼프는 절대 안 돼NeverTrump' 운동은 말만 무성했다. 새로운 프라이머리 시스템에서 공화당 지도부는 트럼프의 승승장구를 속수무책으로 바라볼 뿐이었다. 원로 인사들의 잇단 공격은 트럼프의 인기에 흠집을 내지 못했고, 가장 중요한 투표장에서는 오히려 역풍을 맞았다.

공화당 지도부의 무력함은 2016년 7월 클리블랜드에서 열린 전당대회에서도 여실히 드러났다. 전당대회를 앞두고 아직 마음을 굳히지 않은 대의원에 대해, 그리고 이미 결정을 내린 대의원들이 생각을 바꾸도록 설득하는 것과 관련해서 많은 논의가 있었다. 6월 말에는 델리게이츠 언바운드Delegates Unbound라는 비영리단체가 공화당 대의원들을 대상으로 그들에게는 트럼프에게 표를 던질 법적 의무가 없으며, 이제 그만 그를 포기하라고 설득하는 광고 영상을 전국 TV 네트워크로 내보냈다. 그리고 프리 더 델리게이츠Free the Delegates, 코래져스 콘저버티브스Courageous

Conservatives, 세이브 아워 파티Save Our Party와 같은 단체들은 112명의 공화당 전국위원회 규정 위원들이 대의원을 특정 후보에게 구속하는 규칙을 수정함으로써 1972년 이전처럼 자유롭게 투표할 수 있도록 해야 한다고 촉구하는 캠페인을 벌였다. 그러나 이 모든 노력은 아무런 성과 없이 끝났다. 트럼프를 막는 것은 이제 불가능한 일이 되었다.

전당대회에서 트럼프의 지명을 철회할 수 있다는 생각은 그야말로 순진한 발상이었다. 현재 미국의 프라이머리 기반 시스템에서 대의원의 표결은 무시하거나 취소할 수 없는 절대적인 정당성을 부여한다. 그리고 도널드 트럼프는 1400만에 달하는 표를 얻었다. 사우스캐롤라이나 주 공화당 전국위원회 위원인 신디 코스타Cindy Costa는 트럼프가 "정정당당하게 승리했고", 그렇기 때문에 그의 지명을 철회하고 다른 인물을 본선 후보로 추대하는 것은 "어마어마한 혼란"으로 이어지게 될 것이라고 경고했다.[18] 이제 공화당 지도부는 현실을 직시해야 했다. 그들은 이미 후보 지명을 위한 열쇠를 빼앗긴 상태였다.

예정된 독재자의 탄생

전쟁터가 본 선거로 옮겨지면서 이번 대선은 일반적인 선거와는 다를 것이라는 전망이 이어졌다. 간단하게 말해서 도널드 트럼프는 일반적인 후보가 아니었다. 그는 공직 경험이 없을 뿐 아니라(유명한 장군을 제외하고 선출직이나 장관직을 경험하지 않은 인물이 대통령이 된 경우는 없었다) 그의 대중 선동술과 이민자 및 이슬람인에 대한 극단주의적 입장, 시민사회의 규범을 경멸하는 태도, 그리고 블라디미르 푸틴을 비롯한 여러 독재자에 대해 늘어놓은 칭찬은 다양한 언론과 정치 세계에서 혐오감을 자아냈다. 그렇다면 공화당은 정말로 잠재적 독재자를 후보로 지명했던 것일까? 이 질문에 대해 단정적으로 대답하기는 어려울 것이다. 트럼프 비판자들은 그의 말을 있는 그대로 받아들였지만 그의 존재는 진지하게 인정하지 않았던 반면, 트럼프 지지자들은 그의 말을 있는 그대로 받아들이지는 않았지만 그의 존재는 진지하게 인정했다는 말의 의미를 공화당 인사들은 잘 이해했다. 그들의 관점에서 볼 때 트럼프가 선거운동에서 사용했던 표현은 '그저 말'에 불과했던 것이다.

공직 경험이 없는 지도자가 당선 후 어떻게 행동할 것인지를 예측하기는 어렵다. 하지만 앞서 설명했듯이 우리는 반민주적인 지도자의 정체를 그가 권력의 자리에 오르기 전에 가늠해볼 수 있다. 그리고 실제로 트럼프는 독재자를 구별하는 우리의 리트머스 테스트 네 항목 모두에서 양성 반응을 보였다.

첫 번째 신호는 민주주의 규범을 준수하려는 의지의 박약이다. 선거 절차의 정당성에 의문을 제기하고, 2016년 대선 결과를 받아들이지 않을 수 있다는 전례 없는 주장을 내놓았을 때 트럼프는 이미 독재자로서의 첫 번째 기준을 충족했다. 미국에서 선거 부정 사례는 극히 희박하다. 주 정부 및 지방 정부가 선거를 관리하기 때문에 국가 차원에서 조직적으로 선거 부정을 공모하려는 시도는 실질적으로 불가능하다.[19] 그럼에도 트럼프는 2016년 대선 캠페인 내내 힐러리가 수백만 명의 불법 이민자들과 이미 사망한 사람들까지 동원하고 있다고 주장했다.[20] 트럼프는 선거운동 웹사이트를 통해 줄곧 이렇게 외쳤다. "힐러리가 이번 선거를 조작하지 못하도록 도와주세요!"[21] 그해 8월 트럼프는 션 해니티에게 이렇게 말했다. "조심해야 할 겁니다. 이번 선거는 조작 위험이 있기 때문에 (…) 공화당 사람들은 이번 선거를 면밀히 감시해야 합니다. 아니면 승리를 도둑 맞고 말 겁니다."[22] 그리고 10월에는 트위터를 통해 이런 메시지를 남겼다. "선거 이전과 당일에 대규모 부정투표가 틀림없이 벌어질 것이다."[23] 게다가 마지막 대선 토론회에서 트럼프는 자신이 패하더라도 결과에 승복하겠다는 대답을 끝까지 하지 않았다.

역사가 더글러스 브린클리Douglas Brinkley의 설명에 따르면 1860년 이후로 어떤 주요 대선 후보도 미국의 선거 시스템에 의혹을 제기하지 않았다. 미국의 주요 정치인이 이러한 방식으로 '연방정부의 정당성을 부인하는' 것은 남북전쟁 이후로 찾아볼 수 없는 일이었다. 브린클리는 이렇게 지적했다. "이는 분리주의자의 급진적 주장이다. 사과 수레를 뒤집어엎으려는 시도다."[24] 그러나 트럼프가 제기한 의혹은 많은 영향을 미쳤다. 10월 중순에 〈폴리티코〉와 모닝 컨설트Politico/Morning Consult가 실시한 여론조사 결과는 미국인 41퍼센트, 그리고 공화당 지지자 73퍼센트가 실제로 트럼프가 승리를 도둑맞을 수도 있다고 생각한 것으로 드러났다.[25] 다시 말해서 공화당 지지자 네 명 중 세 명은 그들이 자유선거를 근간으로 하는 민주주의 사회에서 살고 있다는 믿음을 갖고 있지 못했던 것이다.

우리가 개발한 리트머스 테스트의 두 번째 항목은 상대의 정당성에 대한 부정이다. 전제적인 정치인은 경쟁자를 범죄자, 파괴분자, 매국노, 혹은 국가 안보 및 국민의 삶에 위협적인 존재라고 비난한다. 트럼프는 이 기준 또한 충족했다. 가장 먼저 그는 '버서'였다.[26] 트럼프는 버락 오바마의 대통령의 출마 합법성에 의문을 제기했다. 트럼프는 오바마가 케냐에서 태어났으며 이슬람인이라고 주장했다. 이 말은 트럼프 지지자에게 오바마가 '외국인'이라는 뜻이다. 2016년 대선 운동 과정에서도 트럼프는 경쟁자로서 힐러리의 정당성을 부인했다. 그는 힐러리를 "범죄자"로 규정하고, "구속해야 한다"고 끊임없이 주장했다.[27] 그리고 유세장에서 "그녀를 구속하라!"고 외치는 지지자들을 향해 박수를 보냈다.

세 번째 기준은 폭력에 대한 조장과 용인이다. 정당의 폭력 행사는 종종 민주주의 붕괴의 전조가 된다. 대표 사례로 이탈리아의 검은셔츠단, 독일의 나치 돌격대, 우루과이 좌파 게릴라, 그리고 1960년대 초 브라질의 우파 및 좌파 무장단체가 있다. 20세기 동안 미국의 어떤 주요 정당 대선 후보도 폭력을 용인하지 않았다(1968년 조지 윌리스는 폭력 사용을 지지했지만 그는 제3당 후보였다). 그러나 트럼프는 이러한 역사를 깨버렸다. 그는 선거운동 기간에 지지자들의 폭력을 용인했을 뿐 아니라, 때로는 이를 조장하기까지 했다. 트럼프는 시민사회 규범을 갑작스럽게 허물어뜨렸고, 시위자를 공격한 지지자들의 폭력 행위를 용인하고 독려했다. 노스캐롤라이나 페이엇빌 집회에서는 시위대를 기습 공격하고 살해 협박까지 했던 자신의 지지자들을 위해 소송비용을 대주겠다는 제안까지 했다.[28] 게다가 지지자들에게 자신의 집회에 모여든 시위자들을 향해 무력을 써도 좋다는 말을 서슴없이 했다. 이와 관련하여 온라인 매체 〈VOX〉의 몇몇 보도를 살펴보자.[29]

"토마토를 던지는 사람을 보거든 두들겨 패주세요. 그럴 거죠? 농담이 아닙니다. 때려눕히세요. 소송비용은 제가 책임질 테니까요. 약속합니다." (아이오와, 2016년 2월 1일)

"옛날이 그립군요. 예전에는 이런 곳에서 저런 행동을 하는 사람들에게 어떻게 했었는지 알고 계시죠? 그때 저랬다면 틀림없이 들것에 실려 나갔을 겁니다. 정말입니다. (…) 얼굴에 주먹을 날리고 싶군요.” (네바다, 2016년 2월 22일)

“옛날의 좋은 시절이라면 저런 사람은 당장 끌려 나갔을 겁니다. 요즘은 모두가 올바른 정치를 요구합니다. 하지만 그런 요구 때문에 미국은 지옥으로 떨어질 겁니다.” (오클라호마, 2016년 2월 26일)

“여기서 나가세요. 당장 꺼져요! 놀랍군요. 재미있습니다. 마음에 들어요. 정말입니다. 여러분도 그렇죠? USA, USA, USA! 좋아요. 저 사람을 쫓아냅시다. 때리지는 말고요. 혹시 때리더라도 제가 여러분을 법정에서 지켜줄 겁니다. 걱정 마세요. (…) 저기 네 분이 그 사람을 제압하고 있군요. 다음 날 신문은 우릴 물어뜯을 겁니다. 너무 거칠다고 말이죠. 신물이 납니다. 아시죠? 그렇죠? 우리는 지나치게 올바른 정치를 원하지 않습니다. 그렇지 않습니까, 여러분?” (미시간, 2016년 3월 4일)

“예전에는 우리처럼 거친 사람들이 많았습니다. 그들은 맞받아쳤습니다. 대단했죠. 그들은 반격을 시작했습니다. 좋은 옛 시절이라면 이런 일은 벌어지지 않았습니다. 그땐 아주 거칠게 대응했으니까요. 그래서 호락호락하게 당하지 않았던 겁니다. 하지만 오늘날에는 마음대로 이곳에 걸어 들어와 모두를 향해 불경스러운 손가락을 치켜세웁니다. 사람을 죽이고도 벌을 받지 않습니다. 그건 그만큼 우리가 약해졌기 때문입니다.” (노스캐롤라이나, 2016년 3월 9일)

2016년 8월 트럼프는 노스캐롤라이나 윌밍턴에 모인 지지자들에게 힐러리가 임명하려는 대법관이 총기 소지를 금지하려 한다고 주장하면서 힐러리에 대한 폭력을 암묵적으로 용인했다. 그리고 이렇게 덧붙였다. "힐러리가 그를 임명한다면 우리가 할 수 있는 일은 아무것도 없습니다. (…) 수정헌법 2조를 지지하는 사람들이 있을 텐데 말이죠."[30]

리트머스 테스트의 마지막 항목은 경쟁자와 비판자의 시민권을 억압하려는 시도다. 오늘날 독재자와 민주주의 지도자를 구분하는 기준은 비판에 대한 대응 방식이다. 독재자는 야당과 언론 및 시민사회에서 자신을 비난하는 이들을 권력을 이용하여 처벌한다. 2016년 도널드 트럼프는 바로 그러한 성향을 드러내 보였다. 그는 대선이 끝나고 힐러리 클린턴을 수사하기 위해 특별 검사팀을 꾸리고 있으며, 힐러리는 곧 교도소에 수감될 것이라고 주장했다.[31] 게다가 자신에게 우호적이지 않은 언론을 처벌하겠다고 끊임없이 협박했다. 가령 텍사스 포트워스 집회에서 트럼프는 〈워싱턴포스트〉 소유주 제프 베조스Jeff Bezos를 이렇게 공격했다. "제가 대통령이 되면 그들은 아마도 무척 골치가 아플 겁니다. 심각한 고민거리가 생길 겁니다."[32] 그리고 〈워싱턴포스트〉를 "지금까지 만나본 가장 솔직하지 못한 집단"이라고 비난하면서 이렇게 강조했다.

명예훼손으로 고발할 겁니다. 그래서 그들이 고의적으로 써댄 편파적이고, 끔찍하고, 거짓된 기사에 대해 거액을 받아낼 겁니다. (…) 〈뉴욕 타임스〉가 모욕으로 가득한 교묘한 기사를 쓸 때 혹은 〈워싱턴포스트〉가 그럴 때 (…) 언제든 그들을 고소할 수 있도록 말이죠……[33]

[도표 2] 도널드 트럼프와 전제주의 행동을 가리키는 네 가지 주요 신호

1) 민주주의 규범에 대한 거부(혹은 규범 준수에 대한 의지 부족)	• 헌법을 부정하거나 이를 위반할 뜻을 드러낸 적이 있는가? • 선거제도를 철폐하고, 헌법을 위반하거나, 정부 기관을 폐쇄하고, 기본적인 시민권 및 정치 권리를 제한해야 한다고 주장한 적이 있는가? • 권력을 잡기 위해 군사 쿠데타나 폭동, 집단 저항 등 헌법을 넘어선 방법을 시도하거나 지지한 적이 있는가? • **선거 불복 등 선거제도의 정당성을 부정한 적이 있는가?**
2) 정치 경쟁자에 대한 부정	• 정치 경쟁자를 전복 세력이나 헌법 질서의 파괴자라고 비난한 적이 있는가? • 정치 경쟁자가 국가 안보나 국민의 삶에 위협을 주고 있다고 주장한 적이 있는가? • **상대 정당을 근거 없이 범죄 집단으로 몰아세우면서, 법률 위반(혹은 위반 가능성)을 문제 삼아 그들을 정치 무대에서 끌어내려야 한다고 주장한 적이 있는가?** • 정치 경쟁자가 외국 정부(일반적으로 적국)와 손잡고(혹은 그들의 지시에 따라) 은밀히 활동하는 스파이라고 근거도 없이 주장한 적이 있는가?
3) 폭력에 대한 조장이나 묵인	• 무장단체, 준군사조직, 군대, 게릴라, 혹은 폭력과 관련된 여러 조직과 연관성이 있는가? • 개인적으로 혹은 정당을 통해 정적에 대한 폭력 행사를 지원하거나 부추긴 적이 있는가? • **폭력에 대한 비난이나 처벌을 부인함으로써 지지자들의 폭력 행위에 암묵적으로 동조한 적이 있는가?** • **과거나 다른 나라에서 벌어진 심각한 정치 폭력 행위를 칭찬하거나 비난을 거부한 적이 있는가?**
4) 언론 및 정치 경쟁자의 기본권을 억압하려는 성향	• **명예훼손과 비방 및 집회를 금지하거나, 정부 및 정치조직을 비난하는 등 시민의 자유권을 억압하는 법률이나 정책을 지지한 적이 있는가?** • 상대 정당, 시민 단체, 언론에 법적 대응을 하겠다고 협박한 적이 있는가? • 과거에 혹은 다른 나라의 정부가 행한 억압 행위를 칭찬한 적이 있는가?

리처드 닉슨을 제외하고, 20세기 동안 주요 정당의 대선 후보들은 네 항목 중 단 하나도 충족시키지 않았다. 하지만 [도표 2]에서 알 수 있듯이 도널드 트럼프는 네 가지 항목을 모두 충족한다. 또한 닉슨까지 포함하여, 미국 현대 역사에서 어떤 주요 대선 후보도 헌법적 권리와 민주주의 규범을 무시하겠다는 의지를 공식적으로 드러내지 않았다. 이러한 점에서 트럼프는 미국 대통령제를 설계했던 해밀턴을 비롯한 모든 건국자들이 우려했던 바로 그러한 유형의 인물인 셈이다.

미국 사회는 이러한 모든 신호를 인식해서 경고등을 울렸어야 했다. 그러나 문지기 기능은 프라이머리 과정에서 작동하지 않았고, 결국 대통령에 적합하지 않은 인물이 주류 정당 후보로 나서게 했다. 이러한 상황에서 공화당은 어떻게 대처해야 했을까? 1930년대 유럽, 그리고 1960년대와 70년대 남미에서 민주주의가 붕괴했던 역사의 교훈을 다시 떠올려보자. 문지기 제도가 제역할을 하지 못할 때 주류 정치인들은 위험한 인물이 권력의 중심에 들어오지 못하도록 모든 방안을 강구해야 한다.

왜 독재자에게 순순히 권력을 넘기는가

'집단적 포기collective abdication', 다시 말해 민주주의를 위협하는 인물에게 권력을 넘기는 행동은 일반적으로 두 가지 이유 때문이다. 첫째, 잠재적 독재자를 통제하거나 길들일 수 있다는 착각이다. 둘째, 사회학자 이반 에르마코프Ivan Ermakoff가 '이념적 공모ideological collusion'[34]라고 부른 개념으로, 이는 집단적 포기를 택한 주류 정치인들의 이해관계가 잠재적 독재자의 이해관계와 맞아떨어지는 경우에 해당된다. 하지만 잠재적 독재자가 등장했을 때 기성 정치인들은 모든 방법을 동원하여 그를 제어함으로써 민주주의 제도를 지켜야 한다.[35] 비록 이를 위해 달갑지 않은 경쟁자와 잠시나마 손을 잡아야 한다고 해도 말이다.

이는 2016년 대선을 앞둔 공화당 인사들에게 더 중요한 말이었다. 그들은 민주주의 기본 규범을 위협하는 트럼프를 어떻게든 저지했어야 했다. 그러나 그 역할을 저버림으로써 미국 민주주의는 위기에 처했다. 민주주의를 잃는 것은 선거에서 패배하는 것보다 훨씬 더 비극적인 일이다. 이러한 사태를 막기 위해서 공화당은 평소에는 생각할 수 없었던 결단, 즉 힐러리 클린턴을 지지하는 과감한 선택을 내렸어야 했다. 미국은 양당 체제다. 2016년 대선에서 양당의 두 후보가 맞붙었고, 그중 한 명은 대중 선동가였다. 2016년 대선은 공화당의 정치 결단력을 시험하는 중요한 무대였다. 과연 국가의 번영을 위해 단기적인 정치 희생을 기꺼이 감내할 수 있을 것인가?

앞서 살펴보았듯이 우리는 비슷한 선례를 알고 있다. 2016년 오스트리아 보수 진영은 극우파 급진주의자인 노르베르트 호퍼의 당선을 막기 위해 녹색당 후보 알렉산더 판데어벨렌을 지지하기로 결단을 내렸다. 그리고 2017년 프랑스 보수 진영 후보 프랑수아 피용François Fillon은 극우파 후보 마린 르펜Marine Le Pen이 권력을 잡지 못하도록 막기 위해 중도좌파 후보인 에마뉘엘 마크롱Emmanuel Macron을 지지하도록 당원들을 설득했다. 두 사례에서 우파 정치인들은 이념적 경쟁자를 지지했다.[36] 이러한 결정으로 많은 당원들의 불만을 사긴 했지만, 상당수 유권자의 마음을 돌려 극단주의자가 권력의 자리에 오르지 못하도록 막았다.

일부 공화당 인사는 도널드 트럼프가 대통령으로 적합하지 않다는 이유로 힐러리를 지지했다. 이들은 오스트리아와 프랑스 보수 진영 정치인들처럼 당의 이해관계보다 민주주의를 지켜내야 한다는 의지를 더욱 중요하게 생각했다. 이러한 공화당 인사들 중 세 사람의 이야기를 한번 들어보자.

공화당 인사 1: "이번 선거에서 우리의 선택은 너무도 분명합니다. 힐러리 클린턴이야말로 강력하고 확실한 미국 민주주의의 지지자입니다. (…) 도널드 트럼프는 민주주의를 위협하는 인물이죠."[37]

공화당 인사 2: "당보다 국가를 먼저 생각한다면 클린턴 장관에게 표를 던져야 합니다. 트럼프는 나라의 최고 자리에 어울리지 않는 위험인물입니다."[38]

공화당 인사 3: "중요한 문제입니다. 논란을 불러일으키는 후보에게 제 소중한 표를 낭비하고 싶지 않습니다. 도널드 트럼프가 대통령이 되지 못하도록 막는 일에 국가의 운명이 달려 있다는 점을 잘 알기에, 저는 이번 11월에 그녀[힐러리]와 함께할 것입니다. 다른 공화당 인사들도 저와 뜻을 함께하기를 바랍니다."[39]

만일 이러한 주장을 백악관 대변인 폴 라이언Paul Ryan, 상원 다수당 원내총무 미치 매코널Mitch McConnell, 전 대통령 조지 W. 부시, 혹은 존 매케인, 마르코 루비오, 테드 크루즈 상원 의원 삼인방이 했더라면, 2016년 대선 결과는 크게 달라졌을 것이다. 그러나 안타깝게도 위의 주장을 했던 인물은 메인 상원 의원 올림피아 스노위Olympia Snowe의 대변인 윌리엄

피어스William Pierce(공화당 인사 1), 펜실베이니아 출신 전 상원 의원 잭 맥그레거Jack McGregor(공화당 인사 2), 덴버 은행가 릭 스토더드Rick Stoddard(공화당 인사 3)였다.[40]

폴 라이언이나 미치 매코널, 마르코 루비오, 테드 크루즈 등 전국적으로 인지도가 높은 공화당 인사들은 도널드 트럼프를 지지했다. 반면 힐러리를 지지한 공화당 인사는 은퇴한 정치인이나 전직 행정부 관료처럼 앞으로 다가올 선거에 출마 의향이 없는, 그래서 힐러리를 지지해도 정치적으로 잃을 게 없는 사람들뿐이었다. 〈워싱턴포스트〉는 선거 전날에 힐러리를 공개적으로 지지한 78명의 공화당 인사 명단을 공개했다.[41] 그중 선출 공직자는 뉴욕 하원 의원 리처드 해나Richard Hanna가 유일했다. 사실 그는 은퇴를 앞두고 있었다. 그 명단에서 공화당 주지사와 상원 의원은 하나도 없었다. 하원에서는 은퇴를 앞둔 해나가 유일했다.

공화당 지도부 중 상원에는 매케인과 마크 커크Mark Kirk, 수전 콜린스Susan Collins, 켈리 에이욧Kelly Ayotte, 마이크 리Mike Lee, 리사 머카우스키Lisa Murkowski, 벤 새스Ben Sasse, 그리고 주지사에는 존 케이식과 찰리 베이커Charlie Baker, 또한 전 주지사인 젭 부시와 미트 롬니 등 소수만이 트럼프 지지를 거부했다. 전 대통령 조지 W. 부시는 침묵을 지켰다. 그러나 이들 중 힐러리를 지지한 사람은 한 명도 없었다.

결론적으로 공화당 지도부 대부분은 끝까지 당 노선을 벗어나지 않았다. 만약 그들이 트럼프와 결별을 선언하고 국민에게 트럼프가 미국의 민주주의에 위협이 된다고 크고 분명한 목소리를 냈더라면, 그리고 이러한 주장을 근거로 힐러리를 지지했더라면, 도널드 트럼프는 대통령 자리에 오르지 못했을 것이다. 프랑스의 경우 놀랍게도 피용의 보수주의 공화당 지지자들 중 절반이 마크롱에게 표를 던졌고, 또 다른 3분의 1은 기권한 것으로 드러났다.[42] 공화당 지지자들 중 르펜을 찍은 사람은 6분의 1에 불과했다. 이러한 현상은 프랑스 대선에 결정적인 영향을 미쳤다. 미국의 경우 공화당 지지자들이 어떻게 나뉘었는지 정확히 나와 있지는 않다. 아마도 대부분 트럼프를 찍었을 것이다. 그러나 양당이 프랑스처럼 연합 전선을 형성했었다면 트럼프는 틀림없이 실패했을 것이다.

물론 안타깝게도 현실은 달랐다. 사회적 비난에도 불구하고 공화당 지도부 대부분은 트럼프를 지지함으로써 당의 통합된 모습을 보여주었다. 그들은 이번 대선의 특별한 상황을 양당 후보가 경쟁하는 일반적인 상황으로 돌려놓았다. 다시 말해 공화당 지지자는 공화당 후보자를 찍고 민주당 지지자는 민주당 후보자를 찍는 평범한 선거로 만들어버렸다.

이러한 전환은 대단히 중요한 영향을 미쳤다. 2016 대선이 일반적인 선거가 되어버리자 두 가지 측면에서 그 선거는 동전 던지기로 변질되고 말았다. 첫째, 최근 심화되는 정치 양극화는 유권자 집단의 유동성을 증발시켜버렸다. 미국 사회는 점차 공화당 지지자와 민주당 지지자로 뚜렷하게 양분되고, 독립적이거나 유동적인 집단의 비중은 크게 줄어들었다.[43] 그리고 공화당과 민주당 지지자들의 자기 당에 대한 충성심과 상대 정당에 대한 적개심은 더욱 높아졌다. 유권자 집단의 유동성이 줄어들면서, 1964년이나 1972년처럼 압도적인 결과로 끝날 가능성은 희박해졌다. 실제로 2000년대로 접어들면서 미국 대선은 후보자와 상관없이 점차 접전 양상을 띠기 시작했다.

둘째, 심각한 경제 양극화와 오바마 대통령의 높은 지지율을 감안할 때 많은 정치 이론가들은 박빙의 승부를 예상했다. 이들 대부분 근소한 차이로 힐러리의 승리를 예상했지만, 트럼프의 승리를 점친 전문가도 있었다. 어쨌든 모두가 치열한 접전을 전망했다.[44] 접전은 어느 쪽의 승리로도 끝날 수 있다. 최종 결과는 우발적인 사건에 달려 있다. 그러면 그 사건은 역사적인 사건이 될 것이었다. 이러한 점에서 '10월의 이변October surprise'은 중요했다. 가령 그 한 달 동안 새로운 폭로 영상이 후보자의 이미지에 타격을 입히거나, FBI 국장이 보낸 서한이 후보자의 신뢰성에 의문을 던질 때 대선 판도의 결정적인 변수로 작용했다.

만약 공화당 지도부가 공개적으로 트럼프에 반대했다면 지난 네 번의 대선에서 드러났던 접전의 양상은 나타나지 않았을 것이다. 2016년에 공화당 지지자는 둘로 나뉘었다. 일부는 당 지도부의 경고에 주목했고, 다른 일부는 트럼프에 주목했다. 공화당 지지자 중 일부만 변심을 하더라도 트럼프는 승리하지 못할 것이었다. 그러나 2016 대선은 일반적인 선거로 흘러가고 말았다. 박빙의 승부가 펼쳐졌고, 행운의 여신은 트럼프의 손을 들어주었다.

4장

**합법적으로
전복되는
민주주의**

페루의 알베르토 후지모리는 처음부터 독재자가 되려고 마음먹었던 것은 아니었다. 그리고 대통령이 되겠다고 생각했던 것도 아니었다. 일본인 후손으로 그리 유명하지 않은 대학의 총장이 된 후지모리는 1990년에 의원 선거에 출마하려고 했다. 하지만 어느 당에서도 공천을 받지 못했다. 그래서 그는 직접 정당을 조직해서 스스로를 공천했다.[1] 그러나 선거 자금이 턱없이 부족했던 후지모리는 개인의 인지도를 높일 목적으로 대선 후보로 등록했다.[2] 1990년은 페루인들에게 위기의 한 해였다. 하이퍼인플레이션이 시작되면서 경제가 무너졌고, 마오이즘 게릴라 단체 빛나는 길Shining Path은 1980년 설립 이후로 무력 투쟁 과정에서 수만 명을 죽음으로 내몰았으며, 페루 수도 리마를 포위하기에 이르렀다. 페루 시민들은 기존 정당을 혐오했다. 이러한 상황에서 많은 이들은 정부에 대한 저항의 의미로 "당신과 같은 대통령"이라는 슬로건을 들고나온 정치 신인 후지모리에 주목했다. 그는 여론조사에서 뜻밖에 좋은 성적을 보여주었다. 그리고 대선 1차 선거에서 놀랍게도 2위를 기록하면서, 페루 유명 작가 마리오 바르가스 요사Mario Vargas Llosa와 함께 결선 투표에 올랐다. 기성 정치 세력은 큰 충격을 받았다. 바르가스 요사는 페루 사회에서 존경을 받는 인물이었다. 이후에는 노벨 문학상까지 수상했다. 당연하게도 정치와 언론, 비즈니스 세계의 지도자들 대부분 바르가스 요사를 지지했다. 반면 많은 페루 국민들은 그를 서민의 고통에 귀 기울이지 않는, 엘리트 집단에 우호적인 인물로 보았다. 후지모리는 포퓰리즘을 앞세워 국민의 분노를 자극했고, 자신이야말로 변화를 향한 유일한 대안임을 강조했다. 그리고 승리를 거뒀다.

후지모리는 대통령 취임 연설에서 페루가 "공화국 역사상 가장 중대한 위기"에 처했다고 경고했다. 또한 국가 경제가 "붕괴 직전"이며 사회 전반이 "폭력과 부패, 테러, 마약 범죄로 파탄에 이르렀다"고 주장했다. 그리고는 "위기에서 벗어나 페루를 더 나은 국가로 만들겠다"고 다짐했다. 후지모리는 급진적인 경제 개혁이 무엇보다 필요하고, 이를 위해서는 테러와의 전쟁을 시작해야 한다고 믿었다. 그러나 취임 당시까지도 구체적인 계획은 세우지 못한 상태였다.[3]

후지모리 앞에는 숱한 장애물이 놓여 있었다. 정치 아웃사이더로서 그는 페루의 유력 정치인들과 인맥이 없었다. 당시 의회를 장악한 야당은 대법관까지 그들 마음대로 임명했다. 그리고 바르가스 요사를 지지했던 기존 언론은 후지모리의 약속을 믿지 않았다. 이에 후지모리는 정치 엘리트들을 나라를 망친 부패한 집단이라고 맹렬히 비난했다.[4] 선거에서 싸워 이긴 상대가 여전히 권력의 방아쇠를 쥐고 있다는 사실을 깨달았기 때문이다.

어떻게 민주주의는 무너지는가

후지모리의 험난한 여정은 그렇게 시작됐다. 취임 후 몇 달 동안 의회는 아무런 법안도 통과시키지 않았고, 사법부 역시 높아지는 테러 위협을 못 본 척했다.[5] 후지모리는 복잡한 의회정치에 대한 경험이 부족했을 뿐 아니라 참을성도 부족했다.[6] 한 측근의 증언처럼 후지모리는 "자신이 법안을 내놓을 때마다 의회 의장을 대통령 궁으로 초대해야 하는 상황을 무척이나 못마땅해했다."[7] 후지모리는 나중에 종종 자랑삼아 늘어놓았던 것처럼 페루를 자신의 손바닥 위에 올려놓고 싶어 했다.

그래서 그는 정당 대표들과의 협상 대신 그들을 "놀고먹는 사기꾼"[8]이라 비난하면서 공세를 이어나갔다. 그리고 정부에 비협조적인 판사를 "비열한 인간"이나 "악당"으로 표현했다.[9] 더욱 심각한 사실은 후지모리가 의회를 우회하는 방법을 모색하기 시작했던 것이다. 그는 먼저 행정명령에 눈길을 돌렸다.[10] 행정부 각료들은 페루 헌법이 "엄격하고", "제한적"이라는 점을 지적하면서, 민주주의 제도를 수호하려는 대통령의 의지가 약하다는 우려를 증폭시켰다.[11] 후지모리는 경영자들을 초청한 자리에서 이렇게 말했다. "페루는 정말로 민주주의 국가입니까? (…) 그렇게 말하기 힘들다고 생각합니다. 페루는 사실 강력한 소수와 독점, 파벌, 로비가 지배하는 나라입니다……."[12]

이에 위기감을 느낀 기성 정치인들은 반격에 나섰다. 후지모리가 사법부의 조언을 구하지도 않고 테러리스트들을 잡아들이기 위한 교도소 공간을 확보할 목적으로 경범죄 수용자 수천 명을 석방했을 때 전국판사협의회National Association of Judges는 그들의 대통령을 "절대 받아들일 수 없는 반민주주의 독재자"라고 비난했다. 그리고 사법부는 후지모리의 행정명령 중 상당수가 위헌이라고 판결을 내렸다. 야당은 그를 "독재자"라고 주장했고, 언론은 그를 일본 황제에 비유했다.[13] 1991년 초에는 탄핵 이야기까지 흘러나왔다. 뉴스 잡지 〈카레타스Caretas〉는 그해 3월호 표지에 십자 조준선이 후지모리를 겨누고 있는 사진과 이런 문구를 실었다. "후지모리는 물러날 것인가? 법률 검토가 이미 시작되었다."[14]

궁지에 몰린 후지모리는 공세를 더 강화했다. 그는 경영자 모임에서 이렇게 강조했다. "아직 남아 있는 금기를 모두 없애버릴 때까지 멈추지 않을 것입니다, 하나씩 제거해갈 것입니다. 국가의 발전을 가로막는 오랜 장벽을 과감히 무너뜨리겠습니다." 1991년 11월 후지모리는 126건의 행정명령에 대해 의회 승인을 요구했다. 이들 명령은 대단히 광범위했으며, 시민의 자유를 위협할 수 있는 전제적인 방안도 있었다. 당연하게도 의회는 거부했다. 그들은 주요 행정명령을 취소하거나 수정했고, 후지모리의 힘을 약화하기 위한 법안들을 통과시켰다. 그렇게 갈등은 고조되었다. 후지모리는 의원들이 마약 범죄 집단의 로비에 휘둘리고 있다며 비판했고, 의회는 '도덕적 무능함'을 근거로 대통령을 탄핵할 수 있는 법안을 내놓았다. 비록 그 법안은 하원에서 아슬아슬하게 부결되었지만, 한 정부 관료의 말에 따르면 당시 대통령과 의회 사이의 갈등은 "의회가 대통령을 죽이거나, 아니면 대통령이 의회를 죽일 것"을 우려할 정도로 심각했다.[15]

결론은 대통령이 의회를 죽였다. 1992년 4월 5일에 후지모리는 TV에 출연해서 의회를 해산하고 헌법을 무효화하겠다는 발표를 했다. 깜짝 당선 후 2년이 지나기 전에 후지모리는 별 볼일 없는 아웃사이더에서 독재자로 거듭났다.

어떻게 민주주의는 무너지는가

대중선동가에서 독재자로

선출된 대중선동가 일부는 독재를 향한 뚜렷한 청사진을 갖고 취임하지만, 후지모리의 경우처럼 그렇지 않은 경우도 많다. 사실 청사진 없이도 민주주의는 붕괴할 수 있다. 페루 역사가 말해주듯 예기치 못한 상황에서, 다시 말해 민주주의 규범을 허무는 선동적 지도자와 위기를 느낀 기성 정치 세력 사이에 고조되는 갈등의 결과로 민주주의는 붕괴한다.

붕괴의 과정은 대개 말로 시작된다. 대중선동가는 비판자를 적이나 체제 전복자, 심지어 테러리스트라며 도발적으로 비난한다. 우고 차베스는 대선 경쟁에 뛰어들면서 정적들을 "역겨운 돼지"나 "비열한 올리가르히"라 불렀다.[16] 그리고 대통령이 되고 나서도 비판자를 "적"이나 "반역자"라고 칭했다.[17] 후지모리의 경우 자신의 정적들을 테러리스트나 마약 조직과 연결시켰다. 또한 이탈리아 총리 실비오 베를루스코니Silvio Berlusconi는 정부에 불리한 판결을 내린 판사들을 "공산주의자"로 몰아세웠다.[18] 언론인들 또한 이들의 공격 대상이 된다. 에콰도르 대통령 라파엘 코레아는 자신을 비난한 언론을 "궤멸해야 할 중대한 정적"이라고 불렀다.[19] 터키의 레제프 타이이프 에르도안Recep Tayyip Erdoğan 총리는 저널리스트들이 "테러리즘" 선전에 동원되고 있다며 비판했다.[20] 이러한 공격은 사회에 중대한 영향을 미친다. 정권에 반대하는 인물이 테러 집단과 연관이 있고, 언론이 가짜뉴스를 퍼트린다는 주장을 대중이 진지하게 받아들일 때 독재자는 그들에 대한 탄압을 쉽게 정당화할 수 있다.

이러한 공격은 여기서 멈추지 않는다. 정치 평론가들은 종종 대중선동가는 그저 '말뿐이며' 그렇기 때문에 그들의 경고를 진지하게 받아들일 필요가 없다고 사람들을 안심시킨다. 그러나 전 세계적으로 대중선동가의 사례를 살펴보면, 많은 이들이 결국에는 말을 넘어 행동으로 옮겨 간다는 사실을 확인할 수 있다. 이들은 권력을 장악하는 과정에서 사회를 분열시키고, 공포와 적대감, 그리고 불신을 부추긴다. 그러나 이들의 적대적인 표현은 부메랑으로 돌아오곤 한다. 위협을 느낀 언론은 정부를 어떻게든 무력화하기 위해 자제와 전문가로서의 윤리를 저버린다. 또한 야당은 공공의 선을 위해 탄핵이나 대규모 시위, 혹은 쿠데타 등 극단적인 방법까지 동원하여 정권을 허물어뜨릴 방안을 모색한다.

1946년 후안 페론이 아르헨티나 대통령으로 선출되었을 때 많은 비판자들은 그를 파시스트로 보았다. 스스로 '나치와 투쟁'을 벌이고 있다고 확신한 야당인 급진시민연합Radical Civic Union 인사들은 페론을 대통령으로 인정하지 않았다. 페론은 임기 첫날부터 야당의 "반대와 방해, 그리고 도발"[21] 전략에 직면했다. 급진시민연합은 심지어 대법원이 행정부 권력을 제어해야 한다고 촉구했다. 또한 페루의 경우와 마찬가지로 베네수엘라 야당은 "정신적 무능력"을 근거로 차베스를 탄핵하기 위해 정신과 전문팀을 구성해줄 것을 대법원에 요청했다.[22] 유명 일간지와 TV 방송국 역시 차베스를 축출하기 위한 초헌법적 방안을 지지했다. 물론 잠재적 독재자들은 이러한 공격을 중대한 위협으로 인식하고, 더욱더 강력한 전략으로 응수한다.

독재자는 또 다른 이유로도 이러한 전략을 취한다. 민주주의는 험난한 과정의 연속이다. 가족 소유의 기업과 군대는 명령에 따라 수직적으로 움직이지만, 민주주의를 운영하기 위해서는 협상과 양보·타협이 무엇보다 필요하다. 후퇴는 피할 수 없고, 승리도 언제나 부분적이다. 대통령이 발의한 법안은 의회 승인을 얻지 못하거나, 사법부의 반대로 무산될 수 있다. 모든 정치인은 이러한 제약으로 어려움을 겪지만, 민주주의를 지지하는 정치인은 제약을 받아들일 수밖에 없다는 사실을 이해한다. 그리고 비판의 장벽을 극복하기 위해 노력한다. 반면 아웃사이더들에게, 특히 선동 성향이 강한 독재자들에게 이와 같은 민주주의의 속성은 견디기 힘든 속박이다. 견제와 균형은 그들에게 멍에와 같다. 법안을 발의할 때마다 당 대표와 오찬을 가져야 한다는 사실을 마음에 들어 하지 않았던 후지모리 대통령처럼 잠재적 독재자는 민주주의라고 하는 일상적인 정치 과정에서 인내심 부족을 드러낸다. 그리고 후지모리처럼 어떻게든 그러한 속박에서 벗어나려 한다.

심판 매수

선출된 독재자는 그들을 제어하도록 설계된 민주주의 제도를 어떻게 허물어뜨리는가? 어떤 독재자는 단번에 무너뜨린다. 하지만 대부분의 경우 민주주의에 대한 공격은 점진적으로 이뤄진다. 그래서 시민들 대부분 그러한 일이 벌어지고 있는지 알아채지 못한다. 어쨌든 선거는 주기적으로 실시된다. 야당 정치인은 여전히 의회에서 활동한다. 신문도 그대로 발행된다. 그러나 민주주의 붕괴는 특히 초반에 단편적인 형태로 일어난다. 개별적인 사건만 놓고 본다면 어느 것도 민주주의에 대한 심각한 위협으로 보이지 않는다. 민주주의 체제를 전복하려는 독재자의 시도는 종종 법의 테두리 안에서 이뤄진다. 독재자는 의회 승인을 얻고, 대법원으로부터 합법 판결을 받는다. 가령 부패와의 전쟁, 부정선거방지법, 민주주의 의식 개선, 국가 안보 강화와 같은 시도는 대부분 합법적이며, 심지어 공공의 이익을 위한 노력으로 비춰진다.

선출된 독재자가 민주주의 제도를 허물어뜨리는 미묘한 방식을 이해하기 위해 축구 경기를 떠올려보자. 잠재적 독재자는 승리를 위해 심판을 매수하고, 상대 팀 주전이 경기에 뛰지 못하도록 막고, 그리고 자신에게 유리한 방향으로 경기 규칙을 바꾼다. 결론적으로 상대편에게 불리하게 경기장을 기울이는 것이다.

특히 심판 매수는 언제나 도움이 된다. 오늘날 국가들은 공무원과 일반인의 잘못을 수사하고 처벌하기 위해 다양한 사법기관을 운영한다. 가령 법원과 검찰, 정보기관, 국세청, 규제 기관이 여기에 해당된다. 민주주의 사회에서 이러한 제도는 중립적인 중재자 역할을 하도록 되어 있다. 이러한 점에서 이 기관은 잠재적 독재자에게 위험이자 동시에 기회다. 이 기관들이 본연의 독립성을 유지할 때 행정부의 권력 남용을 밝히고 책임자를 처벌한다. 즉, 경기 심판으로서 선수들이 반칙을 하지 못하도록 막는다. 하지만 정권의 충신들이 이들 기관을 장악할 때 이러한 제도는 권력을 제어하기 위한 수사와 고발을 차단함으로써 잠재적 독재자에게 도움을 준다. 그러할 경우 대통령은 마음대로 법을 어기고, 시민권을 위협하고, 심지어 수사나 검열에 대한 걱정 없이 헌법을 위반한다. 그리고 정권의 입맛에 맞는 판사로 사법부를 채우고 법 집행기관의 힘을 무력화함으로써 처벌에 대한 두려움 없이 권력을 휘두른다.

심판 매수는 보호막 이상의 기능을 한다. 독재자는 법률을 차별적으로 적용함으로써 정적을 처단하고 동지는 보호하는 강력한 무기를 손에 넣는다. 그리고 세무 기관을 앞세워 야당 인사와 기업인, 언론인을 공격한다. 경찰은 야당 지지자의 시위는 탄압하면서도 친정부 인사의 폭력은 묵인한다. 또한 정보기관을 이용해 정부 비판자를 감시하고, 이들을 협박할

어떻게 민주주의는 무너지는가

근거를 찾는다.

심판 매수는 주로 공직자나 비당원 관료를 해고하고, 충신으로 채우는 방식으로 이뤄진다. 예를 들어 헝가리 빅토르 오르반 총리는 2010년 권력에 복귀한 뒤 명목상 독립성을 유지하면서 검찰과 감사원, 국민고충처리위원회, 중앙통계처, 헌법재판소를 여당 인사로 채워 넣었다.[23]

인사 교체가 쉽지 않은 기관은 다른 미묘한 방식으로 장악할 수 있다. 이러한 기술과 관련하여 알베르토 후지모리의 '정보 자문'인 블라디미로 몬테시노스Vladimiro Montesinos만큼 유능한 인재를 찾아보기 힘들 것이다. 몬테시노스가 이끄는 페루 국가정보원은 수백 명에 달하는 야당 정치인과 판사, 의원, 기업인, 언론인 및 편집자 들이 뇌물을 주고받고, 매춘을 하는 등 다양한 불법 행동을 몰래 촬영해서 그 영상으로 이들을 협박했다.[24] 몬테시노스는 또한 대법관 세 명과 헌법재판소 재판관 두 명, 그리고 "상당히 많은" 판사와 검사에게 매달 집으로 현금을 배달하는 방식으로 이들을 매수했다.[25] 물론 그 모든 일은 비밀리에 이루어졌다. 페루의 사법 시스템은 표면적으로는 다른 나라와 똑같이 그 기능을 수행했다. 하지만 이면에서 몬테시노스는 후지모리 정권을 강화하는 방식으로 사법기관을 활용하고 있었다.

매수에 실패한 판사는 해임의 목표물이 된다. 1946년 페론이 대통령 자리에 올랐을 때 아르헨티나의 대법관 다섯 명 중 네 명이 보수주의 야당 인사였고, 특히 그중 한 명은 페론을 파시스트라고 비난했다.[26] 노동탄압적 법률을 무효화했던 법원의 지난 판결에 대한 우려로, 의회 내 페론 측근들은 대법관 세 명을 불법행위를 근거로 해임했다(네 번째 판사는 해임 이전에 자진 사임했다).[27] 페론은 그 자리에 네 명의 친정부 판사를 앉

혔고, 이후로 대법원은 그의 심기를 거스르는 판결을 한 번도 내리지 않았다.[28] 마찬가지로 1997년 페루 헌법재판소가 후지모리 대통령의 세 번째 대선 도전을 위헌으로 판결했을 때 의회 내 후지모리 측근들은 일곱 명의 헌법재판소 재판관 중 세 명을 해임했다. 헌법상 임기 제한을 철폐하려는 후지모리의 법안을 '위헌'이라고 판결한 행위 자체가 위헌이라는 것이 그 이유였다.[29]

독립적인 사법기관의 구성원을 마음대로 해임할 수 없는 경우, 독재자는 '대법원 재구성court packing'을 통해 우회할 수 있다. 예를 들어 헝가리 오르반 정권은 헌법재판소 규모를 기존 여덟 명에서 15명으로 늘렸고, 여당인 피데스당 단독으로 새 재판관을 임명할 수 있도록 법률을 개정했으며, 이를 통해 친정부 판사로 새로운 자리를 메웠다.[30] 폴란드의 경우 여당인 법과 정의당Law and Justice Party은 2005년에서 2007년 헌법과 관련된 국가 최고 기관인 헌법재판소와 여러 가지 사안을 놓고 마찰을 빚었다. 2015년 법과 정의당이 다시 권력을 장악했을 때 그러한 마찰을 사전에 피하기 위해 선수를 쳤다. 당시 15인으로 구성된 헌법재판소는 두 자리가 공석으로 남아 있었고, 회기 만료를 앞둔 의회가 세 명의 후보를 추천해놓은 상태였다. 그러나 법과 정의당은 위헌이 의심되는 방식으로 추천된 세 명의 후보를 모두 거부했고, 다섯 명의 재판관을 새롭게 임명했다.[31] 더 나아가 헌법재판소 판결이 구속력을 갖기 위해서는 재판관 3분의 2가 찬성해야 한다는 법안을 통과시켰다. 이는 헌법재판소 내 친정부 재판관이 거부권을 행사하도록 함으로써 헌법재판소가 독립적인 사법기관으로서 견제 기능을 하지 못하도록 막은 조치였다.[32]

심판 매수를 위한 가장 극단적인 방법은 대법원을 해체하고 새로운 대법원을 구성하는 것이다. 1999년 차베스는 제헌의회 구성을 위한 선거를 제안했다. 이를 통해 그는 대법원 판결을 뒤집고 사법부를 포함하여 국가의 모든 기관을 해산할 수 있는 권한을 스스로에게 부여하고자 했다. 위협을 느낀 대법원은 결국 차베스의 요청을 받아들였고, 이러한 시도를 합법으로 인정했다.[33] 대법원장 세실리아 소사Cecilia Sosa는 사임을 하면서 이렇게 심정을 토로했다. 법원은 "암살을 피하기 위해 자살을 선택했다. 그러나 결과는 변함없다. 법원은 죽었다."[34] 그리고 두 달 만에 대법원은 해산되었고, 새로운 대법원이 들어섰다.[35] 하지만 그것만으로는 완벽하게 사법부를 통제할 수 없다고 느꼈던 것인지, 2004년 차베스 정권은 대법원 규모를 20명에서 32명으로 늘렸고, "혁명적인" 측근들로 채워 넣었다.[36] 그 방법은 효과가 있었다. 이후 9년 동안 대법원은 정부에 반대하는 판결을 하나도 내놓지 않았다.[37]

이들 사례에서 독재자는 민주주의 게임의 심판을 매수했고, 헌법적 도전에 대한 방패, 그리고 정적을 공격하는 강력하면서도 '합법적인' 창을 차지했다.

경쟁자, 매수하거나 탄압하거나

심판을 자기편으로 만들고 난 뒤, 선출된 독재자는 정적에게 시선을 돌린다. 파시즘 이탈리아에서 무솔리니, 그리고 공산주의 쿠바에서 피델 카스트로가 그랬듯이 현대의 많은 독재자들은 갈등의 불씨를 완전히 없애버리는 쪽을 택했다. 그러나 또 다른 많은 독재자들은 정권에 타격을 입힐 수 있는 주요 선수들이 경기에 출전하지 못하도록 만드는 방법을 택했다. 즉, 이들이 제대로 힘을 쓰지 못하게 만들거나 뇌물을 준다. 야당 정치인과 그들을 후원하는 기업가, 주요 언론, 혹은 도덕적 신망이 높은 종교계와 문화계 인사들이 그 대상이다.

잠재적 정적을 다루는 가장 쉬운 방법은 매수다. 선출된 독재자들 대부분 정치 · 경제 · 언론 분야의 주요 인사에게 공직을 제안하거나, 노골적으로 뇌물을 먹임으로써 입을 틀어막거나, 적어도 조용하게 중립을 지키도록 강요한다. 독재자를 지지하는 언론사는 정권과 각별한 관계를 누릴 수 있고, 정권에 우호적인 경영자는 수익성 높은 사업권이나 정부 계약을 따낼 수 있다. 후지모리 정권은 비판자들, 특히 언론계 인사를 매수하는 데 능했다. 1990년 말, 후지모리는 모든 주요 TV 방송국과 여러 일간지, 그리고 유명 타블로이드 출판사에 뇌물을 주었다. 블라디미로 몬테시노스는 채널 4 소유주들에게 방송국의 뉴스 편성권을 포기하는 "계약"에 서명하는 대가로 1200만 달러를 주었다.[38] 그리고 채널5의 주요 주주들에게는 9백만 달러를, 그리고 채널 9 주요 주주에게는 두 명의 기자를 해고하는 조건으로 5만 달러를 지급했다. 1999년 말에 녹화된 영상 자료 속에서 몬테시노스는 TV 방송국의 대표들에 대해 이렇게 설명했다. "이제 정리가 다 끝났습니다. (…) 서류에 서명하고 모든 명령에 따르도록 만들었습니다. (…) 모든 작업이 완료되었습니다. 그들과 매일 12시 30분에 회의를 갖고 (…) 그때 저녁 뉴스 프로그램을 짤 생각입니다."[39]

몬테시노스는 집중적으로 언론 인사를 매수했다. 물론 정치인도 놓치지 않았다. 1998년에 페루 야당은 후지모리가 2000년 재선에 나설 수 있는지를 놓고 국민투표를 하기 위한 충분한 의석을 확보하고 있었다. 그 안건을 통과시키기 위해서는 전체 의원 40퍼센트의 찬성이 필요했다. 당시 야당은 국민투표 실시를 가결할 수 있는 48석을 확보한 상태였다. 그러나 몬테시노스는 세 명의 야당 의원을 매수함으로써 그들의 투표를 막았다. 그중 한 명은 루이스 추Luis Chu라는 인물로, 아파트에서 정보기관의 비자금 13만 달러를 받았다. 또 다른 인물인 미겔 식시아Miguel Ciccia는 자신의 기업과 관련된 소송에서 도움을 받았다. 마지막으로 수시 디아스Susy Díaz는 "개인적인 사정"으로 집 밖으로 나가지 않겠다고 했다.[40] 안건은 아슬아슬한 차이로 부결되었고, 결국 후지모리는 2000년 재선에서 승리를 거둠으로써 불법적인 세 번째 임기를 시작할 수 있었다. 이후 여당이 총선에서 과반 의석 확보에 실패했을 때 몬테시노스는 18명의 야당 의원들에게 뇌물을 뿌려 당적을 옮기도록 했다.

매수되지 않은 선수들은 다른 방법으로 다루었다. 과거의 독재자가 종종 정적을 투옥하고, 추방하고, 암살했다면 현대의 독재자는 정적에 대한 탄압을 합법으로 포장한다. 이를 위해 심판 매수는 대단히 중요하다. 페론 정권에서 야당 대표인 리카르도 발빈Ricardo Balbín은 선거 기간에 대통령을 '존경하지 않았다'는 이유로 투옥되었다. 발빈은 대법원에 항소했지만, 이미 페론이 대법원 재구성을 마친 상태였기 때문에 구제받지 못했다.[41] 말레이시아의 경우 마하티르 모하맛Mahathir Mohamad 총리는 충성스러운 경찰 조직과 재구성된 대법원을 정치적으로 이용해 자신의 최대 정적인 안와르 이브라힘Anwar Ibrahim을 수사했고, 결국 1990년대 말 동성애 혐의로 잡아넣었다.[42] 베네수엘라 야당 대표 레오폴도 로페스Leopoldo López는 2014년 반정부 시위에서 '폭력을 선동'했다는 혐의로 체포되었다. 실제로 혐의에 대한 객관적인 증거를 제시하지 못한 정부 관료는 "무의식적" 차원에서 군중에게 영향을 미쳤다고 우겼다.[43]

또한 독재 정권은 종종 명예훼손이나 모욕죄 혐의로 소송을 함으로써 반정부 성향이 강한 언론을 '합법적으로' 경기에 뛰지 못하게 막는다. 에콰도르 대통령 라파엘 코레아는 이러한 기술에 특히 능했다. 2011년 코레아는 주요 일간지 〈엘 우니베르소El Universo〉가 자신을 "독재자"라고 칭한 사설을 게재한 것에 대해 4천만 달러의 명예훼손 소송을 걸었고, 승소했다. 코레아는 그 판결을 "처벌받지 않는 가장 거대한 조직인 부패한 언론으로부터 우리 국가의 자유를 구한 위대한 전진"이라고 평가했다. 라파엘은 나중에 그 언론사 소유주들을 사면했지만, 그 소송은 언론인들을 꼼짝 못하게 만드는 섬뜩한 영향을 미쳤다.[44]

에르도안과 푸틴 정권 역시 법률을 활용해서 치명적인 일격을 가했다. 터키의 경우 그 희생자는 언론 대기업 도안 야인Doğan Yayin이었다. 그 기업은 터키 언론 시장에서 약 50퍼센트의 점유율을 차지하고 있었으며, 가장 구독자가 많은 〈후리야트Hurriyat〉 신문사와 여러 TV 방송국을 거느리고 있었다. 도안 그룹 계열 언론사들은 세속주의와 자유주의를 표방했고, 이로 인해 정의개발당AKP 정권과 잦은 갈등을 빚었다. 2009년 정의개발당 정권은 공격을 시작했고, 탈세 명목으로 도안 야인에 약 215억 달러의 벌금을 부과했다. 이는 기업의 전 자산을 넘어서는 엄청난 액수였다. 힘을 잃은 도안은 결국 언론 제국의 상당 부분을 매각해야 했고, 그중에는 두 곳의 대형 신문사와 TV 방송국이 포함되었다. 그리고 이 업체들은 친정부 기업가의 손으로 넘어갔다.[45] 다음으로 러시아의 경우 푸틴 정권은 블라디미르 구신스키Vladimir Gusinsky가 운영하는 독립적인 NTV 방송국을 "골칫거리"로 보았다.[46] 푸틴은 세무 기관을 통해 구신스키를 수사했고, '부정한 금융 행위' 명목으로 그를 체포했다. 푸틴은 구신스키에게 "자유를 원하면 NTV를 포기하라는, 마피아 영화에나 나올 법한 거래"를 제안했다.[47] 구신스키는 거래를 받아들였고, 정부가 통제하는 거대 에너지 기업 가스프롬Gazprom에 NTV를 넘긴 뒤 망명길에 올랐다.[48] 베네수엘라 차베스 정권은 TV 방송국 글로보비시온Globovisión 소유주 기예르모 술로아가Guillermo Zuloaga의 금융 활동에 대해 수사를 벌였고, 결국 술로아가는 체포를 피해 망명을 선택했다. 그리고 강한 재정 압박 속에서 글로보비시온을 역시 친정부 기업가에게 매각해야 했다.[49]

주요 언론사가 공격을 당할 때 다른 언론사들은 자세를 낮추고 자체 검열을 하게 된다. 2000년 중반 차베스 정권이 언론에 대한 공격 수위를 높였을 때 베네수엘라 최대 방송국 중 하나인 베네비시온Venevisión은 정치 프로그램 제작을 중단했다. 아침 뉴스는 점성술 프로그램으로 대체되었고, 저녁 뉴스 시간에는 드라마를 내보냈다. 한때 야당 친화적 방송국으로 알려졌던 베니비시온은 이후 2006년 선거 기간에 야당 관련 기사를 거의 다루지 않았다.[50] 또한 차베스 대통령에 관한 기사를 경쟁 후보들보다 다섯 배나 많이 보도했다.

선출된 독재자는 야당을 지지하는 기업 경영자도 공격 대상으로 삼는다. 특히 러시아 푸틴 정권은 권력을 장악하는 과정에서 이러한 방법에 주목했다. 2000년 7월 취임 후 3개월이 채 지나기 전에, 푸틴은 러시아 최고 기업가 21명을 크렘린궁으로 초청했다. 그 자리에서 푸틴은 자신의 감시 아래서 얼마든지 자유롭게 돈을 벌 수 있지만, 정치에는 절대 간섭을 해서는 안 된다고 강조했다.[51] 소위 올리가르히 대부분 푸틴의 경고를 심각하게 받아들였다. 그러나 ORT 방송국의 지배 주주인 억만장자 보리스 베레조프스키Boris Berezovsky만큼은 그러지 않았다. ORT가 푸틴에 비판적인 기사를 내보냈을 때 푸틴은 오래전 사기 사건을 끄집어내어 베레조프스키를 체포했다. 결국 베레조프스키 역시 해외 망명을 선택했고, 그의 언론 사업은 젊은 파트너의 손에 넘어갔다. 그리고 그 파트너는 '푸틴의 손에 이를 정중하게 넘겨주었다.' 푸틴의 경고를 무시했던 또 다른 올리가르히는 미하일 호도르콥스키Mikhail Khodorkovsky라는 인물로, 그는 러시아 최대 정유기업 유코스Yukos의 회장이었다. 그전까지만 해도 러시아 최대 갑부(〈포브스〉에 따르면 자산 규모가 150억 달러에 이르는) 호도르콥스키는 감히 건드릴 수 없는 막강한 존재였다. 그러나 그는 자신의 힘을 과신했다. 푸틴을 혐오하는 자유주의자 호도르콥스키는 야당을 지원했고, 여기에는 친서방 정당인 야블로코Yabloko도 포함되어 있었다. 한때 100명에 가까운 의원들이 호도르콥스키의 뜻에 따르고 움직였다. 그리고 그가 다음 대선에 출마할 것이라는 소문이 돌았다. 위협을 느낀 푸틴은 2003년 호도르콥스키를 세금 회피와 횡령 및 사기 혐의로 체포했다.[52] 그는 10년 가까이 옥살이를 했다. 이를 통해 올리가르히들에게 푸틴이 보낸 메시지는 분명했다. 그것은 정치에 간섭하지 말라는 뜻이었다. 대부분이 그의 경고를 따랐다. 이후 야당은 후원이 바닥나면서 점점 힘을 잃어갔고, 실제로 많은 정당이 소멸의 길을 걸었다.[53]

에르도안 정권은 또한 기업가들을 정치 세계 밖으로 내쫓았다. 터키의 갑부이자 거물인 젬 우잔Cem Uzan이 설립하고 후원한 청년당이 2004년에 에르도안의 주요 경쟁자로 떠올랐을 때 금융 당국은 우잔의 비즈니스 왕국을 전면 수사했고, 갈취 혐의를 씌웠다.[54] 이후 우잔이 프랑스로 망명하면서 청년당 조직은 무너졌다. 그리고 몇 년 후 터키 최대 비즈니스 그룹인 콕Koc은 2013년 게지공원Gezi Park에서 일어났던 대규모 시위를 지원한 것으로 고발당했다(게지공원 인근에 위치한 콕 그룹 소유의 호텔은 경찰 진압 과정에서 피난소와 임시 병원으로 사용되었다). 그해 세무 당국은 콕 그룹의 여러 계열사를 감사했고, 이들의 대규모 방위계약을 모두 취소했다.[55] 콕 그룹은 권력의 쓴맛을 보았고, 2013년 이후로 야당과 거리를 두고 있다.

마지막으로 선출된 독재자는 예술가, 지식인, 팝스타, 스포츠 선수 등 문화계 인사의 입도 틀어막으려 한다. 이들의 높은 인기나 숭고한 도덕성은 독재자에게 위협으로 작용할 수 있다. 아르헨티나 문학계 거장 호르헤 루이스 보르헤스Jorge Luis Borges가 페론에 대한 비판자로 지목되었을 때 (한 작가는 보르헤스를 '반페론주의자'라 불렀다), 정부 관료는 그를 시립도서관 관장직에서 해임하고, 나중에 보르헤스가 말한 "닭과 토끼를 관리하는 자리"로 보내버렸다.[56] 보르헤스는 결국 사임했고, 몇 달 동안 일자리를 구하지 못했다.

하지만 일반적으로 독재 정권은 문화계 유명 인사와 좋은 관계를 맺고 협력하는 방식을 선호한다. 그리고 정치에 간섭하지 않는 한, 문화 활동을 자유롭게 허용한다. 볼리비아 심포니 오케스트라와 로스앤젤레스 필하모닉을 이끌고 있는 베네수엘라의 세계적인 지휘자 구스타보 두다멜Gustavo Dudamel이 대표적 사례다. 두다멜은 베네수엘라의 세계적인 음악 교육 프로그램인 엘 시스테마El Sistema 출신의 걸출한 스타로, 이미 수십만 명에 이르는 베네수엘라의 저소득층 아이들에게 도움을 주었다. 정부 지원에 의존해야 하는 엘 시스테마의 설립자들은 정치 활동에 개입하지 않았다. 두다멜 역시 차베스가 독재자로 변해가는 과정에서 정부를 비판하는 발언은 하지 않았다. 그리고 2012년 차베스 장례식에서 볼리비아 심포니 오케스트라의 지휘를 맡기도 했다. 또한 많은 야당 인사들이 체포되었던 2015년에도 두다멜은 〈로스앤젤레스 타임스〉 사설에서 정치적 중립성을 뚜렷하게 밝히면서 마두로Maduro 정권에 대한 '존경심'을 표했다. 그 대가로 베네수엘라 정부는 엘 시스테마에 더 많은 지원을 했고, 덕분에 2015년에는 총 70만 명의 아이들에게 혜택을 나눠줄 수 있었다. 3년 전인 50만 명에 비해 크게 성장한 것이다.[57] 그러나 2017년 5월에 일어난 반정부 시위에서 엘 시스테마 출신의 한 젊은 바이올리니스트가 사망하면서 상황은 급박하게 바뀌었다. 두다멜은 그동안의 정치적 침묵을 깨고 〈뉴욕 타임스〉 사설을 통해 베네수엘라 정부의 탄압과 독재를 강력히 비판했다.[58] 물론 두다멜은 대가를 치러야 했다. 다음 달 베네수엘라 정부는 두다멜이 계획했던 국립 청소년 오케스트라 미국 투어 공연을 전면 취소해버렸다.[59]

회유를 통해, 혹은 필요하다면 협박을 통해 영향력 있는 인사의 입을 틀어막는 시도는 독재 정권이 잠재적인 저항에 대처하는 중요한 방법이다. 러시아 호도르콥스키 사례처럼 힘 있는 기업가가 투옥되거나 경제적으로 파멸할 때 다른 기업인들은 정치에서 발을 빼는 것이 현명하다고 생각하게 된다. 그리고 베네수엘라 사례처럼 유력한 야당 정치인이 체포되거나 추방당할 때 많은 정치인들은 저항을 포기하거나 은퇴를 결심한다. 정부에 비판적인 인사들은 정치적으로 존재를 드러내기보다 집 안에 있기를 택한다. 정치적으로 활발하게 움직이던 인물들 역시 위축되기 마련이다. 이것이 바로 독재 정권이 바라는 모습이다. 주요 언론인과 기업가들이 매수되거나 경기장 밖으로 쫓겨날 때 저항 세력은 힘을 잃는다. 독재 정권은 그렇게 법률의 테두리 안에서 '승리'를 거머쥔다.

운동장 기울이기

그러나 독재 정권은 권력을 공고히 하기 위해 한 걸음 더 나아간다. 그들은 게임의 규칙을 바꾼다. 독재자는 헌법과 선거 시스템, 그리고 다양한 제도를 바꿈으로써 저항 세력을 약화하고, 경쟁자에게 불리한 쪽으로 운동장을 기울인다. 그리고 이러한 시도는 종종 공공의 선이라는 명목으로 진행된다. 그러나 모든 제도를 권력자에 유리하게 바꾸려는 속임수에 불과하다. 게다가 헌법과 법률의 테두리 안에서 진행되기 때문에 독재자는 수년, 혹은 수십 년 동안 그 혜택을 누릴 수 있다.

말레이시아 경우를 생각해보자. 역사적으로 말레이시아 선거제도는 말레이 기반의 지배 정당 통일말레이국민조직UMNO에 유리하도록 설계되었다. 말레이시아 전체 인구에서 말레이인이 차지하는 비중은 절반을 약간 넘지만, 불공정한 선거구 획정, 즉 게리맨더링gerrymandering 때문에 전체 선거구 중 70퍼센트에서 말레이인이 다수를 차지하고 있다.[60] 이를 바탕으로 통일말레이국민조직과 그 연합 전선은 의회를 장악했다. 그러나 1990년대 말 말레이시아 이슬람 정당Malaysian Islamic Party(PAS)이 주요 야당으로 떠오르면서 상황은 바뀌었다. 말레이시아 이슬람 정당 역시 주로 말레이인의 지지를 기반으로 삼았다. 2002년 통일말레이국민조직이 장악하고 있던 선거 당국은 말레이시아 이슬람 정당이 강세를 보이는 시골 지역에서 의석수를 줄이기 위해 인구통계와는 반대 방향으로 게리맨더링을 실시했다.[61] 통일말레이국민조직 연합은 이러한 방법을 통해 2004년 선거에서 전체 의석 중 무려 91퍼센트를 독식하는 놀라운 성공을 거뒀다.

헝가리의 오르반 정권 역시 비슷한 일을 했다. 2010년 선거로 의회의

3분의 2를 차지한 후 지배 정당인 피데스당은 압도적 대다수를 기반으로 헌법과 선거법을 수정함으로써 권력을 더욱 공고히 했다. 그들은 자신에게 유리하도록 새로운 다수결 선거 원칙을 수용했고, 또한 게리맨더링을 통해 차지할 수 있는 의석수를 극대화했다. 그리고 마지막으로 민영방송에서 선거운동 광고를 전면 금지했고, 피데스당에 우호적인 인사들이 대거 포진해 있는 공영방송에서만 선거 광고를 하도록 제한했다.[62] 이러한 제도적 개악의 영향은 2014년 총선에서 뚜렷하게 드러났다. 피데스당은 지지율이 2010년 53퍼센트에서 2014년 44.5퍼센트로 크게 떨어졌음에도 의회 의석의 3분의 2를 그대로 유지했다.[63]

독재 정권이 권력을 강화하기 위해 법률을 수정한 가장 충격적인 사례는 미국에서 찾아볼 수 있다. 남북전쟁이 끝나고 시작된 1870년대 재건 시대에 남부연합을 구성했던 모든 주에서 전제적인 단일 정당 정권이 탄생했다.[64] 당시의 일당독재는 자비로운 역사적 사건이 아니라 노골적인 반민주적 헌정 공학의 산물이었다.

재건 시대를 거치는 동안 아프리카계 미국인에게 대규모로 참정권을 부여함으로써 남부 지방에서 백인의 정치 장악력과 민주당의 정치 세력은 중대한 타격을 입었다. 1867년 재건법, 그리고 인종을 기준으로 선거권을 제한하지 못하도록 규정한 수정헌법 15조 덕분에 아프리카계 미국인들은 미시시피, 사우스캐롤라이나, 루이지애나 주에서 갑자기 과반이 넘는 유권자 집단으로 떠올랐다. 그리고 앨라배마, 플로리다, 조지아, 노스캐롤라이나 주에서도 과반에 가까운 비중을 차지했다.[65] 연방군은 남부 지방에 걸쳐 흑인 유권자의 대규모 유권자 등록 절차를 관리했다.[66] 전국적으로 선거권을 부여받은, 그리고 글을 읽을 줄 아는 흑인의 비중은 1866년 0.5퍼센트에서 2년 후에 80.5퍼센트로 크게 증가했다. 그리고 남부 주들을 중심으로 흑인의 유권자 등록률은 90퍼센트를 넘었다.[67] 실제로 흑인들은 투표에 참여했다. 1880년 대선에서 노스캐롤라이나와 사우스캐롤라이나, 테네시, 텍사스, 버지니아 주 흑인 유권자의 투표율은 65퍼센트가 넘은 것으로 나와 있다.[68] 이처럼 선거권 부여는 아프리카계 미국인 집단에 큰 정치적 힘을 주었다. 1870년대에 걸친 선거에서 총 2000명이 넘는 남부 지역의 해방된 흑인들이 당선되었고, 여기에는 하원 14명과 상원 두 명이 포함되어 있었다. 루이지애나와 사우스캐롤라이나 하원에서는 흑인 의원 비중이 40퍼센트를 넘긴 적도 있었다.[69] 그리고 아프리카계 미국인들은 압도적으로 공화당을 지지했기 때문에 흑인 선거권 부여는 공화당, 그리고 예전에 민주당이 지배했던 지역에 도전하는 정치인에게 새로운 활력이 되었다.[70] 1880년대와 1890년대에 걸쳐 민주당은 노스캐롤라이나, 테네시, 버지니아 주에서 주도권을 빼앗겼고, 앨라배마, 아칸서스, 플로리다, 조지아, 미시시피, 텍사스 주에서도 심각한 타격을 입었다.[71] 정치학자 V. O. 키V. O. Key는 민주적인 선거가 계속 이어졌더라면 "흑인 지역에 사는 백인들은 기존의 사회 지위를 빼앗겼을 것이다"고 주장했다.[72]

백인들은 규칙을 바꾸기 시작했다. 그리고 민주주의 제도를 허물었다. 재건 시대가 끝나갈 무렵, 조지아 전 상원 의원 로버트 툼스Robert Toombs는 이렇게 말했다. "헌법 제정회의를 새로 연다면 흑인의 목소리를 절대 반영하지 못하도록 수정할 것이다."[73] 1885년에서 1908년까지 남부연합 지역의 11개 주 모두 아프리카계 미국인의 선거권을 박탈하는 쪽으로 헌법과 선거법을 수정했다.[74] 수정헌법 15조에서 명시한 규정에 따를 때 인종을 기준으로 선거권을 제한하면 안 된다.[75] 그렇기 때문에 이들 주 정부는 스스로 '중립적'이라고 주장하는 인두세, 재산 요건, 읽고 쓰기 능력, 그리고 쉽게 이해할 수 없는 투표용지 등 다양한 우회 방법을 동원했다. 이에 대해 역사가 알렉스 케이사르Alex Keyssar는 이렇게 지적했다. "이러한 모든 방안의 궁극적인 목적은 가난하고 무지한 흑인이 투표에 참여하지 못하도록 막는 것이다."[76] 아프리카계 미국인들 대부분 압도적으로 공화당을 지지했다는 점에서, 민주당은 그들의 선거권을 박탈함으로써 다시 선거판을 지배할 수 있을 것이라고 기대했다. 노스캐롤라이나 한 상원 의원의 표현대로, 그들의 목표는 "민주당이 언제나 과반을 거뜬히 차지할 수 있도록 보장해줄 훌륭하고 공정한 법률"[77]을 만드는 것이었다.

흑인이 다수를 차지하고 있던 사우스캐롤라이나 주는 선거권을 제한하려는 시도가 가장 먼저 시작된 지역이다. 1882년 사우스캐롤라이나 주 정부는 에잇박스 법Eight Box Law[78]이라는 이름의 선거법을 기반으로 교육을 받지 못한 사람들은 도무지 이해할 수 없을 정도로 복잡한 투표용지를 만들었다. 당시 사우스캐롤라이나 주 흑인들 대부분은 문맹이었기 때문에 흑인 투표율은 크게 떨어질 수밖에 없었다. 그럼에도 주 정부는 그 정도에 만족하지 않았다. 1888년에 주지사 존 리처드슨John Richardson은 이렇게 주장했다. "40만 명의 [백인] 소수가 60만 명의 [흑인] 다수를 지배하고 있습니다. (…) 오늘날 우리가 그들을 지배할 수 있도록 해주는 것은 허약한 법률인 에잇박스 법뿐입니다."[79] 그리고 7년 후 사우스캐롤라이나 주 정부는 인두세와 읽고 쓰기 능력 시험을 도입했다. 1876년에 96퍼센트까지 치솟았던 흑인 투표율은 1898년에 11퍼센트로 급감했다.[80] 흑인 선거권에 대한 이러한 방식의 억압은 "공화당을 파멸로 몰아갔고"[81],

어떻게 민주주의는 무너지는가

이후 한 세기 가까이 주 의회 의사당으로 들어오지 못하도록 막았다.

테네시의 경우 주 정부가 흑인에게 선거권을 부여하면서 공화당은 1888년 선거에서 대단히 유리한 국면을 맞이했다. 민주당을 지지했던 애벌랜치Avalanche는 지금 당장 무언가 하지 않으면 다음 선거에서 "공화당이 압도적인 승리를 거둘 것"이라고 예측했다.[82] 그리고 이듬해 민주당 의원들은 인두세, 엄격한 등록 요건, 그리고 높은 수준의 읽기 능력이 필요한 복잡한 투표용지의 근거가 된 도치 법Dortch Law을 도입했다. 의회에서 논의가 진행되는 동안에 애벌랜치는 이렇게 주장했다. "도치 법이 없다면 우리는 파멸할 것이다." 나중에 〈멤피스 데일리 어필Memphis Daily Appeal〉은 다음과 같은 헤드라인의 기사를 실었다. "마침내 살았다. 굿바이, 공화당." 1890년 선거에서 민주당은 압승을 거두었고 공화당은 '참패'했다. 〈데일리 어필〉은 사설을 통해 이렇게 주장했다. 도치 법의 위력은 "엄청났다. 투표는 압도적이고 환상적으로 끝났다. 민주당이 다수를 차지한 선거구는 네 배 이상 늘었다." 그리고 1896년 선거에서 흑인 투표율은 0에 가까웠다.

1892년 앨라배마 주에서 포퓰리스트 후보에게 주지사를 내줄 뻔했던 민주당은 "선거권 제한을 통해서 위기를 모면할 수 있었다."[83] 주 의회가 흑인 선거권을 제한하는 법안을 통과시키고 나서 주지사 토머스 존스Thomas Jones는 이렇게 말했다고 한다. "그 법안에 빨리 서명하고 싶군요. 내 손과 팔에 마비가 오기 전에 말이죠. 그 법안으로 〔포퓰리스트를〕(…) 그리고 모든 흑인을 완전히 몰아낼 겁니다."[84] 그리고 그 똑같은 시나리오가 아칸서스, 플로리다, 조지아, 루이지애나, 미시시피, 노스캐롤라이나, 텍사스, 버지니아 주에서도 반복되었다.

이러한 소위 '개혁' 조치는 미국 남부 지역에서 민주주의를 말살했다. 아프리카계 미국인이 여러 주에서 인구의 다수, 혹은 다수에 가까운 비중을 차지하고 있었음에도, 그리고 흑인 선거권이 헌법에도 명시가 되어 있음에도, "합법적인" 혹은 중립적인 형태의 여러 조치가 "백인이 유권자 대다수를 차지하도록" 만들었다.[85] 남부 지역 흑인 투표율은 1880년 61퍼센트에서 1912년 2퍼센트로 폭락했다.[86] 아프리카계 미국인 선거권에 대한 제한은 공화당을 몰락시켰고 한 세기 가까이 백인 우월주의와 일당 독재 틀 안에 가두어놓았다. 한 흑인 남부인은 이렇게 말했다. "남부 전체, 즉 남부 지역 모든 주가 우리를 노예로 부렸던 바로 그 사람들의 손에 들어가고 말았습니다."[87]

그들은 국가위기를 즐긴다

선출된 독재자는 심판을 포획하고, 정적을 매수하거나 무력화하고, 게임의 법칙을 바꿈으로써 권력 세계에서 중요하고 지속적인 경쟁력을 확보한다. 그들의 시도는 언제나 점진적이고 합법적인 방식으로 이뤄지기 때문에 전제주의로의 흐름이 항상 경고등을 울리는 것은 아니다. 국가의 민주주의가 해체되고 있다는 사실을 시민들은 뒤늦게 깨닫는다. 그 변화가 그들의 눈앞에서 펼쳐지고 있음에도 말이다.

민주주의가 죽어가는 과정에서 나타나는 한 가지 중요한 아이러니는 민주주의 수호가 때로 민주주의 전복의 명분으로 활용된다는 사실이다. 잠재적 독재자는 자신의 반민주적 조치를 정당화하기 위해 경제 위기나 자연재해, 특히 전쟁과 폭동, 테러와 같은 안보 위험을 구실로 삼는다. 1969년 필리핀 페르디난드 마르코스Ferdinand Marcos 대통령은 자신의 두 번째이자 마지막 임기를 위한 재선에서 승리하고 난 뒤, 다시 한 번 임기를 연장하기 위해 국가 비상사태를 이용하려는 음모를 꾸몄다.[88] 마르코스 대통령은 헌법이 규정한 대로 두 번째 임기가 끝나는 1973년에 퇴임해야 했지만, 그는 그러길 원치 않았다. 그는 계엄령을 선포해서 헌법을 뜯어고칠 계획을 세웠다. 하지만 명분이 필요했다. 그러던 1972년 7월 기회가 찾아왔다. 마닐라는 그 주체가 드러나지 않은 폭격을 수차례 받았다. 이후 국방장관 후안 폰세 엔릴레Juan Ponce Enrile를 노린 암살 시도가 있었고, 이에 마르코스 대통령은 공산주의자들을 테러의 범인으로 지목하고 자신의 음모를 실행에 옮기기 시작했다. 마르코스는 국영 TV 방송에 나와 계엄령을 선포하면서 비장한 표정으로 이렇게 말했다. "국민 여러분…… 이번 사태는 쿠데타가 아닙니다. 민주주의 정부는 그렇게 쉽게 무너지지 않습니다." 그러고는 폭동의 위기가 닥쳤을 때 국가의 헌법(자신의 발목을 잡았던)이 "우리에게 민주주의를 수호하기 위한 도구를 줄 것입니다"라고 외쳤다.[89] 이후 마르코스는 14년간 권좌에서 내려오지 않았다.

위기는 예측하기 힘들지만 그에 따른 정치적 영향은 예측이 가능하다. 독재자는 권력을 집중시키고, 권력을 자주 남용한다. 전쟁과 테러는 "기치 아래 군중을 결집시키는" 효과를 만들어낸다.[90] 국가 위기 상황에서 정권에 대한 여론의 지지는 극적으로 높아진다. 가령 9.11 테러 직후 부시 대통령에 대한 지지율은 53퍼센트에서 90퍼센트로 치솟았다. 이 수치는 갤럽이 조사를 실시한 이후 최고 기록이었다(이전 기록은 89퍼센트를 기록한 조지 H. W. 부시로 걸프전이 발발했던 1991년이었다).[91] 국가 비상사태에서 90퍼센트의 지지율을 기록한 대통령에게 맞서고자 하는 정치인은 거의 없을 것이다. 이러한 국면에서 대통령은 실질적으로 자기 마음대로 의

사결정을 내릴 수 있다. 2001년 10월 조지 W. 부시 대통령은 미국 애국법USA PATRIOT Act에 서명했다. 그러나 이는 9.11 테러가 한 달 전에 일어나지 않았더라면 절대 통과되지 못할 법안이었다.

또한 시민들 역시 국가 안보가 위기에 처했을 때 전제주의 조치에 더욱 관대해진다. 특히 개인의 안전에 대한 두려움으로 그러한 조치를 적극적으로 지지한다.[92] 9.11 테러 이후에[93] 설문 조사에 응한 미국인 응답자 중 55퍼센트는 테러 방지를 위해 시민의 자유를 일부 제한하는 조치가 필요하다고 답했다.[94] 이는 1997년 설문 조사 때의 29퍼센트보다 크게 높아진 수치다. 마찬가지로 진주만 공습에 따른 미국 사회의 공포가 없었다면 일본계 미국인을 억류했던 루즈벨트 대통령의 결정은 생각조차 하기 힘들었을 것이다. 진주만 공습 이후[95] 설문 조사에 응답한 미국인 중 60퍼센트 이상이 일본계 미국인을 나라에서 추방하는 방안에 찬성했다. 그리고 일본계 미국인에 대한 억류 조치는 1년이 지난 시점에서도 높은 지지를 받았다.

대부분의 헌법은 국가 위기 시 행정부 권한의 확대를 허용하고 있다.[96] 덕분에 민주적으로 선출된 대통령은 전시에 쉽게 권력을 강화하고 시민의 자유를 제한할 수 있다. 그러나 그렇게 집중된 권력이 잠재적 독재자의 손에 넘어갈 경우, 상상하기 힘든 사태가 벌어진다. 비판자에게 공격을 받고 민주주의 제도가 행보의 걸림돌이 된다고 느끼는 선동가에게, 위기란 비난의 목소리를 잠재우고 정적의 힘을 빼앗을 기회다. 선출된 독재자는 실제로 이러한 위기를 절실하게 필요로 한다. 그들은 외세 위협에 직면하여 신속하게, 그리고 종종 '합법적으로' 민주주의 제도를 허물어뜨릴 기회를 모색한다.

잠재적 독재자와 국가 위기가 결합할 때 민주주의는 치명적인 위협을 받게 된다. 일부 독재자는 위기 국면에서 권력을 차지한다. 예를 들어 후지모리 대통령은 하이퍼인플레이션이 발생하고 게릴라 폭동이 고조되는 가운데 대통령 자리에 올랐다. 이후 1992년 자신의 쿠데타는 어쩔 수 없는 선택이었다고 정당화했을 때 페루 국민들 대부분 그의 편을 들어주었다. 실제로 쿠데타 이후 후지모리 대통령의 지지율은 81퍼센트까지 치솟았다.[97]

어떤 독재자는 스스로 위기를 만들어내기도 한다. 페르디난드 마르코스의 1972년 계엄령 선포와 관련하여 뒷이야기가 있다. 당시 '위기'는 전반적으로 조작된 것이다. 마르코스는 대통령 임기를 두 번으로 제한하는 헌법을 수정하고자 했고, 이러한 자신의 계획을 정당화할 필요가 있었다. 결국 그는 "공산주의 세력의 위협"[98]을 만들어내기로 결심했다. 당시 실제로 발생했던 폭동은 소규모에 불과했지만[99] 마르코스 대통령은 대중의 불안감을 증폭시켜 긴급조치를 발표했다.[100] 그는 1971년에 계엄령을 선포하고자 했지만[101] 이를 정당화하기 위해서는 대규모 폭력 행위, 즉 사회적 공포감을 조성해줄 테러 공격이 필요했다. 그러던 차에 이듬해 마닐라 폭탄 공격이 일어났다. 이를 미국 정보기관은 필리핀 정부군의 소행으로 믿고 있다.[102] 게다가 국방장관 엔릴레에 대한 암살 시도와 관련해서도 이후에 엔릴레 본인이 그 사건을 '조작'이라고 인정했다. 그는 보도된 암살 공격의 "현장 근처에 있지 않았다"고 밝힌 바 있다.[103]

실제 위기든 아니면 만들어낸 위기든 간에 잠재적 독재자는 자신이 권력을 잡은 과정을 정당화하기 위해 위기를 적극적으로 활용한다. 이와 관련하여 가장 대표적인 사례는 아마도 1933년 2월 27일 히틀러가 수상으로 취임한 지 한 달 만에 일어난 베를린 국회의사당 화재일 것이다. 공산주의를 지지했던 그 젊은 네덜란드 독재자가 직접 방화를 했는지, 아니면 나치 지도부가 개입했는지는 역사가들 사이에서 여전히 논란거리로 남아 있다.[104] 그러나 진실이 무엇이든 간에 히틀러와 헤르만 괴링, 요제프 괴벨스는 의사당 건물이 화염에 휩싸인 현장에 도착했고, 그 사건을 즉각적으로 활용하여 시민의 자유를 제한하는 긴급조치를 정당화했다. 이 긴급조치는 한 달 뒤에 나온 수권법Ermächtigungsgesetz과 함께 제2차 세계대전이 끝날 때까지 비판 세력을 무력화하고 나치의 권력을 강화하는 역할을 했다.

푸틴 역시 안보 위기를 활용했다. 푸틴이 총리가 된 직후인 1999년 9월 체첸 반군이 주도한 것으로 보이는 폭탄 공격이 모스크바를 비롯한 여러 도시에서 일어나면서 300명에 가까운 사망자가 발생했다. 푸틴은 즉각 체첸 공화국에 전쟁을 선포하고 전면적인 진압 작전에 돌입했다. 그러나 독일 나치 사례와 마찬가지로 이번 폭탄 공격 역시 정말로 체첸 반군이 저지른 일인지 아니면 러시아 정보기관의 소행인지는 여전히 논란거리이다.[105] 하지만 분명한 사실은 푸틴의 정치적 인기가 폭탄 공격과 더불어 크게 치솟았다는 점이다.[106] 러시아 국민은 푸틴을 지지했고, 이후로 몇 년에 걸쳐 반대 세력에 대한 공격을 적극적인 찬성까지는 아니라고 해도 용인하는 태도를 보였다.[107]

보다 최근 사례로 넘어와서, 터키 에르도안 정권 역시 안보 위기를 활용함으로써 그들의 권력 장악을 정당화했다. 2015년 6월 정의개발당이 의회 내에서 다수당 지위를 잃은 후 에르도안은 수차례 이어진 이슬람국가ISIS의 테러 공격을 빌미로 조기 선거를 실시함으로써 5개월 만에 의회를 다시 장악했다.[108] 그리고 2016년 7월 쿠데타가 일어났을 때 에르도안은 더욱 위협적인 전략으로 대응했다. 에르도안은 군부 쿠데타를 광범위한 지역에 걸친 정부의 진압 작전에 대한 정당화 구실로 삼았다. 그는 곧바로 국가 비상사태를 선포하고 10만 명의 공무원을 해고했으며, 여러 신문사를 폐간하고 5만 명 이상을 체포했다. 여기에는 수백 명에 이르는 판사와 검사, 144명의 기자, 심지어 두 명의 헌법재판소 재판관까지 포함되었다.[109] 에르도안은 더 나아가 쿠데타를 새로운 행정부 권력을 전면적으로 강화하기 위한 기회의 창으로 활용했다. 권력 집중을 위한 에르도안의 시도는 2017년 4월에 대통령 권한에 대한 제한을 삭제한 헌법 수정안을 통과시켰을 때 절정에 달했다.[110]

헌법의 제약으로 발목이 잡힌 선동가에게 국가 위기는 민주주의 제도에 따른 불편하고, 때로는 위협적인 견제와 균형 시스템을 해체하기 위한 상징적 기회다. 독재자는 위기의 순간에 음모를 꾸미고, 정적으로부터 권력을 보호하기 위한 방어막을 쌓는다. 그래도 질문은 남는다. 민주주의 제도는 과연 그렇게 쉽게 허물어질 수 있는 것인가?

5장

민주주의를
지켜온 보이지 않는
규범

미국인들은 수세대에 걸쳐 그들의 국가가 신의 뜻을 따르는 선택받은 나라이며, 세상의 희망과 가능성의 상징이라는 믿음 한가운데에 미국 헌법이 자리 잡고 있다고 생각했다.[1] 비록 그 거창한 비전이 조금 퇴색했다고 해도 헌법에 대한 미국인들의 믿음은 여전히 굳건하다. 1999년 설문조사는 미국인 85퍼센트가 헌법이 "지난 세기 동안 미국이 번영할 수 있었던" 핵심 기반이라고 생각한다는 사실을 보여주었다.[2] 실제로 균형과 견제를 기반으로 삼는 미국의 헌법 체계는 지도자가 권력을 함부로 독식하거나 남용하지 못하도록 설계되었고, 이러한 설계는 미국 역사 대부분의 기간 동안 성공적으로 기능했다. 남북전쟁이 벌어졌던 동안에 에이브러햄 링컨 대통령 주도로 이루어진 행정부 권력 집중은 이후 전쟁이 끝나고 나서 연방대법원에 의해 원상 복구되었다. 그리고 1972년 워터게이트 스캔들이 불거지면서 만천하에 드러났던 리처드 닉슨 대통령의 불법 도청 사건은 의회 수사로 이어졌으며, 특검을 요구하는 양당의 목소리가 높아지면서 탄핵 국면으로 접어드는 가운데 결국 대통령의 사임으로 마무리되었다. 이를 비롯한 다양한 사례에서 미국 민주주의 제도는 전제주의 위협을 막는 방파제로서 훌륭하게 작동했다.

그런데 헌법이라고 하는 보호 장치는 그 자체로 민주주의를 지키기에 충분한 것일까? 우리 두 저자는 그렇지 않다고 생각한다. 아무리 잘 설계된 헌법이라고 해도 때로는 실패한다. 가령 독일의 1919년 바이마르 헌법은 국가 최고 법률가들에 의해 치밀하게 설계되었다. 많은 사람들은 독일의 유서 깊고 존중받는 '법치국가Rechtsstaat'라는 개념만으로도 지도자의 권력 남용을 충분히 막을 수 있다고 믿었다. 그러나 바이마르 헌법과 공화국은 1933년 히틀러의 권력 강탈에 무너지고 말았다.[3]

다음으로 식민지 시대 이후의 남미 상황에 대해 살펴보자. 새롭게 독립한 여러 공화국은 미국의 민주주의를 정치 모델로 삼았고, 미국 방식의 대통령제와 양당제, 대법원, 그리고 일부 경우에 있어서는 선거인단 및 연방제까지 그대로 받아들였다. 게다가 일부 국가는 미국 헌법을 거의 베끼다시피 했다.[4] 그럼에도 남미 지역의 많은 독립국은 건국 초기에 내전과 독재의 나락으로 떨어지고 말았다. 예를 들어 아르헨티나의 1853년 헌법은 미국 헌법과 대단히 흡사하다.[5] 전체 조항의 3분의 2는 미국 헌법을 그대로 가져온 것이다.[6] 그러나 이러한 헌법에도 불구하고 19세기 말에 있었던 부정선거, 1930년과 1943년에 일어난 군사 쿠데타, 그리고 페론의 포퓰리즘 독재를 막지 못했다.

마찬가지로 필리핀의 1935년 헌법 역시 '미국 헌법의 충실한 복사본'으로 여겨졌다. 실제로 필리핀 헌법 초안은 미국 식민지 당국의 도움을 받아 작성되었고, 미 의회가 승인한 필리핀 헌법은 권력분립과 권리장전,

그리고 대통령 중임제와 더불어 "자유민주주의의 교과서적 사례"로 인정받았다.[7] 하지만 마르코스 대통령은 두 번의 임기를 마치고도 자리에서 물러나지 않았고, 1972년 계엄령 선포 후 헌법을 철폐해버리고 말았다.

헌법의 힘이 충분히 강했더라면 페론과 마르코스, 그리고 브라질의 제툴리우 바르가스와 같은 인물들(모두 명목상이나마 견제와 균형의 조항이 담긴 미국식 헌법 하에 최고 지도자 자리에 올랐다)은 악명 높은 독재자가 되는 게 아니라, 한두 번의 임기로 물러났어야 했다.

그러나 아무리 잘 설계된 헌법도 그 자체로 민주주의를 보장하지 못한다. 우선 모든 헌법은 불완전하다. 여러 다양한 규칙과 마찬가지로 헌법 안에는 수많은 공백과 애매모호함이 존재한다. 구체적인 방법을 기술한 운영 지침도 우연히 발생하는 모든 경우의 수를 예측할 수 없다. 그렇기 때문에 가능한 모든 상황에서 어떻게 대처해야 하는지 완벽하게 설명해 놓는 것은 불가능하다.

다음으로 헌법 조항은 여러 다양한 뜻으로 해석될 여지가 농후하다. 가령 연방대법관 임명과 관련하여 상원의 '조언과 동의advice and consent'가 필요하다는 말은 정확하게 무엇을 의미하는가? 그리고 탄핵 기준을 충족하는 '범죄와 비행crimes and misdemeanors'은 정확하게 어떤 행동을 말하는가? 수세기 동안 미국인들은 이처럼 헌법에 관한 다양한 질문을 놓고 논의를 이어왔다. 헌법 조항이 다양한 해석에 열려 있다면 후손은 건국자들이 예측하지 못했던 방식으로 헌법을 악용할 위험이 있다.

마지막으로 헌법 조항의 문구를 있는 그대로 기계적으로 해석할 경우, 법의 취지를 훼손할 위험이 있다. 가령 최근 가장 혁신적인 형태의 파업은 '준법투쟁'이다. 여기서 근로자는 계약서나 업무지시에 규정된 대로만 움직인다. 즉, 성문화된 규칙을 기계적으로 따른다. 그러나 이럴 경우 생산 현장은 실질적으로 가동을 멈추게 된다.

법체계에 본질적으로 내포된 개념적 공백과 의미의 모호함 때문에 헌법 조항에만 의존해서는 민주주의를 잠재적 독재자의 횡포로부터 지켜낼 수 없다. 미국 대통령 벤저민 해리슨은 이렇게 말했다. "신은 가만히 내버려둬도 완전하게 작동하는 통치 체제를 개발할 수 있는 뛰어난 지혜를 그 어떤 정치인이나 철학자에게도 허락하지 않았다."[8]

이 말은 미국 정치 시스템에도 그대로 해당된다. 미국 헌법은 대부분의 측면에서 훌륭하다. 그러나 원래 네 쪽 분량의 헌법은 다양하게, 심지어 모순되게 해석될 여지가 있다.[9] 예를 들어 미국 헌법은 대통령이 FBI와 같은 독립적인 정부 기관을 자신의 측근 인사로 채워서는 안 된다는 구체적인 금지 조항을 담고 있지 않다.[10] 헌법학자 아지즈 후크Aziz Huq와 톰 긴스버그Tom Ginsburg의 설명에 따르면 역대 미국 대통령들이 심판을 매수하거나 정적을 탄압하기 위해 사법부를 활용하지 못하도록 막았던 것은 "얇은 관습의 막"이었다.[11] 이처럼 헌법은 긴급조치나 행정명령을 통해서 독단적으로 국정을 운영할 수 있는 대통령의 권한에 대해서는 철저히 침묵한다. 그리고 국가 위기 시 확대 가능한 행정부 권력의 한계에 대해서도 아무런 말을 하지 않는다.[12] 이와 관련하여 최근 후크와 긴스버그는 이런 경고를 내놨다. "[미국] 민주주의의 헌법적 보호 장치는 (…) 반민주적 지도자에 의해 쉽게 악용될 위험이 있다."[13]

미국 민주주의를 그토록 오랫동안 지켜준 것이 1787년 필라델피아에서 탄생한 헌법이 아니라면, 무엇이 그랬단 말인가? 아마도 미국 사회의 경제적 풍요, 탄탄한 중산층, 활발한 시민사회 등 다양한 요인이 함께 민주주의를 지켜주었을 것이다. 그러나 우리 두 저자는 그중에서도 특히 강력한 민주주의 규범을 꼽고 싶다. 모든 성공적인 민주주의는 비공식적인 규범에 의존한다.[14] 비록 이러한 규범은 헌법이나 법률에 명시적으로 규정되어 있지 않지만, 시민사회에서 널리 존중받는다. 특히 미국 민주주의에서 규범은 대단히 중요한 역할을 했다.

가정이나 기업, 그리고 대학 운영에 이르기까지 사회의 다양한 영역에서 성문화되지 않은 규범은 반드시 필요하다.[15] 이러한 규범이 어떻게 작용하는지 이해하기 위해서 길거리 농구를 떠올려보자. 길거리 농구에서는 NBA나 NCAA와 같은 단체가 규정한 경기 규칙이 통용되지 않는다. 또한 그런 규칙을 강제할 심판도 없다. 다만 무엇이 허용되고 허용되지 않는지에 대해 선수들 사이에서 합의된 규범이 경기가 혼란으로 빠지는 것을 막는다. 일반적으로 농구 코트 절반을 이용하는 길거리 농구를 해본 사람이라면 아마도 그 규칙을 잘 알 것이다. 기본적인 규칙 몇 가지를 소개한다.

- 점수는 일반 경기처럼 2점이 아니라 1점씩 올라간다. 최종 승리를 위해서는 최소한 2점을 앞서야 한다.
- 득점을 올린 팀이 공을 갖는다. 그리고 자유투 구역으로 공을 가지고 가서 자신의 팀이 준비가 되었는지 확인한 뒤, 가장 가까이에 있는 상대팀 선수에게 공을 넘긴다.
- 공격 팀은 곧바로 슛을 쏠 수 없다. 반드시 먼저 패스를 해야 한다.
- 선수는 직접 파울을 외칠 수 있지만, 남발해서는 안 된다. 명백한 경우에만 불어야 한다('피만 안 나면 괜찮다'). 그러나 누군가 파울을

외쳤을 때 다른 선수는 주목해야 한다.

물론 민주주의는 길거리 농구가 아니다. 민주주의는 성문화된 규칙(헌법)과 심판(사법부) 시스템을 갖추고 있다. 그러나 민주주의가 오랫동안 건강하게 기능하는 국가의 경우, 성문화되지 않은 규범이 성문화된 헌법을 지속적으로 강화한다.[16] 성문화되지 않은 규범이 민주주의를 보호하는 완충적인 가드레일로 기능하면서, 일상적인 정쟁이 전면전으로 치닫지 않도록 막아준다.

규범은 개인의 성향을 초월한 것이다. 규범은 정치 지도자 개인의 성향에 의존하지 않으며, 공동체 및 사회 내부에 널리 공유된, 다시 말해 모든 구성원이 인정하고, 존중하고, 강화하는 행동 규칙에서 비롯된다. 규범은 성문화되어 있지 않으므로 눈에 보이지 않는다. 특히 규범이 제대로 작동할 때에는 더욱 그렇다. 이러한 특징 때문에 사람들은 규범의 필요성을 종종 간과한다. 하지만 그건 착각이다. 규범의 가치는 물과 산소처럼 그것이 사라질 때 비로소 드러난다. 규범이 강력한 힘을 발휘할 때 사람들은 폭력 행위를 비난하거나 조롱하고, 혹은 공식적인 비판이나 노골적인 배척을 통해 부정하는 입장을 뚜렷이 드러낸다. 규범을 어긴 정치인은 대가를 치러야 한다.

사실 성문화되지 않은 규범은 상원이나 선거인단 운영에서 대통령의 기자회견 방식에 이르기까지 정치 구석구석에 존재한다.[17] 그래도 민주주의 수호에 가장 핵심 역할을 하는 두 가지 규범을 꼽자면 상호 관용과 제도적 자제institutional forbearance를 들 수 있다.

어떻게 민주주의는 무너지는가

상호 관용, 혁신적이고 놀라운 규범

상호 관용이란 정치 경쟁자가 헌법을 존중하는 한 그들이 존재하고, 권력을 놓고 서로 경쟁을 벌이며, 사회를 통치할 동등한 권리를 갖는다는 사실을 인정한다는 개념이다. 물론 경쟁자의 주장에 동의하지 않거나, 그 주장을 혐오할 수 있다. 그럼에도 그들을 정당한 존재로 인정해야 한다. 경쟁자가 올바르고, 국가를 사랑하고, 법을 존중하는 시민임을 인정해야 한다. 다시 말해 그들 역시 우리와 마찬가지로 나라를 걱정하고 헌법을 존중한다고 가정하는 것이다. 비록 그들의 생각이 어리석고 잘못된 방향으로 나아가고 있는 것으로 보인다고 해도, 그들을 위협적인 존재로 바라보지 않는 것이다. 또한 경쟁자가 반역을 꾀하고, 전복을 꿈꾸고, 혹은 민주주의 경계를 넘어서려 한다고 의심하지 않는 것이다. 물론 상대가 선거에서 이길 때 우리는 그날 밤 눈물을 흘리게 될 것이다. 그렇다고 해도 선거 패배를 재앙으로 받아들이지 않는다. 결론적으로 상호 관용이란 자신과 다른 의견도 인정하는 정치인들의 집단 의지를 뜻한다.

이러한 상호 관용의 개념은 어쩌면 당연한 소리처럼 들릴 수 있다. 그러나 정치 경쟁자가 적이 아니라는 생각은 사실 혁신적이고 놀라운 개념이다.[18] 역사적으로 권력자에 대한 반대는 곧 반역을 의미했다. 그리고 미국 건국 초기에도 야당은 곧 이단이었다. 당시 존 애덤스를 위시한 연방주의자Federalists와 토머스 제퍼슨을 앞세운 공화주의자Republicans는 서로를 새 공화국에 대한 위협으로 여겼다. 연방주의자 집단은 스스로를 헌법의 구현으로 자처했고, 공화주의자들을 미국이라는 새로운 공화국 프로젝트에 반대하는 집단으로 간주했다. 실제로 제퍼슨과 매디슨이 이후 공화당으로 성장한 단체를 조직했을 때 연방주의자들은 이들을 반역자로 취급했다.[19] 그리고 미국과 적대 관계에 있는 혁명주의 프랑스를 추종하고 있다고 의심했다. 반면 제퍼슨을 따르는 공화주의자들은 연방주의자를 토리당이라고 비난하면서, 영국 정부를 등에 업고 군주제 복귀를 도모하고 있다고 주장했다.[20] 양측 모두 서로의 파멸을 원했다.[21] 그리고 정치 경쟁자를 합법적으로 처단하기 위한 수순을 밟아나갔다(대표적으로 1798년 '이민 및 폭동방지법Alien and Sedition Acts'). 당파 싸움은 치열하게 전개되었고, 그 과정에서 새롭게 설립된 공화국이 무너질 위험이 있다는 위기의식이 감돌았다. 미국 정치인들이 상대 당이 적이 아니라, 돌아가면서 권력을 차지하는 경쟁자라는 인식을 갖게 된 것은 그로부터 수십 년이 지난 뒤였다.[22] 바로 이러한 관용에 대한 인식이 미국 민주주의를 뒷받침하는 핵심 근간이 되었다.

그러나 상호 관용은 민주주의에 내재된 개념이 아니다. 예를 들어 1931년 스페인이 진정한 민주주의를 향한 첫걸음을 뗐을 때 국민들의 기대는 컸다. 마뉴엘 아사냐Manuel Azaña가 이끄는 새로운 좌파 공화당 정권은 의회 민주주의에 대한 강한 의지를 드러냈다.[23] 그러나 이후 스페인 정치 상황은 좌파 진영의 무정부주의자와 마르크스주의자, 그리고 우파 진영의 군주제 옹호자와 파시스트 사이의 뚜렷한 양극화로 치닫게 되었다. 양 진영은 서로를 애국자가 아니라 위협적인 적으로 인식했다. 교회와 군대, 군주제와 같은 전통적인 제도가 허물어지는 과정을 지켜보았던 가톨릭과 군주제 옹호자로 이루어진 우파 진영은 새 공화국의 정당성을 인정하지 않았다. 한 역사가의 표현을 빌리면 그들은 저마다 "적화 야욕을 품은 외세"[24]와 맞서 싸우고 있다고 생각했다. 시골을 중심으로 소요 사태가 일어나고, 교회와 수도회를 비롯한 여러 가톨릭 건물에 수백 건의 방화가 벌어지면서, 보수 진영은 그들이 극단적인 반체제 세력에 포위당했다는 급박함을 느꼈다. 종교 단체는 진지한 경고 성명을 냈다. "우리 사회는 이제 소용돌이 속으로 빨려들었다. (…) 모든 사태에 대비해야 할 것이다."[25]

다른 한편 사회주의자 및 좌파 공화당 인사들은 우파 진영을 가톨릭 보수주의 정당 세다당Confederación Española de Derechas Autónomas(CEDA) 지도자 호세 마리아 힐-로블레스José María Gil-Robles와 같은 군주제 옹호자나 파시스트 반동주의자로 보았다.[26] 좌파 진영의 많은 이들은 조직화된 세다당을 폭력적으로 공화국 전복을 꿈꾸는 극히 보수적인 군주제 옹호자 집단으로 여겼다. 세다당은 선거를 통해 민주적으로 경쟁을 펼칠 분명한 의지를 드러내기는 했지만,[27] 그 지도부는 새로운 공화국을 완전히 인정하지는 않았다. 이러한 점에서 그들은 극단적인 의심의 대상으로 남았다. 간단하게 말해서 좌파 공화주의자와 우파 가톨릭 군주제 옹호자는 서로를 정당한 상대로 인정하지 않았다.

상호 관용의 규범이 힘을 발휘하지 못할 때 민주주의는 위기를 맞이한다. 한 진영이 경쟁자를 위협적인 존재로 바라볼 때 선거에서 그들에게 지지 않을까 노심초사한다. 그리고 선거에서 이기기 위해 필요한 모든 수단을 동원할 것이며, 그 과정에서 전제적인 방안까지 고려할 것이다. 범죄자나 불온한 인물이라고 꼬리표가 붙은 정치인들을 모두 투옥하려 들 것이다. 혹은 민주주의를 파괴하고 있는 것으로 보이는 정권을 전복하려 들 것이다.

상호 관용 규범이 자리 잡지 못한 스페인 공화국은 그렇게 무너지고 말았다. 1933년 우파 정당인 가톨릭 세다당이 승리하면서 의회를 장악했을 때 새 공화국은 위기를 맞이했다. 여당인 중도좌파 공화당 연합이 몰락하면서, 사회당을 배제한 소수 중도파가 권력을 잡았다. 사회당과 좌파 공화당 인사들 대부분 원래의 중도좌파 정부(1931~1933)를 공화국 이상의 실현으로 보았기 때문에 그들은 기존 정책을 중단하거나 수정하려는 시도를 공화국에 대한 "배신행위"로 간주했다.[28] 그리고 파시즘을 추구하는 청년 집단이 포진해 있던 세다당이 이듬해 그 정부에 합류했을 때 많은 공화당 인사들은 이를 중대한 위협으로 인식했다.[29] 그들은 다음과 같은 선언문을 내놓았다.

공화당 정부를 적에게 넘기는 것은 반역이다. 〔우리는〕 이 정부와의 연대를 전면 중단할 것이며, 공화국을 지켜내기 위해 모든 수단을 동원하겠다는 결의를 다짐하는 바이다.[30]

좌파와 무정부주의자들은 공화국이 파시스트 손에 넘어갔다고 판단했고, 카탈로니아와 아스투리아스 지역에서 폭동을 일으키고 광범위한 파업을 주도했다. 그리고 또 하나의 새로운 정부를 수립했다. 우파 정권은 이러한 움직임에 무자비한 탄압으로 맞섰다.[31] 그들은 공화당에 반대하는 모든 세력과 연합을 형성했고,[32] 반란에 참여하지 않았던 아사냐 전 총리까지 잡아들였다. 스페인 정국은 폭력 분쟁의 소용돌이에 휘말렸다. 정당 간 건강한 경쟁이 사라지면서 시가지 전투와 폭탄 테러, 교회 방화, 정치인 암살, 쿠데타 음모가 이어졌다. 걸음마 단계였던 스페인 민주주의는 결국 1936년 내전으로 막을 내리고 말았다.

우리가 연구했던 대부분의 민주주의 붕괴 사례에서 잠재적 독재자들

어떻게 민주주의는 무너지는가

은(두 번의 세계대전 사이에서 유럽의 프랑코와 히틀러, 무솔리니부터 냉전 기간 동안 마르코스와 카스트로, 피노체트, 그리고 최근 푸틴과 차베스, 에르도안에 이르기까지) 정치 경쟁자에게 국가적 위협 세력이라는 낙인을 찍음으로써 그들의 권력 집중을 정당화했다.

제도적 자제, 오래된 전통의 규범

민주주의 생존에 중요한 두 번째 규범은 우리가 '제도적 자제'라 부르는 개념이다.[33] '자제'란 "지속적인 자기통제, 절제와 인내", 혹은 "법적 권리를 신중하게 행사하는 태도"를 뜻한다.[34] 또한 법을 존중하면서도 동시에 입법 취지를 훼손하지 않는 자세를 말한다. 자제 규범이 강한 힘을 발휘하는 나라에서 정치인들은 제도적 특권을 최대한 활용하려 들지 않는다.[35] 비록 그게 합법적인 테두리 안에 있는 것이라고 해도 기존 체제를 위태롭게 만들 위험이 있기 때문이다.

제도적 자제는 민주주의보다 더 오랜 전통을 갖고 있다. 왕이 권력을 신에게서 부여받았다고 주장했던 시대에(신권은 왕권의 토대였다) 어떤 법도 왕권을 제한하지 못했다.[36] 그럼에도 민주주의가 등장하기 이전에 유럽의 많은 군주는 권력 행사를 자제했다. 어쨌든 "신의 뜻을 따르기 위해서" 지혜와 절제의 덕목을 갖춰야 했다.[37] 셰익스피어의 유명한 역사극에서 리처드 3세가 왕의 권한을 함부로 휘두르는 폭군으로 등장했을 때 그 왕이 어긴 것은 법이 아니라 관습이었다. 하지만 관습 위반은 심각한 영향을 미쳤고, 결국 그 왕국은 피비린내 나는 내전으로 빠져들고 말았다. 셰익스피어 작품의 또 다른 등장인물인 칼라일은 동료들에게 이렇게 경고한다. 절제를 잃어버릴 때 "영국인의 피가 대지를 흥건히 적실 것이며

(…) 후손들은 그 어리석음 때문에 신음하게 될 것이다."[38]

군주제가 자제를 필요로 했듯이 민주주의도 자제를 요구한다. 민주주의를 무한히 이어지는 경기라고 한번 생각해보자. 경기가 이어지려면 선수들은 상대를 완전히 짓밟아서는 안 된다. 그리고 다시는 보지 않을 사람처럼 상대를 적대시하지 말아야 한다. 상대 팀이 떠나면 더 이상 경기는 없다. 이 말은 승리를 위해 최선을 다하더라도, 어느 정도 선에서 자제하며 경기에 임해야 한다는 뜻이다. 길거리 농구 경기에서 선수들은 열정적이어야 하지만, 무리한 파울은 곤란하다. 그리고 누가 봐도 명백한 경우에만 파울을 외쳐야 한다. 우리는 농구 경기를 하러 공원에 나가는 것이지 싸우기 위해 나가는 것이 아니다. 마찬가지로 정치에서도 간교한 계략을 삼가고, 예의와 페어플레이 정신으로 파괴적인 공격을 삼가야 한다.

그렇다면 제도적 자제는 민주주의 사회에서 어떤 형태로 모습을 드러내는가? 영국 정부의 구성에 대해 한번 생각해보자. 법학자이자 저자인 키스 휘팅턴Keith Whittington은 영국 총리의 임명에 대해 이렇게 설명했다. "임명은 왕의 특권이다. 공식적으로 왕은 내각 구성을 책임질 총리를 자기 마음대로 임명할 수 있다."[39] 그러나 실제로 영국 총리는 하원에서 다수를 차지한 정당의 일원으로서 일반적으로 당 대표가 맡게 된다. 오늘날 우리는 이러한 관습을 당연한 것으로 여기지만, 영국의 왕들은 수세기에 걸쳐 그 관습을 자발적으로 따랐다. 총리 임명과 관련된 어떤 성문화된 법률은 지금도 찾아볼 수 없다.

다음으로 대통령 임기 제한에 대해 생각해보자. 미국 역사상 두 번의 임기 제한은 법률이 아니라 자제의 규범으로 이어져 내려왔다.[40] 1952년 수정헌법 제22조가 추가되기 전까지, 미국 헌법의 어떤 조항도 대통령이 최대 두 번의 임기로 물러나야 한다고 명시하지 않았다. 다만 조지 워싱턴이 1797년에 두 번의 임기를 마치고 자리에서 내려온 것이 선례로 남았을 따름이다. 워싱턴의 선례를 따른 첫 대통령인 토머스 제퍼슨은 이렇게 말했다.

〔대통령〕 임기가 헌법에 의해, 혹은 관습에 의해 제한받지 않는다면 명목상 4년의 임기는 종신으로 이어질 위험이 있다. (…) 나는 훌륭한 전임자가 남긴 건전한 선례를 무시하면서까지 두 번의 임기를 연장한 첫 사례가 되고 싶지는 않다.[41]

비공식적 임기 제한은 이후로도 실질적인 힘을 발휘했다. 제퍼슨, 앤드류 잭슨, 율리시스 그랜트와 같은 야심 있고 인기 높은 대통령조차 선례에 도전하지 않았다. 그랜트 측근들이 세 번째 임기를 촉구했을 때 정치권 안에서는 논쟁이 벌어졌고, 결국 하원은 다음과 같은 결의안을 내놓았다.

워싱턴을 비롯한 모든 미국 대통령이 남긴 (…) 두 번의 임기 후 물러났던 선례는 미국 공화국 시스템의 일부로 자리 잡았다. (…) 이 유서 깊은 전통을 무시하는 것은 어리석고 비애국적인 행위가 될 것이며, 미국 자유주의 사회에 대한 위협이 될 것이다.[42]

마찬가지로 1892년 민주당은 그로버 클리블랜드 대통령이 비연속적인 세 번째 임기를 원했을 때 후보 지명을 거절했다. 그리고 또 한 번의 출마는 "성문화되지 않은 법률"을 위반하는 것이라고 경고했다.[43] 미국 역사상 이 규범을 위반한 유일한 사례는 프랭클린 루즈벨트의 1940년 삼선뿐이었다. 그리고 루즈벨트의 위반은 결국 수정헌법 22조의 탄생으로 이어졌다.[44]

자제 규범은 특히 대통령제 민주주의에서 그 가치가 높다.[45] 후안 린츠가 설명한 것처럼 의회 분열은 교착 상태와 기능 장애, 그리고 헌법 질서의 위기로 이어질 수 있다.[46] 견제받지 않는 대통령은 사법부를 친정부 인사로 채우고, 행정명령을 남발하여 의회를 우회한다. 반대로 의회가 막강한 힘을 가졌을 경우, 대통령의 모든 제안을 거절하고 예산 권한을 빌미로 행정부를 혼란에 빠트리겠다고 위협할 수 있다. 혹은 석연치 않은 근거를 내세워 대통령 탄핵을 추진할 위험도 있다.

자제의 반대는 제도적 특권을 함부로 휘두르는 것이다. 법학자 마크 터쉬넷Mark Tushnet은 이를 '헌법적 강경 태도constitutional hardball'라고 불렀다. 이 말은 규칙에 따라 경기에 임하지만, 규칙의 테두리 안에서 최대한 거칠게 밀어붙이고 "영원히 승리를 빼앗기지 않으려는"[47] 태도를 의미한다. 이러한 접근방식은 민주주의라고 하는 경기가 계속 이어질 수 있는지에 대해서는 전혀 걱정하지 않고, 오로지 정치 경쟁자를 없애버리기 위한 전투 자세다.

헌법적 강경 태도를 활용한 대표 사례로 아르헨티나 대통령들을 꼽을 수 있다. 1940년대 후안 페론 대통령은 의회 내 다수 지위를 활용하여 세 명의 대법관을 해임했다. 그 과정에서 페론은 "위법행위"를 광범위하게 규정하고 있는 헌법 조항을 해임의 근거로 "최대한 활용"했다.[48] 그리고 반세기가 흘러 카를로스 메넴Carlos Menem 대통령 역시 비슷한 재주를 선

어떻게 민주주의는 무너지는가

보였다. 아르헨티나 1853년 헌법은 대통령이 행정명령을 내릴 수 있는 권한을 애매모호하게 정의했다.[49] 역사적으로 선출된 아르헨티나 대통령들은 그 권한을 신중하게 사용했으며, 실제로 1853년에서 1989년까지 대통령이 행정명령을 내린 사례는 25회에 불과했다. 그러나 메넴 대통령만큼은 그러한 자제의 미덕을 보여주지 않았다. 그는 단일 대통령 임기보다 짧은 기간에 무려 336번이나 행정명령을 내렸다.[50]

헌법적 강경 태도를 위해 사법부를 활용한 경우도 있다. 2015년 12월 베네수엘라 총선에서 야당이 압도적 차이로 의회를 장악했을 때 그들은 합법적인 방안을 동원하여 전제적 대통령 니콜라스 마두로의 날개를 꺾고자 했다. 베네수엘라 새 의회는 정치범 120명을 석방하는 사면법을 통과시켰고, 마두로 정권의 국가 경제 비상사태 선포(의회를 우회하기 위한 행정명령)를 중단하기 위한 투표를 실시했다.[51] 의회의 이러한 움직임에 대해 마두로는 친정부 인사로 가득한 대법원으로 시선을 돌렸다. 많은 차비스타 법관들이 포진한 베네수엘라 대법원은 사면법, 예산안 조정, 비상사태 선포 중단 등 의회가 통과시킨 모든 법안을 위헌으로 판결함으로써 의회를 무력화했다.[52] 콜롬비아 일간지 〈엘 티엠포El Tiempo〉의 보도 따르면 베네수엘라 대법원은 6개월 동안 24회의 재판에 걸쳐 의회에 불리한 판결을 내림으로써 "의회가 승인한 모든 법안"을 무효화해버렸다.[53]

입법부 또한 그들의 헌법적 특권에 탐닉할 위험이 있다. 2012년 파라과이에서 일어난 페르난도 루고Fernando Lugo 대통령의 탄핵 사건에 대해 생각해보자. 성직자 출신의 진보 인사인 루고는 2008년 대선에 당선되면서 61년에 걸친 콜로라도당Colorado Party 집권에 마침표를 찍었다. 그러나 의회 내 인맥이 없었던 아웃사이더 루고 대통령은 임기 내내 탄핵 위기를 겪어야 했다.[54] 2012년 루고의 인기가 시들고 예전 자유당 인사들마저 그를 저버리면서 의회의 탄핵 시도는 성공을 거뒀다. 탄핵의 시발점은 공유지를 무단으로 사용하던 농부들이 경찰 병력과 충돌한 사건이었다. 그 충돌로 인해 17명의 사망자가 발생했다. 물론 이와 비슷한 폭력 사건은 이전 정권에도 많이 있었지만, 파라과이 야당은 이번 사태를 빌미 삼아 루고를 물러나게 만들었다. 그 사건이 벌어진 지 6일이 지난 6월 21일, 의회는 '의무불이행'을 근거로 대통령 탄핵안 표결을 추진했다. 그리고 며칠 후, 하루 만에 서둘러 진행된 탄핵 심판에서 루고는 두 시간밖에 변론 기회를 갖지 못했고, 결국 상원은 루고 대통령의 탄핵을 승인했다.[55] 한 정치 평론가는 이번 탄핵이 "순전한 코미디였으며 (…) 재판 절차에서 최소한의 형식조차 갖추지 못했다"고 비판했다.[56] 그러나 엄밀하게 말해서 루고의 탄핵은 분명하게도 합법적인 절차에 따라 이루어진 것이었다.[57]

1990년대 에콰도르에서도 비슷한 상황이 벌어졌다. 압달라 부카람 Abdalá Bucaram은 에콰도르의 기성 정치체제를 비판함으로써 대선에서 당선된 포퓰리스트 정치인이었다. "미치광이El Loco"[58]라는 별명의 부카람 대통령은 힘든 국면을 잘 헤쳐나갔다. 부카람의 정적들에게 당시 정치 상황은 자제 규범을 시험하는 무대였다. 취임 후 얼마 지나지 않아 부카람은 측근 인사를 등용했고, 전 대통령 로드리고 보르하Rodrigo Borja를 "고집불통"이라고 비난했다. 또한 무상 배급 우유에 자신의 이름을 붙이기도 했다.[59] 이러한 일련의 행위는 물론 논란의 여지가 있기는 하지만, 그래도 탄핵 사유와는 거리가 멀었다. 그럼에도 취임 후 불과 몇 주 만에 부카람 대통령에 대한 탄핵 시도가 있었다. 그러나 야당은 탄핵에 필요한 의원 정족수인 3분의 2 의석을 확보하지 못한 상태였다. 그래서 그들은 합법적이지만 다분히 의심스러운 대안을 찾아냈다. 당시 에콰도르 1979년 헌법은 의회 다수가 찬성할 경우에 '정신적 무능력'을 근거로 대통령을 물러나게 할 수 있다고 규정하고 있었다. 그리고 1997년 2월 6일 에콰도르 의회는 이 조항을 정말로 적용했다. 물론 이러한 시도는 헌법 정신을 명백하게 침해한 것이었다.[60] 에콰도르 의회는 부카람 대통령의 정신적 능력에 대해 제대로 논의도 거치지 않은 채 탄핵 표결을 실시했다.

헌법적 강경 태도에서 미국 역시 예외가 아니다. 앞서 언급했듯이 미국은 수정헌법 14조와 15조에서 보편적인 남성 선거권을 보장하고 있었음에도, 민주당이 지배하는 남부 지역 주 의회들은 아프리카계 미국인의 선거를 방해하는 다양한 방안을 내놓았다. 가령 인두세나 읽고 쓰기 시험의 도입과 같은 아이디어는 합법적인 방안으로 보였지만, 명백하게도 헌법 정신에 위배된 것이었다. 앨라배마 주 의원 앤서니 세이어Anthony D. Sayre는 이러한 입법과 관련해서 이렇게 지적했다. 이들 법안은 "온전히 합법적으로 흑인들을 정치에서 몰아낼 것이다."[61]

부식되는 민주주의 가드레일

상호 관용과 제도적 자제는 밀접하게 얽혀 있다. 이 둘은 때로 서로를 강화한다. 정치인이 상대를 정당한 경쟁자로 받아들일 때 그들은 자제의 규범도 기꺼이 실천하려 든다. 또한 경쟁자를 위협적인 존재로 보지 않는 정치인은 상대를 권력 경쟁에서 퇴출시키려는 유혹에 넘어가지 않는다. 자제 규범의 실천(가령 민주당 대통령이 제시한 연방대법원 판사 임명안을 공화당이 장악한 상원이 통과시킨 것처럼)은 스스로 관용적인 집단이라는 이미지를 줌으로써 선순환을 이뤄낸다.

그러나 상황은 얼마든지 반대로 흐를 수 있다. 상호 관용의 규범이 허물어질 때 정치인들은 자신에게 주어진 제도적 권력을 최대한 활용하고자 한다. 정당이 서로를 위협적인 적으로 간주할 때 정치 갈등은 심해진다. 이러한 상황에서 선거 패배는 일상적인 정치 과정의 일부가 아니라 재앙이 된다. 패배의 대가가 심각한 절망일 때 정치인들은 자제 규범을 포기하려는 유혹에 넘어간다. 헌법적 강경 태도는 관용의 규범을 허물어뜨림으로써 경쟁자가 위협적인 존재라는 인식을 키운다.

그 결과 정치판에서 민주주의 가드레일이 사라진다. 정치학자 에릭 넬슨Eric Nelson은 이러한 상황을 "합법적으로 극단적인 전술을 활용하는 악순환"[62]으로 묘사했다. 그렇다면 과연 그 상황은 구체적으로 어떤 모습일까? 넬슨은 1640년대 영국 왕 찰스 1세의 몰락을 그 사례로 제시했다. 당시 왕과 성공회, 그리고 의회 청교도 사이의 종교 갈등은 이단과 반역의 상호 비난전으로 이어졌고, 그 과정에서 영국 군주제를 지탱해왔던 규범이 허물어지기 시작했다. 영국의 법률 전통은 조세 징수권을 의회에 전적으로 위임하고 있었다. 그러나 찰스 1세를 교황과 가까운 위험인물로 보았던 의회는 왕의 재정 요청에 갖가지 요구 조건을 내걸었다. 여기에는 성공회 해산까지 포함되어 있었다. 스코틀랜드의 침략으로 방위 예산이 절실한 상황에서도 영국 의회는 고집을 꺾지 않았다. 찰스 1세는 의회의 규범 위반에 정면으로 응수했다. 그는 의회를 해산했고, 이후 11년 동안 의회 없이 통치했다. 넬슨은 이렇게 설명한다. "찰스 1세는 의회 없이 자신이 직접 법률을 제정할 수 있는 권리를 요구하지는 않았다. 다만 새로운 법률 제정 없이 모든 일을 처리해나가고자 했다." 재정 지원이 절실했던 찰스 1세는 결국 조세 독점권을 쥔 의회를 우회하는 방안을 찾아냈고,

이러한 시도는 1640년에 다시 의회가 소집되었을 때 왕에게 불만을 품었던 반대 세력이 더 굳건하게 집결하도록 만들었다. 넬슨은 이렇게 지적했다. "의회의 합법적 거부와 왕의 권력 남용으로 이루어진 악순환의 소용돌이는 결국 전쟁으로 해결될 때까지 끝나지 않았다."[63] 뒤이어 일어난 내전은 영국 군주제를 허물어뜨렸고, 찰스 1세는 그 대가로 목숨을 잃었다.

역사상 가장 비극적인 민주주의 붕괴 사례들은 기본적인 규범을 무시한 것이 그 원인이었다. 우리는 칠레에서 이러한 사례를 찾아볼 수 있다. 1973년에 쿠데타가 일어나기 전까지 칠레는 남미 지역에서 가장 유서 깊고 성공적인 민주주의 국가였으며, 강력한 민주주의 규범이 이를 지탱하고 있었다.[64] 칠레 정치판은 마르크스주의 좌파에서 보수주의 우파에 이르기까지 광범위한 스펙트럼을 형성하고 있었지만, 20세기 전반에 접어들면서 "타협의 문화"[65]가 정착되기 시작했다. 파멜라 콘스타블레Pamela Constable 기자와 칠레 정치학자 아르투로 발렌수엘라Arturo Valenzuela는 이렇게 설명했다.

법을 준수하는 칠레의 강한 전통으로 정쟁은 규범과 관습의 테두리 안에서 이루어졌고, 이는 계급 간의 적대감과 이념 갈등을 완화했다. 모든 논쟁은 칠레 와인병 안에서 해결된다는 말까지 나올 정도였다.[66]

그러나 칠레의 타협 문화는 냉전에 따른 양극화로 인해 1960년대부터 부식되기 시작했다.[67] 쿠바 혁명에서 영감을 얻은 일부 좌파 인사들은 주고받기 식의 칠레의 정치 전통을 시대에 뒤떨어진 부르주아적 유물로 폄

하했다.[68] 반면 보수 진영은 좌파 인민연합당Popular Unity이 정권을 잡으면 칠레는 쿠바의 길을 가게 될 것이라고 우려했다.[69] 이러한 긴장 관계는 1970년 대선에서 절정을 이루었다. 인민연합당 후보로 살바도르 아옌데가 출마했을 때 기독민주당 후보 라도미로 토믹Radomiro Tomic은 언론을 통해 아옌데가 "공포심을 조직적으로 조장하는 광범위한 증오 캠페인"을 벌이고 있다고 비판했다.[70]

결과는 아옌데의 승리로 끝났다. 그가 민주주의 수호에 대한 강한 의지를 드러냈음에도,[71] 보수 진영은 그의 집권에 강한 불안감을 드러냈다. 극단주의 우파 조국과 자유당Fatherland and Freedom Party은 모든 수단을 동원하여 아옌데를 권력의 자리에서 끌어내려야 한다고 주장했고,[72] CIA 지원을 받은 우파 국민당National Party은 아옌데가 취임 선서를 하기도 전에 강경 전략을 모색했다. 칠레 헌법은 대선에서 어느 후보도 50퍼센트 득표를 하지 못할 때 의회가 당선자를 결정하도록 규정하고 있었다. 당시 선거에서 아옌데의 득표율은 36퍼센트였다. 그때까지 칠레 의회는 관행에 따라 50퍼센트에 못 미치더라도 최고 득표를 차지한 후보를 대통령으로 선출해왔다. 하지만 이러한 관행은 명시적인 법률에 따른 것은 아니었다. 이러한 상황에서 국민당은 제도적 자제를 저버리고 중도파 기독민주당 의원들을 대상으로 대선에서 2위를 차지했던 호르헤 알레산드리Jorge Alessandri에게 표를 던질 것을 촉구했다.[73] 기독민주당은 국민당의 제안을 거부했다. 그리고 아옌데에게 그 대가로 자유선거 제도, 그리고 언론의 자유를 포함한 시민권을 존중할 것을 요구하는 보장규약Statute of Guarantees에 서명하도록 요구했다.[74] 기독민주당의 요구는 충분히 합리적인 것이었지만, 아르투로 발렌수엘라는 이를 "게임 규칙을 존중하지 않

는 지도자 사이에서 드러난 상호 이해의 붕괴"라고 평가했다.[75]

아옌데 대통령 임기 동안에 칠레 민주주의 규범은 계속해서 허물어졌다. 여당이 의회 과반을 확보하지 못한 상태에서 아옌데는 자신의 사회주의 프로그램을 힘 있게 추진해나갈 수 없었다.[76] 결국 아옌데는 의회가 법안 처리를 막고 "법망의 구멍"[77]을 통해 자신의 프로그램에 대한 논의를 끝까지 외면한다면 대통령 권한으로 국민투표를 실시해서 법안을 통과시키겠다고 으름장을 놓았다. 이에 야당은 강력 반발했다. 아옌데 취임두 달 후 열린 한 간담회에서 우파 상원 의원 라울 모랄레스Raúl Morales는 자신이 주장한 "제도적 저지"[78] 전략에 관한 구체적 구상을 밝혔다. 당시 야당은 아옌데 탄핵에 필요한 상원 정족수인 3분의 2 의석을 확보하지 못했지만, 과반의 세력을 바탕으로 불신임 결의안을 통해 장관들을 해임했다. 1833년 이후로 칠레 헌법은 불신임 결의안을 지극히 예외적인 상황에서만 사용하도록 정하고 있었다. 그리고 1970년 이전까지 실질적으로 사용된 적이 거의 없었다. 하지만 이제 불신임 결의안은 정치적 무기로 떠올랐다.[79] 1972년 1월 상원은 아옌데의 측근인 내무장관 호세 토아José Tohá를 해임했다. 그러자 아옌데는 토아를 다시 국방장관에 임명함으로써 정면으로 맞섰다.[80]

정당 간 적개심의 골은 아옌데 임기에 점점 더 깊어졌다. 아옌데의 좌파 측근들은 야당을 파시스트이자 '국민의 적'이라 불렀던 반면, 우파 진영은 전체주의 정권이라고 응수했다.[81] 상호 관용의 규범이 허물어지면서, 아옌데와 기독민주당이 잠정 조약을 통해 협상할 가능성은 더욱 낮아졌다. 아옌데 측근 급진 인사들은 우파와의 협상을 "파시즘으로 나아가는 문을 열어놓는 일"[82]이라고 폄하했던 반면, 우파 진영은 기독민주당이 공산주의 위협에 맞서 싸우지 않고 있다고 비난했다. 아옌데 정부는 법안 통과를 위해 무엇보다 기독민주당의 지지가 절실했다. 그러나 1973년 초 기독민주당 대표 파트리시오 아일윈Patricio Aylwin은 이렇게 선언했다. "아 옌데가 단 1점도 올리지 못하도록 막을 것이다."[83]

이처럼 극단적 정치 분열은 민주주의 규범에 위협이 된다. 정치판이 세계관의 차이를 넘어 사회적, 인종적, 종교적 갈등으로 배타적인 진영으 로 분열될 때 그 사회는 관용의 규범을 유지하기 힘들다. 물론 어느 정도 의 갈등은 민주주의에 무해하고, 때로는 꼭 필요하기까지 하다. 실제로 서구 유럽의 민주주의 역사는 정당들이 이념 차이로 대립하는 상황에서 도 사회규범은 얼마든지 유지될 수 있다는 사실을 보여주었다. 그러나 정 치집단이 서로 간 공존이 불가능한 이념으로 분열될 때, 특히 구성원끼리 교류가 부족하고 고립이 심해질 때 정상적인 정당 경쟁이 사라지고 적대 적인 투쟁이 시작된다. 상호 관용이 사라지면서 정치인들은 자제의 규범 까지 저버리고, 어떤 대가를 치르더라도 승리하려는 유혹에 굴복한다. 그 리고 결국에는 민주주의 시스템을 전면 부정하는 반체제 집단이 등장한 다. 상황이 이러한 국면으로 접어들면 민주주의는 심각한 위기를 맞는다.

민주주의 가드레일이 사라지면서 칠레 민주주의는 사망에 이르렀다. 여당과 야당 모두 1973년 3월 중간 의회선거를 승리를 구축하기 위한 절 대적인 기회로 인식했다. 아옌데는 사회주의 프로그램을 합법적으로 실 행하기 위해 의회 과반에 집착했던 반면, 야당은 탄핵을 통한 아옌데의 "합법적 축출"에 필요한 3분의 2 의석을 어떻게든 차지하고자 했다.[84] 하 지만 어느 쪽도 과반을 차지하지 못했다. 양당 모두 압도적인 승리를 얻 지 못하고, 동시에 타협할 의지도 없는 상황이 이어지면서 칠레 민주주의는 죽음의 소용돌이로 빠져들었다. 이후 강경파가 기독민주당을 장악하면서, 그들은 전 대통령 에두아르도 프레이Eduardo Frei가 언급한 "칠레에서 전체주의를 실현하려는 아옌데의 시도"를 저지하기 위한 모든 수단을 동원하겠다고 선언했다. 아옌데는 야당과 대화를 재개하려는 절박한 움직임을 보였지만, 좌파 진영의 다른 인사들은 이에 반대했다. 그들은 아옌데가 "반동적인 (⋯) 정당과의 모든 타협"을 거부하고 의회를 해산해야 한다고 촉구했다. 그러나 아옌데는 이를 받아들이지 않았다. 대신 야당에 대한 압박의 수위를 높여 좌파 진영 인사들의 마음을 달래고자 했다. 사법부가 파업 노동자들이 점거한 기업들 40곳에 대한 몰수를 막아섰을 때 아옌데는 위헌 소지가 농후한 대통령 명령으로 맞섰다. 이에 대해 야당은 아옌데 대통령의 탄핵을 촉구했다. 우파 진영의 한 상원 의원은 국영 TV에 출연해서 아옌데가 이제 "정당성을 잃은 국가 수장"이라고 비난했다.[85] 그리고 1973년 8월 칠레 하원은 아옌데 행정부가 헌법을 위반했다는 결의안을 통과시켰다.[86]

그리고 한 달이 채 지나지 않아 군부가 권력을 잡았다. 남미의 가장 안정적인 민주주의 국가임을 자부해왔던 칠레는 군부 독재자에게 넘어가고 말았다. 이후 군부는 17년 동안 이 나라를 지배했다.

6장

**민주주의에
감춰진
시한폭탄**

대공황 그림자가 짙게 드리웠던 1933년 3월 4일, 미국 가정에서는 모두가 라디오 앞에 둘러앉아 프랭클린 루즈벨트의 첫 취임 연설에 귀를 기울였다. 루즈벨트는 차분하면서도 우렁찬 목소리로 이렇게 선언했다. "위기에 대처하기 위한 마지막 수단을 의회에 요청할 것입니다. 그것은 국가 긴급 사태 대처를 위한 광범위한 행정권을 말합니다. 이는 적국의 공격을 받았을 때 제게 주어질 권한만큼 강력한 것이어야만 합니다."[1] 취임 연설에서 루즈벨트는 '국내' 위기에 대처하기 위해 헌법이 부여하는 가장 강력한 권한(전시 권한)을 자신에게 허락할 것을 대통령 자격으로 호소했던 것이다.

루즈벨트는 그것만으로 충분치 않다고 생각했다. 1936년 11월에 루즈벨트는 61퍼센트의 득표율로 재선에 성공했다. 그는 미국 역사상 가장 높은 인기로 대통령 자리에 올랐다. 하지만 그의 야심찬 행보는 조만간 예상치 못한 장벽을 맞닥뜨리게 되었다. 그것은 보수주의 성향이 강한(그가 보기에 반동적인) 연방대법원이었다. 당시 대법원은 19세기에 법률 교육을 받은 판사들로 구성되어 있었다. 그리고 1935년과 1936년에 가장 활발하게 입법 활동을 가로막았다. 특히 뉴딜 정책과 관련하여 다양한 법안을 종종 의문스러운 잣대를 적용하여 위헌으로 판결했다.[2] 이로 인해 루즈벨트 행정부의 많은 정책이 위기를 맞았다.

1937년 2월 루즈벨트 대통령의 두 번째 임기가 시작된 지 2주가 지났을 때 그는 연방대법원의 규모를 확대하겠다는 의중을 밝혔다. 그의 정적들이 "대법원 재구성 계획court-packing scheme"이라고 부른 이 제안은 헌법의 허점을 파고든 것이었다. 연방 사법제도를 정의하고 있는 미국 헌법 3조는 대법원 판사의 수를 구체적으로 규정하고 있지 않다. 루즈벨트의 제안은 대법원에서 70세 이상의 판사의 수만큼 새로운 판사를 추가로 임명하고, 대법원의 최대 규모를 15명으로 늘리는 것이었다.[3] 당시 70세 이상의 판사는 총 여섯 명이었으므로, 루즈벨트 제안에 따른다면 여섯 명의 판사를 추가로 임명할 수 있을 터였다. 그가 이러한 제안을 한 이유는 어렵지 않게 짐작할 수 있다. 루즈벨트는 뉴딜 프로그램의 목표를 달성하기 위해 법적 기반을 확보하고자 했던 것이다. 그러나 그 법안이 통과된다면 틀림없이 위험한 선례로 남을 것이었다. 대법원이 정치의 전쟁터가 될 것이며 그 구성과 규모, 임명이 악용될 위험이 높아질 것으로 보였다. 그렇게 된다면 미국은 페론의 아르헨티나, 혹은 차베스의 베네수엘라와 크게 다르지 않을 것이다. 그때 루즈벨트가 자신의 사법 행위를 관철시켰더라면, 대통령이 자신과 동등한 지위에 있는 국가권력기관을 무력화해서는 안 된다는 중요한 규범은 무너지고 말았을 것이다.

다행히 그 규범은 유지되었다. 루즈벨트의 대법원 재구성 계획은 그가

어떻게 민주주의는 무너지는가

임기에 추진했던 다른 어떤 정책보다 거센 반발을 받았다.[4] 공화당은 물론 언론, 유명한 법률가, 판사, 그리고 놀랍게도 많은 민주당 인사들까지 반대에 나섰다. 결국 루즈벨트의 제안은 몇 달 후 종적을 감췄다. 그는 자신의 당이 장악하고 있던 하원에서도 버림을 받았다. 대공황과 같은 중대한 국가 위기 상황에서도 미국의 견제와 균형 시스템이 제대로 작동했던 것이다.

양극화의 약화, 규범의 강화

미국은 강력한 민주주의 규범과 함께 탄생하지 않았다. 사실 건국 초기는 가드레일 없는 민주주의의 대표적 사례에 해당한다. 앞서 살펴보았듯이 1780년대와 90년대 상호 관용의 규범은 이제 막 생겨나기 시작했다. 당시 연방주의자와 공화주의자는 상대를 정당한 경쟁자로 인정하지 않았을 뿐더러 서로를 배신자로 보았다.

정당 간 적대감과 불신은 우리가 헌법적 강경 태도라고 부르는 국면을 조성했다. 1798년 연방주의자들은 폭동방지법Sedition Act을 통과시켰다.[5] 이 법의 취지는 정부에 대한 근거 없는 비난을 범죄행위로 규정하는 것이었지만, 그 의미가 애매모호해서 정부에 대한 모든 비판을 범죄로 간주할 여지가 있었다. 실제로 공화주의자 진영은 언론과 사회운동가를 공격하기 위해 이 법을 활용했다.[6] 연방주의자 애덤스 대통령과 대표적인 공화주의자 제퍼슨이 경쟁을 벌였던 1800년 대선에서, 양 진영 모두 영구적 승리를 목표로 삼았다. 다시 말해 그들은 상대 집단을 정치 세계에서 완전히 몰아내고자 했다. 대표적인 연방주의자 알렉산더 해밀턴은 제퍼슨이 대통령 자리에 오르는 것을 막기 위한 "합법적이고 헌법적인 조치"[7]을 거론했던 반면, 제퍼슨은 이번 대선이 미국을 군주제로부터 구할 수 있는 마지막 기회라고 강조했다. 결과는 제퍼슨의 승리로 끝났지만, 양 진영의 거친 공방은 이후로도 계속되었다. 대선 패배로 힘을 잃은 연방주의자가 장악한 의회는 대법원에 대한 제퍼슨의 영향력을 제어하기 위해 대법관 수를 여섯 명에서 다섯 명으로 줄였다. 그러나 이후 공화주의자가 과반을 차지하면서 의회는 대법관 수를 원래대로 돌려놓았고, 몇 년 후에는 대법관 수를 일곱 명으로 늘림으로써 제퍼슨에게 추가 임명 기회를 주었다.

양 진영이 영구적 승리를 추구하는 살벌한 분위기가 가라앉기까지는 수십 년의 세월이 더 걸렸다. 정상적인 정치에 대한 요구가 높아지고, 새로운 세대의 경력 있는 정치인들이 등장하면서 정쟁의 위험성이 점차 낮아졌다. 독립전쟁 이후 미국 정치인들은 이길 때가 있으면 질 때도 있고, 또한 경쟁자가 반드시 적은 아니라는 생각에 익숙해졌다. 이러한 새로운 관점과 관련하여 대표적인 인물로 마틴 반 뷰렌Martin Van Buren을 꼽을 수 있다. 그는 현대적인 민주당의 설립자이며, 미국의 8대 대통령을 지낸 인물이다. 역사학자 리처드 호프스태터Richard Hofstadter는 반 뷰렌을 이렇게 평가했다.

그는 온화한 카운티 법원 변호사의 정신, 즉 정치의 정신을 대표하는 인물이다. 그는 오랫동안 법정에서 상대와 치열한 공방을 벌였지만, 일단 법정 밖을 나서면 동료 법률가들에게 존중, 그리고 종종 친밀한 우정까지 보여주었다.[8]

반 뷰렌의 전기 작가에 따르면 그는 정치인으로 활동하는 동안 "많은 경쟁자를 만났지만 적은 없었다."⁹ 건국자들이 상대 진영을 마지못해 인정했던 반면, 반 뷰렌 세대의 정치인들은 경쟁자에 대한 인정을 당연하게 받아들였다.¹⁰ 전면적인 투쟁의 정치가 어느덧 상호 관용의 정치로 바뀐 것이다.

그러나 상호 관용의 규범은 탄생과 함께 시들고 말았다. 그 이유는 건국자들이 어떻게든 묻어놓으려 했던 주제, 즉 노예제를 둘러싼 갈등 때문이었다. 1850년대에 걸쳐 노예제에 대한 상반된 입장은 정치 양극화를 부추겼고, 한 역사가의 표현대로 새로운 "격렬한 감정"¹¹으로 정치판을 물들였다. 남부 지역의 백인 농장주들, 그리고 그들과 입장을 같이한 민주당에 공화당이 새롭게 들고나온 노예제 폐지는 심각한 위협이었다. 대표적인 노예제 옹호자인 존 칼훈John C. Calhoun 상원 의원은 노예해방이 이루어진 남부 세상을 종말론적인 시각으로 바라보았다. 그는 앞으로 노예들이 이렇게 될 것이라고 전망했다.

그들의 정치적, 사회적 지위는 백인보다 높아질 것이다. 상황은 완전히 달라질 것이다. 계몽된 자유민의 운명은 역사상 가장 깊은 나락으로 추락하고 말 것이다. 그리고 우리는 거기서 절대 빠져나오지 못할 것이다. (…) 우리 자신과 선조들의 고향을 저버리고, 우리나라를 노예들에게 넘겨버리고 나면, 이곳은 무질서와 무정부, 빈곤과 불행이 영원히 지배하는 세상으로 전락할 것이다.¹²

노예제를 둘러싼 정치 양극화는 미처 여물지 못한 상호 관용의 싹을 짓밟아버렸다. 민주당 대표 헨리 쇼Henry Shaw는 공화당 사람들을 "헌법과 연맹의 반역자"라고 비난했다.[13] 그리고 조지아 주 상원 의원 로버트 툼스는 이렇게 외쳤다. "우리의 연방정부를 흑인 공화당의 불충한 손에 결코 넘겨주지 않을 것이다." 이처럼 노예제에 반대한 정치인들은 노예제를 찬성한 이들이 "반역"과 "폭동"을 부추기고 있다며 맹비난했다.[14]

기본 규범이 무너지면서 정치인들의 행동 범위는 크게 넓어졌다. 남북전쟁의 도화선이 된 섬터 요새Fort Sumter 포격이 시작되기 몇 년 전, 하원 내에서는 폭력 행위가 만연했다. 예일 대학 역사가 조앤 프리먼Joanne Freeman은 1830년에서 1860년 사이 상원과 하원에서 총 125건의 폭력 사건이 발생했다는 사실을 확인했다.[15] 폭력의 유형에는 칼로 찌르고, 몽둥이를 휘두르고, 심지어 총을 뽑아드는 것까지 있었다. 그리고 얼마 지나지 않아 미국인들은 내전을 치르면서 서로 수십만 명을 죽였다.

남북전쟁은 미국의 민주주의를 파괴했다. 1864년 선거에는 3분의 1의 주가 참여하지 못했다. 이로 인해 상원에서 22개 의석, 하원에서 4분의 1이 넘는 의석이 공석으로 남았다. 널리 알려져 있듯이 링컨 대통령은 인신보호법Habeas Corpus을 중단했고, 헌법적으로 논란이 될 만한 행정명령을 내렸다.[16] 물론 이러한 행정명령 중에서 가장 주목할 만한 한 가지는 노예해방이었다. 결국 북군의 승리로 끝나면서, 과거 남부연합이 지배했던 지역의 상당 부분이 북부 연방군의 지배로 넘어갔다.

남북전쟁의 트라우마는 미국인들에게 '무엇이 잘못되었던 것일까?'라는 뼈아픈 질문을 남겼다. 사망자 60만 명을 비롯한 사회 피해는 민주주의의 우월성에 대한 북부 지식인들의 믿음을 무너뜨렸다.[17] 미국 헌법은 신의 섭리를 따라 만들어진 신성한 문서가 아니었단 말인가? 이러한 자기 성찰의 움직임은 불문율에 대한 새로운 관심으로 이어졌다. 1885년

무렵 정치학 교수였던, 그리고 남부연합 가문의 아들이었던 우드로 윌슨
Woodrow Wilson은 의회에 관한 책에서 헌법 체제의 이상향, 그리고 그 체
제가 실제로 작동하는 현실 사이의 대비에 주목했다.[18] 미국 사회가 번영
하기 위해서는 훌륭한 헌법은 물론 실질적인 규범도 필요했던 것이다.

　내전으로 허물어진 민주주의 규범을 새롭게 구축하는 일은 결코 쉽지
않은 과제다. 그리고 미국 역시 예외가 아니었다. 전쟁의 상흔은 쉽게 아
물지 않았다. 민주당과 공화당은 서로를 정당한 경쟁자로 마지못해 인정
하는 수준이었다. 1876년 공화당 후보 러더퍼드 헤이즈Rutherford B. Hayes
의 선거 유세장에서 로버트 잉거솔Robert Ingersoll은 섬뜩한 표현으로 민주
당을 비난했다.

　　미국을 파괴하려는 자들은 모두 민주당입니다. 우리의 위대한 공화국을
　　20년 동안 부정한 적도 모두 민주당입니다. (…) 심지어 굶주림에 살이 썩어
　　들어간 연합군 죄수들을 외면한 이들도 민주당입니다. 아무것도 먹지 못해
　　정신이 몽롱한 가엾은 한 애국자가 어머니의 환영을 좇아가면서 들뜬 얼굴
　　로 다시 한 번 입맞춤을 하려고 죽음의 경계선을 넘어설 때 뜨겁게 고동치는
　　그의 심장을 관통한 총알을 쏜 비열한 자들 역시 민주당입니다.[19]

　이처럼 "상대방의 적개심을 돋우는waving the bloody shirt" 표현은 이후
로 꽤 오랫동안 널리 쓰였다.
　그리고 이러한 분위기가 고조되면서 헌법적 강경 태도가 드러났다.
1866년 공화당이 장악하고 있던 하원은 연방대법원 대법관 수를 열 명
에서 일곱 명으로 줄였다.[20] 그 주된 이유는 재건 사업을 파국으로 몰아

간다는 의심을 받았던 민주당 앤드류 존슨 대통령이 새로운 대법관을 임명하지 못하도록 막기 위함이었다. 또한 이듬해 하원은 관직보유법 Tenure of Office Act을 통과시켰다. 그 목적은 링컨 대통령이 임명했던 공직 자를 존슨 대통령이 상원의 승인 없이 해임하는 것을 막기 위함이었다. 그러나 이를 헌법이 보장한 대통령 권한을 침해한 것으로 보았던 존슨 은 그 법을 따르지 않았다. 그리고 존슨의 이러한 행위는 "중대 범죄high misdemeanor"로 간주되어 1868년 탄핵의 사유가 되었다.[21]

남북전쟁 세대가 점차 역사 속으로 사라지면서, 민주당과 공화당 사람 들은 공생하는 방법을 터득하게 되었다. 1880년에 전 하원 의장 제임스 블레인James Blaine은 공화당 동료 의원들에게 "피 묻은 셔츠는 이제 그만 넣어두고" 논의의 주제를 경제로 바꾸라고 조언했다.[22]

물론 적대의 상처를 아물게 한 것은 비단 세월의 힘만은 아니었다. 상 호 관용이 정치 규범으로 다시 자리 잡게 된 것은 인종차별 문제가 논의 테이블에서 사라지고 나서였다. 이와 관련하여 중요한 두 사건이 있었다. 첫 번째는 악명 높은 1877년 타협이다. 그 타협안의 골자는 1876년 대선 에서 불거졌던 논쟁을 마무리 짓고 공화당 후보 러더포드 헤이즈를 대통 령으로 선출하는 대신, 연방군을 남부 지역에서 철수시키겠다는 것이었 다. 이 타협으로 재건 시대는 실질적으로 막을 내렸다.[23] 흑인 선거권 보 장을 위한 연방 차원의 노력이 중단되면서, 남부 민주당은 기본적인 민주 주의 권리를 철폐하고 민주당 일당 지배의 기반을 마련하기 시작했다. 다 음으로 두 번째는 1890년 헨리 캐벗 로지Henry Cabot Lodge가 발의한 연방 선거법안Federal Elections Bill이 부결된 사건이었다. 이 법안의 취지는 연방 정부가 하원 선거를 감시함으로써 흑인의 선거권을 현실적으로 보장하려는 것이었다. 그러나 이 법안이 부결되면서 남부 흑인의 선거권을 보장하려는 연방정부의 노력이 물거품이 되었고, 흑인 선거권은 실질적으로 폐지되었다.

이 두 사건은 미국 민주주의에 중대한 비극이었다. 남부 민주당 인사들 대부분 시민권과 선거권을 중대한 위협으로 인식했다는 점에서, 인종 문제를 논의의 테이블에서 치우기로 한 양당의 타협안은 상호 관용의 회복을 위한 출발점이 되었다. 그러나 흑인 선거권을 박탈함으로써 백인 우월주의와 민주당 일당 지배는 그대로 유지되었고, 미국 전역에서 민주당 인사들의 정치 기반을 마련해주었다. 인종차별 문제가 논의 테이블에서 사라지면서 남부 민주당이 느낀 공포감은 서서히 누그러졌다. 그리고 정당 간의 적대감도 완화되기 시작했다. 역설적이게도 미국 민주주의를 뒷받침한 관용의 규범이 인종차별을 외면하고 남부 일당 지배를 공고히 했던 비민주적인 타협안에서 비롯된 것이다.

민주당과 공화당이 서로를 정당한 경쟁자로 받아들이면서 양극화 현상이 서서히 희석되었고, 이러한 흐름은 향후 수십 년 동안 미국 민주주의의 특성으로 자리 잡았다.[24] 양당이 협력하면서 행정부는 중요한 개혁 과제에 착수했다.[25] 여기에는 연방 소득세를 허용한 수정헌법 16조(1913), 상원 의원에 대한 직접선거를 규정한 수정헌법 17조(1913), 그리고 여성에게 선거권을 부여한 수정헌법 19조(1919)가 포함되었다.

상호 관용의 규범은 이어 제도적 자제를 강화했다. 19세기 말 비공식적인 모임과 협상의 문화가 정치의 모든 영역으로 스며들면서 합리적인 견제와 균형 시스템이 기능하기 시작했다. 이러한 변화는 외부인의 눈에도 뚜렷하게 드러났다. 영국 학자 제임스 브라이스James Bryce는 《미국 연방The American Commonwealth》이라는 제목의 두 권짜리 역작에서 미국의 정치 시스템을 돌아가게 만드는 것은 헌법이 아니라, 그것의 "활용usage", 즉 성문화되지 않은 규범이라고 지적했다.[26]

민주주의 규범의 정착

20세기로 접어들 무렵에 상호 관용과 제도적 자제 규범은 제대로 자리를 잡았다. 이 두 규범은 미국 사회의 튼튼한 견제와 균형 시스템의 기반을 이뤘다. 헌법 체계가 우리의 기대대로 움직이기 위해서는 행정부, 입법부, 사법부가 절묘한 균형을 유지해야 한다. 입법부와 사법부는 필요한 시점에 대통령의 권력을 견제해야 한다. 그 둘은 민주주의의 감시견이다. 다른 한편 입법부와 사법부는 행정부가 제대로 기능할 수 있도록 협조해야 한다. 바로 이 지점에서 자제의 규범이 등장한다. 대통령제 기반의 민주주의가 성공하기 위해서는 대통령을 견제할 수 있는 강력한 권력기관이 그들에게 주어진 힘을 최대한 발휘해서는 안 된다.

자제의 규범이 무너질 때 권력 균형도 무너진다. 정당 간 혐오가 헌법정신을 지키려는 정치인들의 의지를 압도할 때 견제와 균형 시스템은 두 가지 형태로 무너지게 된다. 가장 먼저 야당이 입법부와 사법부를 장악하면서 권력이 분열되었을 때 헌법적 강경 태도가 위험 요인이 된다. 이러한 국면에서 야당은 그들의 제도적 특권을 최대한 휘두른다. 그들은 정부의 돈줄을 죄고, 대통령의 사법부 임명을 전면 거부하고, 심지어 대통령 탄핵까지 모의한다. 이럴 때 입법부와 사법부는 대통령을 견제하는 감시견이 아니라 투견이 된다.

다음으로 여당이 입법부와 사법부를 장악함으로써 권력이 집중될 때

어떻게 민주주의는 무너지는가

강경 태도가 아니라 규범의 포기가 위험 요인이 된다. 정당 간 적개심이 상호 관용의 규범을 압도할 때 의회를 장악한 여당은 헌법적 의무보다 대통령의 권력 강화에 집중한다. 그들은 야당의 승리를 막기 위해 감시견의 역할을 저버리고, 대통령의 탄압적이고 불법적인 전제 행위를 묵인한다. 아르헨티나 페론 시절의 순종적인 의회, 혹은 베네수엘라 차비스타 정권의 대법원처럼 입법부와 사법부가 감시견에서 애완견으로 전락할 때 독재를 향한 문이 활짝 열린다.

그렇기 때문에 견제와 균형 시스템이 유지되기 위해서는 권력기관이 그들에게 주어진 제도적 특권을 신중하게 사용해야 한다. 행정부 관료와 의회 지도자, 그리고 대법관은 막대한 권한을 부여받았기 때문에 아무런 제약 없이 힘을 행사할 때 민주주의는 위험에 빠진다. 이러한 권한 중 여섯 가지를 살펴보자. 우선 행정명령, 사면권, 대법관 임명권 세 가지는 대통령에게 주어져 있다. 그리고 필리버스터, 상원의 조언과 동의, 대통령 탄핵은 입법부의 권한이다. 헌법이 이러한 권한의 한계를 구체적으로 규정하든지, 아니면 그저 허용하고 있든지 간에 권력기관이 이러한 권한을 무기로 사용할 때 의회는 마비되고 정부는 기능을 멈춘다. 그리고 민주주의 제도가 무너지기 시작한다. 하지만 20세기 동안 미국 정치인들은 그러한 권한을 활용하면서 자제의 규범을 잊지 않았다.

먼저 대통령 권한부터 살펴보자. 미국 대통령은 부분적으로 헌법의 공백에 의해 최고의 권한을 지닌 권력기관이다. 대통령의 공식적인 권한을 규정하는 미국 헌법 제2조는 그 한계를 구체적으로 정의하지 않는다. 헌법은 행정명령이나 대통령령을 통해 일방적으로 움직일 수 있는 대통령 권한에 대해 실질적으로 침묵하고 있다.[27] 더군다나 미국 대통령 권한은 20세기에 전쟁과 경기 침체 등 국가의 긴급 사태를 겪는 과정에서 더욱 커졌다. 미국 행정부는 법률, 관리, 예산, 정보, 전쟁의 차원에서 막강한 힘을 확보했고,[28] 유명하게도 역사가 아서 슐레진저가 언급한 '제왕적 대통령제Imperial Presidency'가 등장했다. 전후 미국 대통령들은 세계에서 가장 강력한 군사력을 장악했다. 또한 글로벌 권력 경쟁과 복잡한 산업 경제로 보다 강력한 행정부 권한을 요구하는 목소리가 높아졌다. 21세기 초 미국 행정부는 막대한 자원을 확보하고 있었다. 법학자 브루스 애커먼Bruce Ackerman은 미국 대통령의 막대한 권한을 '헌법적 공성 망치constitutional battering ram'라 불렀다.[29]

행정부 힘이 막강할 때 대통령은 입법부와 사법부를 무시하고 권력을 휘두를 수 있다. 행정부의 정책이 추진되지 못할 때 대통령은 행정명령이나 선포, 지시, 행정협정, 혹은 대통령 각서 등 의회를 우회하여 법안을 실행에 옮길 방법을 모색한다.[30] 헌법은 이를 막고 있지 않다.

링컨이 인신보호법과 관련해 대법원의 결정을 거부했던 것처럼 대통령은 법원의 판단을 존중하지 않거나, 혹은 사면권을 행사함으로써 사법부도 우회할 수 있다.[31] 알렉산더 해밀턴은 《페더럴리스트 페이퍼》 74편에서 사면권 범위가 너무나 방대하기 때문에 "신중하고 꼼꼼하게 행사함이 마땅하다"고 지적했다.[32] 그러나 신중함과 꼼꼼함을 망각한 대통령의 손에서 사면권은 행정부가 사법부의 견제를 막기 위한 목적으로 활용될 위험이 있다. 심지어 대통령은 스스로를 사면할 수도 있다. 이러한 행위는 아무리 합법적이라 해도 사법부의 독립성을 심각하게 침해하는 것이다.

헌법이 그러한 권한을 보장하고 있거나 혹은 소극적으로 허용하는 경우라고 해도, 일방적인 행동이 얼마든지 가능하다는 점에서 대통령의 자제는 아무리 강조해도 지나치지 않다. 이러한 측면에서 조지 워싱턴은 훌륭한 선례를 남겼다. 워싱턴은 대통령으로서 자신의 행동이 향후 행정부 권한 범위에 상당한 영향력을 미칠 것임을 잘 알고 있었다. 그는 이렇게 말했다. "나는 아무도 가지 않은 길을 걸어가고 있다. 나의 많은 행동이 선례로 남을 것이다."[33] 많은 이들이 새로운 형태의 군주제로 변질될 것을 우려했던 공화국의 대통령 자리에 처음으로 오른 정치인으로서, 워싱턴은 헌법 조항을 완성하고 규범과 관습을 정착시키기 위해 많은 노력을 기울였다. 그는 자신에게 주어진 권한을 유지하기 위해 노력하면서 동시에 입법부의 고유 영역을 침범하지 않도록 주의를 기울였다.[34] 워싱턴은 오로지 위헌 여지가 있는 법안에 대해서만 거부권을 행사했다.[35] 8년의 임기 동안에 그가 거부권을 행사한 것은 두 차례에 불과했다. 그는 이렇게 썼다. "비록 내 생각과 많이 달랐지만, 입법부에 대한 존경의 차원에서 여러 법안에 서명했다."[36] 또한 자칫 의회 권한에 대한 침해로 보일 수 있는 행정명령을 최대한 자제했다.[37]

워싱턴은 평생에 걸쳐 "권력을 기꺼이 내려놓음으로써 권력을 얻는다"는 진리를 깨달았다.[38] 대통령 권력이 막강했던 상황에서 워싱턴의 이러한 태도는 미국의 초창기 민주주의 제도에 자제의 규범을 불어넣었다. 역사가 고든 우드는 이렇게 지적했다. "새로운 공화국을 굳건한 기반 위에 세운 단 한 사람을 꼽으라면, 그는 단연코 워싱턴이다."[39]

대통령이 자제 규범을 실천하는 흐름은 오랫동안 이어졌다. 전시와 같이 특별한 시기에 시험대에 오르기는 했어도, 자제 규범은 대단히 야심 찬 대통령들까지 제어할 만큼 충분히 강했다. 시어도어 루즈벨트의 경우를 생각해보자. 그는 윌리엄 매킨리 대통령이 암살당한 뒤 1901년에 대통령 자리에 올랐다. 루즈벨트는 대통령의 '관리자 이론stewardship theory'에 충실했다.[40] 그가 언급한 관리자 이론이란 행정부는 법이 명시적으로 금하고 있는 것 이외의 모든 행위를 할 수 있다는 개념이다. 대통령 권한에 대한 확대해석, "국민들"에게 직접 호소하는 포퓰리즘, 그리고 "끝을 모르는 열정과 야심"은 정치 평론가들은 물론 공화당 지도부까지 당황하게 만들었다.[41] 매킨리 대통령의 유능한 자문이자 루즈벨트를 부통령으로 선택하는 데 반대했던 마크 해나Mark Hanna는 이렇게 말했다고 한다. "오직 단 한 사람의 생명이 그 미친 자와 백악관을 떼어놓고 있다는 사실을 모르시겠습니까?"[42] 하지만 뜻밖에도 루즈벨트는 대통령으로서 자제 규범을 존중했다.[43] 그는 대국민 연설로 하원을 궁지에 몰아넣거나, 주요 법안을 논의하는 과정에서 하원 의원들을 공격함으로써 자신의 존재감을 과시하지 않도록 각별히 주의를 기울였다.[44] 결론적으로 시어도어 루즈벨트 대통령은 견제와 균형의 테두리 안에서 국정을 운영했다.[45]

20세기 동안 법률, 행정, 군사, 정보 분야에서 행정부 권력이 크게 강해졌지만, 미국 대통령들은 입법 및 사법부와의 관계에서 자발적으로 자제 규범에 충실했다.[46] 그리고 전시를 제외하고 행정명령에 대단히 신중을 기했다. 또한 자신의 자리를 보전하거나 단기적인 정치 이익을 위해 사면권을 남용하지도 않았다.[47] 사면권을 활용할 때에도 대부분 사법부에 자문을 구했다. 더욱 중요하게도 20세기 미국 대통령들은 링컨이나 앤드류 존슨과 같은 19세기 대통령들이 그랬던 것처럼 다른 권력기관의 존재를 무시하지 않았다. 해리 트루먼 대통령은 철강 산업의 대규모 파업 사태를 국가 비상사태로 판단하고 그 산업을 국유화하기 위해 1952년에 행정명령을 내놓았지만 연방대법원은 이에 반대했다. 그리고 트루먼 역시 그 결정을 따랐다. 아이젠하워 역시 스스로 만족하지 않았음에도 연방대법원의 판결(Brown v. Board of Education)에 대한 지지 의사를 밝혔다. 닉슨조차 연방대법원이 하원의 손을 들어주고 난 뒤, 자신의 비밀 테이프를 넘겨달라는 하원의 요구에 동의했다.

20세기에 걸쳐 미국 대통령 권한이 크게 강화되었음에도, 그들은 권력 행사에서 놀라운 자제를 보여주었다. 헌법에는 대통령 권한을 제한하는 구체적인 조항이 없었지만, 전시를 제외하고 미 행정부는 일방적인 행보를 좀처럼 드러내지 않았다.

우리는 그 똑같은 이야기를 대법원 재구성에 대해서도 할 수 있다. 일반적으로 대법원 재구성은 두 가지 방식으로 이루어진다. 가장 먼저 비협조적인 판사를 해임하고 그 자리를 측근 인사로 채우는 것이다. 다음으로 대법관 수를 늘려 그 자리를 친정부 법관으로 채우는 것이다. 이 두 방식 모두 엄밀히 말해 합법이다. 헌법은 대법관 해임을 허용하고 있으며, 또한 대법관 수를 구체적으로 정하고 있지 않다. 대통령은 연방대법원 규모를 합법적으로 조정할 수 있다. 그럼에도 미국 대통령들은 한 세기 넘게 그러한 일을 하지 않았다.

미국 역사상 대법관을 탄핵한 유일한 사례는 1804년에 있었다. 당시 공화당이 장악했던 하원은 대선 운동 기간은 물론 제퍼슨이 당선된 이후에도 그를 계속해서 비난했던 "골수 연방주의자"[48] 새뮤얼 체이스Samuel Chase 대법관의 탄핵안을 놓고 투표를 했다. 체이스의 행동을 대중선동이라고 판단한 제퍼슨은 의회의 탄핵 결정을 적극 지지했다.[49] 공화당 인사들은 대법관 탄핵을 합법으로 포장하기 위해 애를 썼지만, 사실 그 결정은 "처음부터 끝까지 정치 탄압"이었다.[50] 결국 상원이 하원의 결정을 거부함으로써 탄핵을 저지한 선례로 남았다.[51]

건국 후 100년 동안 연방대법원 규모는 당파적 정쟁의 대상이었다. 대법원 규모를 축소함으로써 대통령 당선자 제퍼슨의 임명권을 방해하고자 했던 연방주의자들을 시작으로,[52] 1800년에서 1869년 동안 미 연방대법원의 규모는 일곱 차례나 변경되었는데 매번 정치적 이유에서 그러했다. 하지만 19세기 말에 대법원 재구성은 지극히 예외적인 것으로 여겨졌다. 1893년 미래의 대통령 우드로 윌슨은 미국 정치체제를 다룬 자신의 책에서 "그처럼 무도한 행위는 헌법 정신에 대한 침해"라고 주장했다.[53] 전 대통령 벤저민 해리슨 역시 그와 비슷한 시기에 대법원 확장이 "정치인에게 대단히 유혹적인 방법"이면서 동시에 "파괴적이며, 특히 미국이라고 하는 헌법 연합에 치명적인 피해를 입힌다"고 지적했다.[54] 그리고 1920년에 영국 기자 H. W. 호윌H. W. Horwill은 미국의 비공식적 규범에 대해 이렇게 설명했다. "막강한 권한을 지닌 대통령과 의회가 어떤 시도를 하던 간에 연방대법원을 정당정치의 노리개로 삼지 못하도록 하기에 충분히 강력하다."[55]

그러나 프랭클린 루즈벨트 대통령은 1937년 대법원 재구성을 시도함으로써 이러한 규범을 위반했다. 헌법학자 리 엡스타인Lee Epstein과 제프리 시걸Jeffrey Segal은 루즈벨트의 그러한 행동을 "보기 드문 오만함"이라고 비판했다.[56] 그러나 루즈벨트 대통령의 대법원 재구성에 대한 저항 역시 보기 드문 것이었다. 당시 루즈벨트의 인기는 대단히 높았다. 그는 압도적인 차이로 재선에 성공했고, 그의 민주당 인사들은 양원에서 다수를 차지하고 있었다. 미국 대통령 중 그처럼 강력한 정치 우위를 누린 경우는 찾아보기 힘들 것이다. 그럼에도 루즈벨트의 대법원 재구성은 전면적인 반대에 부딪혔다. 우선 언론이 가차 없는 비판을 쏟아내기 시작했다. 〈샌프란시스코 크로니클San Francisco Chronicle〉은 그 시도를 "연방대법원에 대한 명백한 전쟁 선포"라고 표현했다.[57] 의회 또한 즉각 반발했다. 공화당은 물론이거니와 민주당에서도 많은 의원이 반대했다. 미주리 상원 의원 제임스 리드James A. Reed는 루즈벨트의 대법원 재구성 시도를 "사실상 독재를 향한 한 걸음"[58]이라고 비판했다. 조지아 주 민주당 하원 의원 에드워드 콕스Edward Cox는 그 시도가 "기본적인 법률 취지와 통치 시스템 전반을 바꿔놓을 것이며, 미국 역사상 법치주의에 대한 가장 중대한 도전"이라고 경고했다.[59] 뉴딜 정책의 충직한 지지자들조차 루즈벨트에게서 등을 돌렸다. 2주일 전 백악관에서 열린 취임 전 만찬에서 엘리노어 루즈벨트 옆자리에 앉았을 정도로 측근인 와이오밍 주 상원 의원 조지프 오마호니Joseph O'Mahoney조차 대법원 재구성에 반대했다. 그는 친구에게 보내는 편지에서 이렇게 썼다. "모든 게 엉망이 되어버린 이곳에서는 지금 지독한 마키아벨리 냄새가 진동하고 있다네!"[60]

우리는 연방대법원 역시 루즈벨트의 시도를 막는 과정에서 중요한 역할을 했다는 사실에 주목할 필요가 있다. 뉴딜 정책에 줄곧 반대해왔던 대법원은 그들의 권한을 지키기 위해 소위 말하는 "기술적 후퇴"[61]를 통해 일련의 의사결정과 기존 입장을 신속하게 바꿨다. 1937년 봄, 연방대법원은 미국노동관계법National Labor Relations Act과 루즈벨트의 사회보장법을 포함해서 여러 뉴딜 관련 법안을 정부에 유리한 쪽으로 판결내렸다. 대법원이 보다 확실한 법률 기반을 통해 뉴딜 프로그램을 지지하면서, 민주당 진보 인사들은 대통령의 대법원 재구성 계획을 실질적으로 막을 수 있었다. 결국 그 제안은 1937년 7월, 상원에서 사라졌다. 미국 사법부는 인기와 권력이 절정을 이루었던 루즈벨트의 제안을 반대했고, 그리고 실제로 막아냈다. 이후 미국의 어느 대통령도 대법원 재구성에 도전하지 않았다.

자제 규범은 의회에서도 유효했다. 우선 미국 상원의 경우를 보자. 다수의 위력으로부터 소수를 보호하는 목적을 지닌 상원(건국자들이 하원을 대표한다고 믿었던)은 애초에 진지한 검토를 하도록 설계되었다. 상원은 소수, 혹은 단 한 명이라도 다수에 맞서 법안의 통과를 늦추거나 막을 수 있도록 다양한 방안을 개발했으며, 그중 많은 부분은 불문율로 남아 있었다.[62] 1917년 이전까지 상원에는 논의를 제한하는 어떠한 규칙도 없었다.[63] 다시 말해 어떤 상원 의원도 논의 과정을 무기한으로 연장(즉, '필리버스터filibuster')할 수 있었다.

논의를 무한정 연장할 수 있는 비공식적인 특권은 견제와 균형을 위한 핵심 방안으로서, 이는 소수당을 보호함으로써 대통령의 권력 남용을 막는 기능을 했다. 하지만 이러한 불문율도 자제 규범 없이는 마비나 분쟁 상태로 빠져들 위험이 있다. 이에 대해 정치학자 도널드 매슈스Donald Matthews는 이렇게 설명했다.

〔모든 상원 의원은〕 의회 규칙에 따라 막강한 권한을 행사할 수 있다. 예를 들어 만장일치를 요구하는 사안에 계속해서 반대 의사를 피력함으로써 논의 속도를 늦출 수 있다. 그리고 소수가 필리버스터를 활용함으로써 실제로 모든 법안의 통과를 막을 수 있다.[64]

어떻게 민주주의는 무너지는가

그러나 미국 역사에서 그러한 상황은 거의 벌어지지 않았다.[65] 부분적인 이유는 강력한 규범 때문에 자신에게 주어진 정치 권한을 함부로 휘두를 수 없었기 때문이다. 매슈스가 언급했듯이 필리버스터와 같은 방안은 "잠재적 위협으로 존재한다. 그러나 놀랍게도 거의 사용된 적이 없다. 전부는 아니라고 해도 많은 경우에 호혜주의 정신은 상원 의원들이 권한을 행사하지 못하도록 막는 역할을 했다."[66]

매슈스는 1950년대 말 미국 상원에 대한 연구를 통해 '민습folkway'이라고 하는 비공식적 규범이 민주주의 제도가 제대로 작동하는 데 어떤 도움을 주는지 살펴보았다.[67] 그중 예의와 호혜주의라고 하는 두 가지 민습은 자제의 규범과 밀접한 관련이 있다. 우선 그가 말하는 예의란 동료 상원 의원을 개인적으로 공격하거나 곤란하게 만들지 않으려는 태도를 말한다.[68] 매슈스는 그 기본 목적이 "정치적 불일치가 개인 간의 감정싸움으로 번지지 않도록 막는 것"이라고 설명했다. 하지만 그건 결코 쉬운 일이 아니다. 한 상원 의원은 이렇게 언급했다. "상대의 주장이 거짓임을 뻔히 알면서도 잠자코 있기란 힘든 일이다."[69] 그럼에도 상원 의원들은 예의를 중요한 성공 요인으로 보았다. 한 상원 의원은 이렇게 설명했다. "어떤 사안에서의 적이 다른 사안에서는 동지가 될 수 있다."[70] 또 다른 상원 의원은 이렇게 말했다. 정치인으로 살아남기 위해서는 "우정과 같은 관계가 필요하다. 그런 점에서 잘 모르는 사람도 이미 친구인 셈이다."[71]

다음으로 호혜주의 규범은 협력의 문을 계속 열어놓기 위해 동료를 강하게 비난하거나 권한을 함부로 휘두르는 행동을 삼가는 것을 말한다. 매슈스는 논문에서 이렇게 주장했다. "상원 의원이 공식적인 권한을 최대로 활용하려 한다면 그것은 암묵적인 합의를 어긴 것이다. 그는 더 이상 동료의 협조를 기대하기 힘들다. 돌아오는 것은 보복뿐이다."[72] 그럴 경우 입법 활동은 차질을 빚는다. 한 상원 의원은 호혜주의에 대해 이렇게 설명했다. "여기서 중요한 것은 우정이 아니다. '당신이 인간답게 행동한다면 나도 그렇게 행동할 것이다'라는 생각이다."[73]

이들 규범의 중요성을 가장 잘 설명해주는 제도는 다름 아닌 필리버스터다.[74] 앞서 언급했듯이 상원 의원은 1917년 이전에도 필리버스터를 통해 의결 과정을 무기한 연장함으로써 모든 입법을 저지할 수 있었다. 하지만 실제로 그런 일은 거의 일어나지 않았다.[75] 상원 의원 대부분 언제나 활용할 수 있는 필리버스터를 "마지막 남은 절차적 무기"[76]로 여겼다. 한 자료에 따르면 19세기 미국에서 있었던 필리버스터는 총 23건에 불과했다.[77] 이후 20세기 초 조금씩 늘어나다가 1917년에 토론종결cloture 규칙이 등장했다.[78] 이 규칙에 따르면 상원 의원 3분의 2(현재는 5분의 3)가 찬성할 때 그대로 논의를 끝낼 수 있다. 정치학자 세라 바인더Sarah Binder 와 스티븐 스미스Steven Smith에 따르면 1880년에서 1917년 사이에 필리버스터에 참여한 의원의 수는 30명에 불과했다.[79] 필리버스터는 1960년 대 말까지만 해도 드물었다.[80] 실제로 1917년에서 1959년까지 상원 내 필리버스터는 평균적으로 의회 임기 당 한 건에 불과했다.

견제와 균형 시스템과 관련하여 입법부의 또 다른 중요한 권한은 연방 대법원 및 주요 부처 인사의 대통령 임명권에 대한 "조언과 동의"다.[81] 이 권한은 헌법에 명시되어 있지만, 실질적인 범위는 다양한 해석과 논의에 열려 있다. 이론적으로 상원은 대통령이 측근 인사를 내각이나 대법원에 임명하는 것을 저지할 수 있다. 헌법은 의회의 이러한 권한을 보장하지만, 현실적으로 행정부 기능을 방해할 가능성이 크다. 실제로 상원은 이러한 특권을 함부로 쓰지 않았다.[82] 부분적인 이유는 대통령이 행정부를 구성하고 연방대법원 대법관을 임명하도록 허용하는 상원 내 규범 때문이다. 1800년에서 2005년 동안 상원이 행정부 각료 임명을 막았던 것은 총 아홉 건에 불과했다.[83] 1925년에 상원이 캘빈 쿨리지 대통령의 법무장관 임명에 반대했을 때 쿨리지는 상원이 "대통령이 행정부를 꾸리도록 허용한, 3세대에 걸쳐 온전히 내려온 관습"[84]을 깨트렸다고 맹비난했다.

상원은 연방대법원 판사 임명을 거부할 수 있는 권한을 줄곧 신중히 유보해왔다. 1795년 워싱턴 대통령도 임명 반대에 부딪혔지만, 당시 상원은 이러한 권한의 활용에서 역사적으로 그 어느 때보다 신중함을 보였다. 1880년에서 1980년의 100년 동안 대법관 임명의 90퍼센트 이상이 동의를 얻었으며,[85] 글로버 클리블랜드, 허버트 후버, 리처드 닉슨만이 상원의 거부를 당했다. 상원 의원들은 자질이 뛰어난 후보자의 경우 이념적으로 거리가 있을 때조차 기꺼이 동의를 표했다.[86] 1986년 레이건이 임명한 극보수주의자 앤터닌 스캘리아Antonin Scalia는 민주당이 필리버스터에 필요한 수(47)보다 많은 의석을 확보하고 있었음에도 98 대 0으로 승인을 받았다.[87]

임명자에 대한 승인 여부를 떠나서 상원은 대법관을 임명하는 대통령의 최고 권한을 오랫동안 존중해왔다. 1866년에서 2016년까지 150년 동안 상원은 대통령이 연방대법원 공석을 채우기 위한 임명을 한 번도 가로막지 않았다. 그중 74건은 차기 대선을 앞두고 대통령이 대법원 공석을 메우고자 했던 경우였다.[88] 그리고 74건 모두(비록 모두가 첫 번째 시도에서 통과된 것은 아니었지만) 최종적으로 동의를 얻었다.

마지막으로 헌법이 입법부에 보장하는 가장 폭발적인 권한은 대통령 탄핵권이다. 이미 100년 전에 영국 학자 제임스 브라이스는 이렇게 말했다. 이 권한은 "의회 무기고 안에서 가장 파괴적인 무기다."[89] 그리고 이렇게 덧붙였다 "너무도 파괴적이기 때문에 일반 상황에는 적합하지 않다." 헌법학자 키스 휘팅턴은 대통령 탄핵 권한을 섣불리 사용할 때 "선출된 지도자의 힘을 약화하고 선거 결과를 뒤집으려는 당파적 도구"[90]로 전락할 위험이 있다고 지적했다.

앞서 살펴보았듯이 바로 그런 위험이 2012년 파라과이에서 벌어진 이틀간의 '급조한' 페르난도 루고 대통령 탄핵과 1997년 '정신적 무능력'이라는 의심스러운 근거로 밀어붙인 에콰도르 압달라 부카람 탄핵에서 실현되었다. 두 사례 모두에서 탄핵은 정치적 무기로 활용되었다. 의회 지도부는 그들에게 주어진 가장 파괴적인 무기를 휘둘러 마음에 들지 않는 대통령을 내쫓아버렸다.

이론적으로 미국 대통령들 역시 루고나 부카람과 똑같은 운명을 맞을 수 있었다. 실제로 미국에서 탄핵에 대한 법률 장벽은 아주 낮다.[91] 헌법은 하원의 과반수 찬성만을 요구한다. 탄핵의 최종 결정을 위해 상원 3분의 2의 동의가 필요하기는 하지만, 상원의 동의가 이루어지지 않는다고 해도 탄핵 시도는 국가적 재앙이다. 앤드류 존슨 대통령이 1868년에 그랬던 것처럼 탄핵 시도는 대통령을 정치적으로 무력한 존재로 만들어버린다.

그러나 파라과이나 에콰도르 사례와는 달리 미국에서 탄핵은 오랫동안 자제 규범에 의해 통제를 받았다. 헌법학자 마크 터쉬넷은 자제 규범을 이렇게 설명한다. "하원은 탄핵을 무리하게 밀어붙여서는 안 된다.

(…) 공직자를 끌어내릴 수 있는 가능성이 상당히 높지 않은 한"[92] 탄핵 결정은 상원의 3분의 2 동의를 요구하기 때문에 성공을 거두기 위해서는 양당의 협력이 필요하다. 1868년 존슨 이후로 대통령 탄핵을 위한 의회의 시도는 그로부터 100년이 흐른 닉슨 스캔들이 일어났을 때까지 없었다.

미국 민주주의의 위기와 극복

미국의 견제와 균형 시스템은 20세기에 효과적으로 작동했다. 그것은 상호 관용과 자제의 규범이 그 시스템을 탄탄히 뒷받침했기 때문이다. 그렇다고 해서 미국 민주주의가 20세기 내내 스포츠맨 정신이 지배하는 황금시대를 유지했다는 말은 아니다. 미국의 민주주의 규범은 수차례 도전과 위기를 맞았다. 세 가지 사례를 살펴보자.

첫 번째는 이미 다루었던 것으로, 대공황과 제2차 세계대전을 거치면서 루즈벨트 행정부 권력이 전례 없이 비대해졌던 시절을 말한다. 루즈벨트는 대법원 재구성을 넘어서 일방적인 행보를 고집함으로써 전통적인 견제와 균형 시스템에 심각한 위해를 가했다. 그는 임기 동안에 행정 명령을 총 3000번이나 활용했다.[93] 이는 연간 평균 300건 이상으로 당시로서, 혹은 이후로도 비교 대상을 찾을 수 없다. 세 번째(그리고 이후로 네 번째) 임기에 도전하겠다는 그의 야망은 대통령 임기를 두 번으로 제한하는, 150년 된 역사 규범을 파괴해버렸다.[94]

그럼에도 루즈벨트는 독재로까지 넘어가지는 않았다. 여기에는 여러 이유가 있겠지만, 그중 하나로 양당이 협력해서 대통령의 월권에 저항했다는 사실을 꼽을 수 있다. 대법원 재구성 계획은 양당의 반대에 직면했다. 그리고 루즈벨트가 성문화되지 않은 두 번의 임기 제한을 어겼지만, 그럼에도 유서 깊은 규범에 대한 정치권의 지지는 여전히 강력했다. 루즈벨트가 사망한 지 채 2년이 지나지 않은 1947년에 의회는 양당의 합의를 바탕으로 수정헌법 22조를 통과시켰다. 이로써 대통령 임기 제한은 마침내 헌법 조항으로 성문화되었다. 미국의 민주주의 가드레일은 루즈벨트 임기 동안 시험대에 올랐지만 결국 살아남았다.

다음으로 미국 민주주의 제도에 대한 두 번째 심각한 위협은 매카시즘 McCarthyism의 등장이었다. 1950년대 초 매카시즘은 상호 관용 규범을 위협했다. 공산주의 세력이 성장하면서, 특히 1940년대 말 소련이 핵을 보유한 초강대국으로 떠오르면서 미국 사회는 불안감에 휩싸였다. 이러한 상황에서 정치인들은 당파적 목적을 위해 반공주의를 감정적인 측면에서 활용하기 시작했다. 그들은 정치 경쟁자를 공산주의자로 몰거나 이에 동조하는 인물로 낙인을 찍는 방식으로 유권자의 표를 빼앗았다.

반공주의는 1946년에서 1954년에 걸쳐 당파 정치 깊숙이 스며들었다. 냉전이 시작되면서 국가 안보에 대한 관심이 고조되었고, 20년 가까이 권력의 주변부에 머물렀던 공화당은 이러한 상황에서 새로운 선거 전략을 모색했다.[95]

마침내 위스콘신 상원 의원이었던 조지프 매카시가 그 탈출구를 찾았다. 1947년 처음으로 상원 의원에 당선된 매카시는 1950년 2월 9일 웨스트버지니아 휠링에서 열린 오하이오 카운티 공화당 여성클럽 행사에서 한 악명 높은 연설로 전국 무대에 존재감을 드러냈다.[96] 그 자리에서 매카시는 미국 정치인들 중 공산주의를 추종하는 '배신자'가 있다고 호언장담하면서, 어록에 남을 말들을 마구 쏟아냈다. "저는 국무장관도 알고 있는, 그럼에도 여전히 국가 정책을 이끌어나가는 그러한 인사 205명의 명단을 갖고 있습니다."[97] 매카시의 주장은 즉각적인 반발을 불러왔다. 언론은 거친 반응을 보였다. 그러나 관심을 갈망하는 대중선동가 매카시는 똑같은 이야기를 계속했고, 그 과정에서 그는 자신이 정치 금광을 발견했다는 사실을 깨닫게 되었다. 민주당 인사들은 분노했다. 온건한 공화당 인사들은 깜짝 놀랐지만, 전반적인 보수 진영은 잠재적인 정치 이득을 기대하며 매카시를 응원했다.[98] 공화당 상원 의원 로버트 태프트Robert Taft는 매카시에게 이러한 메시지를 전했다. "계속해서 이야기하세요"[99] 그리고 사흘 후 매카시는 트루먼 대통령에게 이렇게 서한을 보냈다. "국무장관 딘 애치슨Dean Acheson에게 전화를 걸어서 그가 아직도 해고하지 못한 공산주의자가 몇 명이나 더 남았는지 물어보시길 바랍니다. (…) 공산주의자를 몰아내지 못한다면 민주당은 국제적인 공산주의 협력자라는 꼬리표를 달게 될 것입니다."[100]

공산주의자로 낙인찍는 것은 1950년대 초 공화당 정치인들 사이에서 보편적인 전술로 자리 잡았다. 리처드 닉슨 역시 1950년 상원 선거에서 이 전술을 활용했다. 그는 민주당 경쟁자 헬렌 가하간Helen Gahagan을 "공산주의 노선을 추구하는 핑크레이디Pink Lady"[101]라 비난했다. 플로리다에서 공화당 후보 조지 스매서스George Smathers는 선거운동 과정에서 현직 상원 의원 클로드 페퍼Claude Pepper를 악의적으로 "레드 페퍼Red Pepper"라고 불렀다.[102]

1952년 대선에서 매카시의 악랄한 반공주의 전술이 민주당을 물리칠 효과적인 도구임이 분명해졌다. 매카시는 미국 전역의 선거 유세장에 모습을 드러냈다. 매카시와 상반된 감정을 가진 공화당 온건파 대선 후보

드와이트 아이젠하워조차 그가 만들어내는 정치 열기에 편승했다. 매카시는 민주당 후보 아들라이 스티븐슨Adlai Stevenson을 끊임없이 배신자로 몰았다. 그리고 그의 이름을 소련 스파이로 의심받고 있던 앨저 히스Alger Hiss와 고의적으로 잘못 발음하기까지 했다.[103] 아이젠하워는 처음에 매카시와 함께 무대에 오르는 것을 꺼렸지만, 공화당 전국위원회가 고집하면서 두 사람은 선거 한 달을 앞두고 위스콘신에서 함께 유세를 펼쳤다.[104]

상호 관용에 대한 매카시즘의 파괴 활동은 1952년에 절정을 이루었다. 그러나 아이젠하워가 백악관에 입성하면서 매카시 전술에 대한 공화당 지도부의 관심은 시들해졌다. 게다가 매카시가 아이젠하워 행정부, 그리고 특히 미 육군까지 공격하면서 많은 비난을 받았다. 최고의 전환점은 1954년 생방송으로 중계된 육군-매카시Army-McCarthy 청문회였다. 여기서 매카시는 육군참모총장의 수석 고문인 조지프 웰치Joseph Welch에게 일격을 당했다. 웰치는 매카시의 근거 없는 비난에 이렇게 물었다. "도대체 품위라는 걸 모르십니까? 결국 모두 포기하기로 한 겁니까?" 이후 매카시의 인기는 추락했고, 6개월 후 상원은 그에 대한 불신임을 결의했다. 이는 그의 정치 생명이 끝났음을 알리는 신호였다.

매카시의 추락은 공산주의 비난 전술에 대한 신뢰를 떨어뜨렸고, 대신 '매카시즘'이라는 경멸적인 표현을 낳았다. 1954년 이후로 매카시즘 전술을 노골적으로 활용한 공화당 인사는 거의 없었고, 또한 이를 활용한 이들은 강하게 비난받았다. 언제나 실용주의 노선을 고집했던 닉슨도 매카시즘과 관련된 표현을 다시 한 번 검토했다.[105] 한 전기 작가에 따르면 부통령 시절 닉슨은 1956년 아이젠하워 재선 운동 기간에 "민주당의 애국심을 인정하기 위해 최선을 다했다."[106] 물론 존 버치 협회John Birch

어떻게 민주주의는 무너지는가

Society와 같은 극우 반공 단체들이 "매카시즘의 명맥"을 이어받았지만, 이들 세력은 공화당 주류를 차지하지 못했다.[107] 이처럼 상호 관용의 규범은 20세기 말까지 양당정치의 중심에 온전한 형태로 남아 있었다.

미국 민주주의 제도에 대한 세 번째 위협은 닉슨 행정부의 전제주의 행보였다. 1950년대에 닉슨은 상호 규범을 완전하게 받아들이지 않았고, 독재를 향한 움직임까지 공식적으로 드러냈다. 그는 야당과 언론을 적으로 규정했고,[108] 그와 그의 비서실은 무정부주의자나 공산주의자와 같은 국내 적들이 국가와 헌법 질서를 위협하고 있다고 주장하며 행정부의 불법 활동을 정당화했다.[109] 1971년 백악관 비서실장 H. R. 홀드먼H. R. Haldeman에게 브루킹스 연구소Brookings Institution 침투 계획을 지시하는 과정에서(결국 실행에 옮기지는 못했지만) 닉슨은 이렇게 말했다. "우리는 지금 적의 음모에 맞서고 있습니다. 수단과 방법을 가릴 처지가 아닙니다. (…) 알고 있습니까?"[110] 마찬가지로 워터게이트 공범인 G. 고든 리디G. Gordon Liddy는 1972년 민주당 전국위원회 본부에 침입한 그들의 불법행위를 정당화하기 위해 이렇게 변명했다. 백악관은 "외부는 물론 내부의 적과 전쟁을 벌이고 있습니다."[111]

닉슨 행정부는 기자와 반정부 인사, 민주당 전국위원회, 그리고 에드워드 케네디Edward Kennedy 상원 의원과 같은 주요 민주당 인사에 대한 광범위한 도청과 감시를 시작으로 점차 민주주의 규범과 멀어졌다.[112] 1970년 11월 닉슨은 홀드먼 비서실장에게 "적과 맞서 싸우기 위한 정보 프로그램" 개발을 위해 정권에 반대하는 인사 목록을 작성하라는 메모를 전했다. 그 목록에는 "수십 명의 민주당 인사"를 비롯하여 수백 명에 달하는 인물들이 포함되었다.[113] 또한 닉슨 행정부는 국세청을 정치 무기로 활용하여 민주당 전국위원회 의장 래리 오브라이언과 같은 핵심 야당 인사들에 대한 세무 감사를 벌였다.[114] 하지만 가장 주목할 만한 시도는 1972년 대선의 민주당 후보에 대한 공격으로, 이는 결국 실패로 끝났던 워터게이트 사건의 시발점이었다.

널리 알려졌듯이 민주주의 제도에 대한 닉슨 행정부의 불법적 파괴 활동은 거대한 반발에 직면했다.[115] 1973년 2월 상원은 대통령 선거 활동에 대한 특별위원회Select Committee on Presidential Campaign Activities를 설치했다. 그리고 노스캐롤라이나 민주당 상원 의원 샘 어빈Sam Ervin이 그 의장을 맡았다. 어빈이 이끄는 특별위원회는 양당의 합의에 따른 것으로서, 부의장인 테네시 주 공화당 의원 하워드 베이커Howard Baker는 위원회 설립의 취지를 "투명하게 진실을 밝혀내기 위한 양당의 노력"이라고 설명했다.[116] 위원회가 활동을 시작하면서 열 명 이상의 공화당 상원 의원들이 민주당 의원과 손을 잡고 독립적인 특검을 요구했다.[117] 그리고 5월에 아치볼드 콕스Archibald Cox가 특검을 맡았다. 수사의 칼날은 1973년 중반에 닉슨을 향해 다가가고 있었다. 이후 상원 청문회에서 대통령과 관련된 백악관 비밀 테이프의 존재가 거론되었다. 콕스는 닉슨에게 테이프 공개를 요구했고, 양당 지도부 역시 힘을 보탰다.[118] 그러나 닉슨은 완강하게 저항했다. 테이프를 넘겨달라는 요청을 묵살하면서 콕스를 해임했다. 그러나 이미 때는 늦었다.

콕스 해임은 닉슨 대통령 사임에 대한 여론을 불러일으켰다. 뉴저지 하원 의원 피터 로디노Peter Rodino가 의장을 맡은 하원 사법위원회는 탄핵을 위한 절차를 시작했다. 1974년 7월 24일 연방대법원은 닉슨이 그 테이프를 넘겨야 한다는 판결을 내놓았다. 그 무렵 로디노는 사법위원회가 탄핵을 추진하기에 필요한 표를 공화당 내에서 이미 확보한 상태였다.[119] 닉슨은 상원의 승인을 막기 위한 34표를 공화당에서 끌어모을 수 있을 것이라는 희망의 끈을 놓지 않았지만, 공화당 상원 의원들은 배리 골드워터Barry Goldwater를 통해 닉슨에게 탄핵이 불가피하다는 사실을 전했다.[120] 닉슨이 골드워터에게 탄핵에 반대하는 표가 얼마나 남았는지 물었을 때 그는 이렇게 대답했다고 한다. "많아야 열 표입니다. 아마도 그보다 더 적을 것입니다."[121] 이틀 후 닉슨은 사임했다. 미국 의회와 법원은 양당의 협력에 힘을 얻어 대통령의 권한 남용을 저지할 수 있었다.

차별로 유지된 민주주의의 종착점

미국 민주주의 제도는 20세기를 거치는 동안 여러 차례 위협을 받았다. 그러나 매번 위기를 슬기롭게 극복했다. 민주주의 가드레일은 온전히 유지되었고 양당정치인, 때로는 사회 전반이 민주주의를 침해하는 시도에 저항했다. 그 결과 치열한 정쟁에도 불구하고 미국 사회는 1930년대 유럽, 그리고 1960년대와 70년대에 남미의 민주주의가 빠져들고 말았던 '죽음의 소용돌이'를 피할 수 있었다.

그러나 이제 우리는 경고의 목소리에 귀 기울여야 한다. 미국 정치 시스템을 떠받치는 규범은 사실 인종차별에 의존해왔다. 재건 시대부터 1980년대에 이르기까지 미국 사회의 평화는 그 원죄에 뿌리를 두고 있었다. 다시 말해 1877년 타협과 이후로 이어진 남부 지역의 반민주화 흐름, 그리고 흑인 차별법인 짐 크로 법을 근간으로 삼았다. 인종차별은 20세기 미국 정치의 특성을 규정했던 정당의 협력과 태도에 직접적인 영향을 미쳤다. '전통적인 남부'는 민주당 내에서 강력한 보수주의 세력으로 떠올랐고, 시민권에 반대함으로써 공화당과 협력을 가능하게 만드는 역할을 했다. 남부 민주당 인사와 보수주의 공화당 인사 사이의 이념적 친밀도는 정치 양극화를 완화해주었고, 양당 협력을 가능하게 만들어주었다. 하지만 동시에 이는 정치적 논의 테이블에서 흑인 시민권을 치워버리고, 미국 사회를 전면적인 비민주화로 흘러가게 내버려두는 중대한 사회적 희생을 요구했다.[122]

미국 민주주의 규범은 차별에 근간을 두었다. 정치 공동체가 대부분 백인의 영역으로 제한되었던 동안 민주당과 공화당에는 뚜렷한 공통점이 존재했다. 정당은 서로의 존재를 위협으로 바라보지 않았다. 그러나 제2차 세계대전이 끝나고 시작된, 그리고 1964년 시민권법과 1965년 선거권법을 통해 가속화된 미국 사회의 인종 포섭의 과정은 마침내 미국을 완전한 민주주의 사회로 바꾸어놓았다. 그러나 이러한 민주화 흐름은 미국 사회를 양극화시켰고, 재건 시대 이후로 이어져 내려온 상호 관용과 자제의 규범에 최고의 도전 과제를 안겨다주었다.[123]

7장

규범의 해체가 부른
정치적 비극

2016년 2월 13일 토요일 오후 샌안토니오 신문은 앤터닌 스캘리아 판사가 텍사스 사냥 여행 중 잠을 자다가 사망했다는 소식을 전했다. 이 소식은 소셜 미디어를 통해 급속도로 퍼졌다. 그리고 몇 분 후 전 공화당 기자이자 보수주의 법률 잡지 〈더 페더럴리스트The Federalist〉의 설립자는 이런 트위터 메시지를 띄웠다. "스캘리아가 정말로 세상을 떠났다면 상원은 2016년 동안 모든 대법관 임명을 거부하고 차기 대통령을 기다려야 할 것이다."[1] 그 직후 공화당 상원 의원 마크 리Mike Lee의 공보 담당은 트위터에 이렇게 썼다. "0보다 적은 것은? 그건 오바마가 스캘리아 공석에 대법관을 성공적으로 임명할 가능성이다."[2] 그날 저녁에 상원 다수당 지도자 미치 매코널은 스캘리아의 유족에 애도문을 전하면서, 동시에 이렇게 의중을 밝혔다. "새로운 대통령이 들어올 때까지는 그의 빈자리를 채워서는 안 될 것이다."

2016년 3월 16일 버락 오바마 대통령은 스캘리아의 공석에 메릭 갈런드Merrick Garland를 임명했다. 당시 갈런드가 자격 있는 대법관 후보라는 사실을 의심하는 사람은 아무도 없었다. 게다가 그는 이념 측면에서 완벽하게 중도적인 인물이었다. 그러나 미국 역사상 처음으로 상원은 대통령의 대법관 임명안을 고려하는 것조차 거부했다.[3] 앞서 살펴보았듯이 미국 상원은 대법원 판사 임명에 대해 조언과 동의를 할 때 항상 자제의 규범을 실천해왔다. 실제로 1866년 이후로 상원은 차기 대통령을 선출하는 선거를 앞두고 연방대법원 공석을 메우기 위해 후보를 지명할 때마다 항상 대통령의 권한을 존중해왔다.[4]

그러나 2016년은 달랐다. 상원 내 공화당 의원들은 역사적 선례와 재빨리 작별 인사를 고하며 대법관을 임명할 수 있는 대통령 권한을 부정했다. 그것은 규범을 허물어뜨리는 충격적인 사건이었다. 그리고 1년이 흘러 공화당 대선 후보가 백악관에 입성했을 때 상원 내 공화당 의원들은 소원을 풀었다. 그들은 보수주의 대법관 닐 고서치Neil Gorsuch 임명안에 즉각 동의했다. 공화당은 연방대법원 공석을 훔치는 방식으로 기본적인 민주주의 규범을 짓밟았던 것이다.

미국 정치 시스템의 현실과 미국인들이 오랫동안 간직해온 이상의 간극이 크게 벌어지면서, 미국 민주주의 제도를 떠받치는 전통이 서서히 허물어지기 시작했다. 연성 가드레일이 휘청이면서 미국 사회는 점차 반민주적인 정치 지도자의 등장에 취약한 상태가 되었다.

지속적인 규범 파괴자인 도널드 트럼프는 미국 민주주의 규범을 공격한 것으로 널리(그리고 정확하게) 비판을 받았다. 하지만 이 문제는 트럼프에서 시작된 것이 아니다. 미국의 민주주의 규범은 이미 수십 년 전부터 침식되기 시작했다. 트럼프가 에스컬레이터를 타고 내려와서 대선 출마를 선언하기 오래전부터 말이다.

규범 파괴, 불법만 아니면 괜찮다?

1978년 조지아 주 북서부 하원 선거에서, 젊은 시절의 뉴트 깅리치Newt Gingrich는 애틀랜타 외곽에서 세 번째 출마를 했다. 진보주의 공화당 후보로 두 번의 실패를 맛본 후 깅리치는 보수주의 후보로 변신해서 마침내 승리를 거두었다. 이로써 그는 130년 동안 공화당이 넘보지 못했던 지역을 차지했다. 학자처럼 안경을 쓴 모습(실제로 그는 역사학 교수였다), 유쾌한 연설, 그리고 더벅머리와 덥수룩한 구레나룻은 향후 미국의 정치판을 뒤흔들 그의 무자비한 경력과는 확연한 대조를 이룬다. 1978년 6월 깅리치는 애틀랜타 공항 인근 홀리데이인 호텔에서 공화당을 지지하는 대학생 모임에 참석했다. 거기서 깅리치는 예전보다 더 노골적이고 냉정한 비전을 제시함으로써 학생들의 이목을 사로잡았다. 그는 청중의 욕망을 간파했다. 그리고 이들 젊은 공화당 지지자에게 "캠프파이어에서나 멋지게 들릴, 그러나 정치판에서는 통하지 않을 보이스카우트 용어들"을 이제 그만 집어치우라고 말했다.[5] 깅리치의 연설은 이렇게 계속되었다.

여러분은 지금 '전쟁을 하고 있습니다. 권력을 향한 전쟁을 말이죠.' (…) 공화당은 신중하고, 분별 있고, 조심스럽고, 온건하고, 나약한 또 다른 세대의 가짜 리더를 원하지 않습니다. (…) 우리에게 정말로 필요한 리더는 기꺼이 난타전에 뛰어들 인물입니다. (…) 정치 지도자의 목표는 무엇입니까? (…) 그건 과반을 차지하는 것입니다.

1979년 깅리치가 워싱턴에 입성했을 때 정치를 전쟁으로 바라보는 그의 세계관은 공화당 지도부와 조화를 이루지 못했다. 하원 소수당 원내대표이자 의회 휴가 때면 자신의 민주당 동료 댄 로스텐코우스키Dan Rostenkowski와 함께 고향인 일리노이로 차를 타고 가곤 했던 온화한 정치인 밥 미첼Bob Michel은 예의와 양당 협력이라고 하는 전통적인 규범에 충실한 인물이었다.[6] 그러나 깅리치는 그를 지나치게 '부드럽다'며 비판했다. 깅리치는 공화당이 다수를 차지하기 위해서는 보다 강경한 태도를 취해야 한다고 주장했다.[7]

소규모로 시작해서 점점 커진 지지자들의 후원을 등에 업은 깅리치는 전투적인 자세를 공화당에 불어넣기 위해 일을 꾸몄다.[8] 그는 새롭게 각광받는 언론 매체인 C-SPAN(Cable-Satellite Public Affairs Network, 미국 케이블 텔레비전 네트워크로 정책 및 정치 관련 사안을 집중적으로 다룬다-옮긴이)을 기반으로 과감한 표현을 의도적으로 남발하면서 "형용사를 마치 무기처럼 사용했다."[9] 가령 하원에 대해 이야기하면서 "썩은" 혹은 "병든" 같은 표현을 사용했다. 또한 민주당 경쟁자들의 애국심에 의문을 표했다.[10] 심지어 그들을 무솔리니에 비유하면서 "미국을 망치려 들고 있다"고 비난했다.[11] 전 조지아 민주당 대표 스티브 앤서니Steve Anthony는 이렇게 증언했다. "깅리치 입에서 나온 것들은 (…) 양측 어느 쪽에서도 지금까지 들어본 적이 없는 말이었다. 깅리치의 표현은 너무도 충격적이라 야당은 이후로 몇 년 동안 이렇다 할 반응을 내놓지 못했다."[12]

깅리치와 그 측근들은 새로운 정치행동위원회GOPAC를 기반으로 이러한 전술을 공화당 전반에 확산시키고자 했다. 특히 정치행동위원회는 교육용 오디오테이프를 매월 2000개 넘게 제작하고 배포함으로써 깅리치

어떻게 민주주의는 무너지는가

의 '공화당 혁명Republican Revolution'에 새로운 회원을 끌어들이고자 노력했다. 킹리치의 전 공보 비서 토니 브랭클리Tony Blankley는 오디오테이프를 활용한 킹리치의 전술을 이란에서 아야톨라 호메이니Ayatollah Khomeini가 최고 권력을 차지하기 위해 활용한 전술에 비유했다.[13] 1990년대 초 킹리치와 그의 팀은 공화당 후보자들에게 메모를 전했다.[14] 거기에는 '한심한, 병든, 기괴한, 배신하는, 애국심 없는, 가정을 버리는, 반역하는' 등 부정적인 형용사를 동원하여 민주당 인사를 비난하라는 지시가 담겨 있었다. 이러한 시도는 미국 정치판의 격변을 알리는 신호탄이었다.

킹리치는 1989년 소수당 원내총무, 그리고 1995년 하원 의장을 거치면서 공화당 지도부에 합류했지만, 강경한 표현은 변함없이 사용했다. 그리고 당과 거리를 두기보다, 오히려 당을 자신의 쪽으로 끌어당겼다. 킹리치가 하원 의장이 되었을 때 그는 새로운 세대의 공화당 의원들, 특히 1994년 선거에서 하원에 입성한 인물들이 선망하는 롤모델이었다. 1994년 선거에서 대승을 거두면서, 공화당은 40년 만에 처음으로 하원 다수당 지위를 확보하게 되었다. 마찬가지로 상원 역시 "킹리치 인사"[15]들이 포진하면서 크게 달라졌다. 공화당의 이념적 고집, 타협에 대한 반감, 그리고 행정부 활동을 방해하려는 강한 의지는 의회의 전통적 '민습'의 종말을 앞당겼다.

당시에는 분명하게 드러나지 않았지만, 킹리치와 그 측근들은 대중, 특히 공화당 지지자들 사이에서 커지는 불만의 목소리에서 비롯된 정치 양극화의 새로운 물결을 바라보고 있었다. 물론 킹리치가 이러한 양극화를 창조한 것은 아니지만, 그는 여론의 변화에 따른 양극화를 일찍이 활용한 공화당 인사였다. 그리고 킹리치의 리더십은 '전쟁으로서의 정치'를 공화당의 우선 전략으로 삼는 데 기여했다. 민주당 하원 의원 바니 프랭크Barney Frank는 깅리치에 대해 이렇게 말했다.

그는 미국 정치를 서로 뜻이 달라도 상대의 선의를 믿는 정치에서, 뜻이 다른 이들을 악하고 비도덕적인 존재로 바라보는 정치로 바꾸어놓았다. 말하자면 그는 성공한 매카시주의자다.[16]

공화당의 새로운 강경 태도는 빌 클린턴 대통령 시절에 더욱 뚜렷하게 드러났다. 클린턴이 취임한 지 4개월이 지난 1993년 4월에 상원 다수당 원내 대표 로버트 돌Robert Dole은 클린턴이 대선에서 압도적 차이로 이기지 못했기 때문에 새 대통령에게 존중의 의미로 주어지는 전통적인 허니문 기간은 없을 것이라고 전망했다.[17] 또한 클린턴이 제시한 160억 달러 규모의 일자리 프로그램을 저지하기 위해 필리버스터를 지휘했다. 1980년대와 1990년대 초를 거치면서 빈도수가 크게 증가했던 필리버스터는[18] 클린턴 임기 첫 2년 동안 한 전직 상원 의원의 표현대로 "재앙적인"[19] 수준에 이르렀다. 1970년대 이전만 해도 상원에서 논의 과정을 끝내기 위한 토론종결(필리버스터 횟수를 파악할 수 있는 객관적인 지표)의 연간 횟수는 일곱 번을 넘긴 적이 없었다.[20] 그러나 1993년에서 1994년 동안 필리버스터는 무려 80회에 이르렀다. 또한 상원 내 공화당 의원들은 여러 건의 애매모호한 스캔들 수사를 공격적으로 밀어붙였다. 가장 대표적인 사례는 1980년대 아칸소에서 클린턴의 토지 거래에 대한 수사였다(소위 '화이트워터' 수사라 불렸던). 그리고 이러한 흐름의 최고봉은 1994년에 케네스 스타Kenneth Starr를 특별 검사로 임명한 것이었다. 이는 클린턴 임기 내내 행정

어떻게 민주주의는 무너지는가

부에 먹구름을 드리웠다.

하지만 전쟁으로서 정치가 본격적으로 시작된 것은 공화당이 1994년 선거에서 압승을 거두고부터다. 하원 의장이 된 깅리치는 '타협 불가'를 당의 방침으로 정했다. 이는 이념적 순수성을 당의 기반으로 삼겠다는 신호로서 '필요한 모든 수단을 동원하여' 승리를 추구하고 자제의 규범을 전면적으로 거부하겠다는 의미였다. 그 일환으로 하원 내 공화당 의원들은 예산 심의에서 타협을 거부했고,[21] 이러한 태도는 결국 1995년 5일 동안의 연방정부 셧다운, 그리고 1996년 21일 동안의 셧다운 사태를 촉발했다. 위험천만한 정국이 벌어졌다. 이처럼 자제의 규범이 사라질 때 견제와 균형 대신에 정체와 마비가 들어선다.

1990년대 헌법적 강경 태도의 정점은 클린턴의 탄핵을 위한 1998년 12월 하원 투표였다. 미국 역사상 두 번째 대통령 탄핵 시도는 오랫동안 이어져 내려온 미국의 민주주의 규범을 허물어뜨렸다. 아무런 진척 없는 화이트워터 조사를 시작으로 궁극적으로 불륜과 관련된 클린턴 대통령 증언에 초점을 맞춘 수사는 중대범죄와 경범죄에 해당하는 탄핵 요건에 부합하는 증거를 하나도 발견하지 못했다. 헌법학자 키스 휘팅턴은 공화당이 오로지 "절차적 차원에서" 클린턴을 탄핵하려고 했다고 지적했다.[22] 또한 하원 내 공화당 인사들은 양당의 협력 없이 탄핵을 밀어붙였고, 이 말은 곧 상원에서 가결이 나지 않을 것임을 의미하는 것이었다(실제로 클린턴 대통령 탄핵안은 1999년 2월 상원에서 부결되었다). 의회 전문가 토마스 만Thomas Mann과 노먼 오른스타인Norman Ornstein의 설명에 따르자면 공화당 하원 의원들은 미국 역사상 전례 없이 탄핵을 정치화했고,[23] 이를 "당파 전쟁의 또 다른 무기로" 격하시켜버렸다.[24]

뉴트 깅리치는 처음부터 상호 관용과 자제의 규범을 공격하는 데 앞장 섰지만, 정작 미국 정치가 전쟁으로 추락한 것은 그가 의회를 떠난 1999 년이었다. 깅리치는 데니스 해스터트Dennis Hastert로부터 하원 의장 자 리를 넘겨받았지만, 실세는 여전히 하원 다수당 원내대표 톰 딜레이Tom Delay가 쥐고 있었다. '해머Hammer'라는 별명의 딜레이는 깅리치와 함께 무자비한 당파 공격을 추구했다. 그리고 공화당의 K 스트리트 프로젝트 K Street Project를 통해 이러한 면모를 보여주었다.[25] 이 프로젝트는 공화당 사람들을 로비업체에 집어넣고, 공화당 인사를 지지함으로써 성공적으 로 입법 활동을 마무리한 성과에 따라 로비스트에게 보상을 하는 방안이 었다. 공화당 하원 의원 크리스 셰이스Chris Shays는 딜레이의 철학을 다음 과 같이 간략하게 요약했다. "불법만 아니면 뭐든 괜찮다."[26] 그리고 딜레 이의 이러한 태도는 규범의 침식을 가속화했다. 한 기자는 딜레이에 대해 이렇게 말했다. "그는 상대 정당을 견제하는 보이지 않는 울타리를 끊임 없이 뚫고 들어가려 했다."[27] 딜레이는 이전부터 계속되었던 규범 파괴의 흐름을 21세기로 가지고 온 인물이다.

분열을 사랑하는 사람들

2000년 12월 14일 저녁, 치열한 논쟁이 대선 후까지 이어진 끝에 결국 앨 고어가 조지 W. 부시에게 패배를 인정했다. 그리고 부시는 텍사스 하 원 건물에서 대국민 연설을 했다. 텍사스 주 민주당 하원 의장의 소개로 연단에 올라선 부시는 자신이 직접 텍사스 하원을 연설 장소로 선택했다 고 밝혔다.

어떻게 민주주의는 무너지는가

그 이유는 이곳이 양당 협력의 고향이기 때문입니다. 여기서 민주당이 다수를 차지했고, 또한 공화당과 민주당이 협력해서 우리를 지지하는 국민을 위해 올바른 일을 했습니다. 제가 이 홀에서 목격했던 협력의 정신은 바로 워싱턴이 필요로 하는 것입니다.[28]

그러나 그 정신은 끝내 실현되지 못했다. 부시는 '분열이 아닌 통합'을 위한 대통령이 되겠다고 약속했지만, 당파 간 전쟁은 그의 임기 8년 동안에 더욱 심화되었다. 부시의 취임에 앞서 딜레이는 그 대통령 당선자에게 현실을 직시하라는 조언을 전했다. "민주당과 협력하는 일은 절대 없을 것입니다. 통합이나 분열의 지도자라는 말도 이제 아무 의미 없습니다."[29]

부시 대통령은 칼 로브Karl Rove 고문의 조언에 따라 초당적 협력을 포기하고 전적으로 우측 행보를 이어나갔다.[30] 로브는 유권자 집단이 극단적으로 양극화된 상황에서는 공화당이 유동층을 포기하고 지지자 집단에 집중해야 승리할 수 있다고 주장한 인물이다. 하원 내 민주당 의원들 역시 마찬가지로 9.11 테러와 아프가니스탄 및 이라크 군사작전을 제외하고 초당적 협력을 거부하면서 방해 일변도로 나아갔다. 또한 해리 리드Harry Reid를 비롯한 민주당 상원 지도부도 원내 규칙을 최대한 활용하여 공화당의 입법 시도를 막거나 연기시켰다.[31] 그리고 선례를 저버리고 필리버스터를 통해 부시 행정부의 법안을 계속해서 막았다.

동시에 상원 내 민주당 인사들은 조언과 동의에서도 자제의 규범에서 점차 멀어졌다.[32] 이들은 직접적으로 반대하거나, 혹은 청문회를 열지 않는 방식으로 부시 대통령의 대법관 임명을 전례 없이 강력하게 저지했다.

연방대법원 대법관을 임명할 수 있는 대통령 권한에 대한 존경의 규범이 사라졌다. 〈뉴욕 타임스〉 기사는 민주당 참모진의 말을 인용했다. 상원은 "이제 기본적인 규칙을 바꿔야 한다. (…) 전문적, 학술적 소양을 갖췄다는 이유만으로 어떤 인물을 무조건 승인해야 할 의무는 없다."[33] 2002년 공화당이 다시 상원을 장악한 이후로도 민주당은 필리버스터를 끈질기게 활용하여 여러 건의 대법관 임명안을 부결했다.[34] 공화당 의원들은 분노했다. 보수 진영 칼럼니스트 찰스 크라우트해머Charles Krauthammer는 이렇게 주장했다. "대법관 임명에 대해 필리버스터를 하지 않는 것은 상원의 위대한 전통이자 관습, 그리고 불문율이다."[35] 부시 임기 마지막으로 열린 110번째 하원 회기에서 필리버스터는 139회로 기록을 갱신했다.[36] 이는 클린턴 임기보다 거의 두 배 많은 수치다.

민주당이 대통령의 행보를 막기 위해 자제의 규범을 저버렸다면 공화당은 그들의 대통령을 지키기 위해 그 규범을 외면했다. 소수당이 법안에 관한 의견을 개진하고, 수정의 기회를 보장하기 위해 마련된 하원 내 비공식적 관습인 '정규 절차regular order'는 대부분 찾아볼 수 없었다.[37] 법안 수정을 사전에 차단하는 '폐쇄 규칙closed rule'을 적용한 사례도 크게 늘었다.[38] 정치 평론가 토머스 만과 노먼 오른스타인은 이렇게 설명한다. "하원의 유서 깊은 규범은 (…) 대통령의 정책 추진이라는 더 큰 목적을 달성하기 위해 희생되었다."[39] 공화당이 대통령을 감시해야 하는 역할을 사실상 포기하면서, 행정부에 대한 입법부의 견제 능력은 크게 위축되고 말았다. 클린턴이 후원자를 모으기 위해 백악관 크리스마스카드 발송 목록을 사용했다는 의혹을 밝혀내기 위해 하원이 140시간의 법정 증언을 조사했던 반면,[40] 부시 대통령 취임 후 6년 동안 백악관 인사에 대해 소환장을 발부한 적은 한 차례도 없었다. 하원은 또한 이라크 전쟁에 대한 감시도 포기했다. 다만 아부그라이브 교도소에서 자행된 고문 등 명백한 권한 남용 사례에 대해서만 형식적인 수사를 벌였을 뿐이다. 감시견에서 애완견으로 전락한 미국 의회는 그 제도적 의무를 저버리고 말았다.[41]

규범 파괴는 주 차원에서도 뚜렷하게 드러났다. 가장 악명 높은 사례로 2003년 텍사스 주에서 있었던 선거구 조정 계획을 꼽을 수 있다. 미헌법은 동등한 수의 인구를 유지하도록 선거구를 수정할 수 있는 권한을 주 의회에 주고 있다. 하지만 선거구 조정은 10년에 한 번씩 실시되는 인구조사 발표 이후에 실행해야 한다는 유서 깊은, 그리고 광범위하게 존중받는 규범이 존재했다.[42] 그런데 이 규범에는 현실적인 문제가 있다. 사람들은 계속 이사를 하기 때문에 10년 단위의 방식은 인구 이동에 대한 추적을 오랜 기간 부정확한 상태로 내버려두게 된다. 하지만 10년의 중간에 선거구 조정을 하지 못하도록 금지하는 법적 장애물이 없음에도, 그러한 사례는 대단히 드물었다.

2003년에 하원 다수당 원내 대표 톰 딜레이가 이끄는 텍사스 공화당은 전통적인 주기에서 벗어난 선거구 조정을 했다.[43] 그들 스스로도 인정했듯이 오로지 당파적 이익을 위한 것이었다. 그 무렵 텍사스 유권자 집단에서 공화당 지지자 비중이 점차 커지는 상황이었지만, 주 하원의 3분의 2에 해당하는 17석은 민주당 차지였고, 그중 많은 부분은 탄탄한 지역 기반을 확보하고 있었다. 공화당 지도부는 이를 심각한 문제로 인식했다. 그 이유는 당시 공화당이 하원에서 근소한 차이로(229 대 204) 다수당 지위를 확보하고 있었기 때문이다. 2004년 선거에서 민주당이 공화당 의석 13곳을 빼앗아 간다면 하원 다수당 지위를 다시 내주어야 할 판이었다.

그랬기 때문에 공화당은 소수의 의석에도 신중을 기했다.

딜레이가 이끄는 텍사스 공화당 하원은 아프리카계와 라틴계 유권자를 소수의 민주당 선거구로 몰아넣는 반면, 공화당 유권자를 백인 민주당 의원이 있는 선거구로 몰아넣음으로써 민주당을 패배시키기 위한 선거구 조정 계획을 세웠다.[44] 그들이 만든 새로운 선거구 지도는 그중에서도 특히 여섯 명의 민주당 하원 의원의 당선을 위태롭게 만들었다.[45] 공화당의 선거구 조정안은 전적으로 헌법적 강경 태도였다. 한 평론가는 이렇게 지적했다. "법의 허용치를 최대한 활용한 공화당의 당파적 계략이었다."[46]

텍사스의 선거구 조정안을 통과시키기 위해서는 과감한 조치가 필요했다. 텍사스 하원은 법안 표결을 위해 전체 의원의 3분의 2 출석을 요구하고 있었다. 그리고 민주당은 그 요건을 무력화할 충분한 의석을 확보한 상태였다. 2003년 5월 선거구 조정안이 올라왔을 때 민주당은 전례 없이 놀라운 방법으로 대응했다. 텍사스 민주당 하원 의원 47명이 버스를 타고 오클라호마 아드모어로 향한 것이다. 그리고 법안이 폐기될 때까지 거기서 나흘을 머물렀다.[47]

이후 릭 페리Rick Perry 텍사스 주지사는 6월 하원 특별 회의를 소집했다. 당시 민주당 의원들은 오랜 여행의 피로로 새로운 대책을 마련할 여력이 없었고, 결국 선거구 조정안은 특별 회의에서 통과되었다. 다음으로 그 법안은 주 상원으로 넘어갔다. 민주당 의원들은 하원 동료와 마찬가지로 승인을 저지하기 위해 비행기를 타고 뉴멕시코 앨버커키로 날아갔다. 그리고 존 휘트마이어John Whitmire(나중에 '퀴트마이어Quitmire'라는 별명을 갖게 된) 의원이 포기하고 오스틴으로 돌아올 때까지, 그들은 한 달간 거기에 머물렀다. 마침내 선거구 조정안이 통과되었을 때 딜레이는 조정 과정을 감시한다는 명목으로 곧장 달려와서 보다 급진적인 형태의 선거구 조정에 관여했다.[48] 공화당 조 바턴Joe Barton 하원 의원 보좌관은 이메일에서 이렇게 밝혔다. "여태까지 본 것 중 가장 공격적인 지도였습니다. 앞으로 공화당은 민심의 흐름과 상관없이 하원을 장악하게 될 겁니다."[49] 이 선거구 조정 계획은 완벽에 가까운 성과를 보여주었다. 2004년 선거에서 총 여섯 곳의 텍사스 의석이 민주당에서 공화당으로 넘어갔고, 이로써 공화당은 안전하게 하원을 장악했다.

부시 대통령 임기에 자제 규범은 물론 상호 관용 규범도 위기를 맞았다. 9.11 테러로 반이슬람 정서가 일어났을 때 부시 대통령은 민주당 인사들의 애국심을 의심하지 않았다. 하지만 폭스 뉴스의 정치 평론가를 비롯하여 인기 있는 라디오 토크쇼 진행자들은 여론에 편승해서 민주당 사람들의 애국심 부족을 지적했다. 2006년 패트릭 레이히Patrick Leahy 민주당 상원 의원이 부시 행정부 때 이뤄진 고문 행위와 관련하여 연방대법원 대법관 임명자 새뮤얼 얼리토Samuel Alito를 추궁했던 것을 문제 삼아, 정치 평론가 러시 림보Rush Limbaugh는 "알카에다를 위해서 무기를 들었다"며 레이히를 비난했다.[50] 그 밖에 많은 평론가들 역시 민주당 인사들이 알카에다와 관련이 있다는 의혹을 제기하기 시작했다.

2000년 초 당파적 적대감을 드러낸 대표적인 인물로 평론가 앤 콜터 Ann Coulter를 꼽을 수 있다. 콜터는 여러 권의 베스트셀러를 통해 매카시의 어조로 진보 진영과 민주당 인사를 무차별 공격했다. 다음의 제목만 봐도 그녀의 메시지를 쉽게 짐작할 수 있다.《중상모략Slander》(2002),《반역Treason》(2003),《신이 사라진 세상Godless》(2006),《유죄Guilty》(2009),《악령Demonic》(2011),《미국이여, 안녕!Adios, America!》(2015). 특히 이라크 침공 무렵에 출판된 《반역》에서 콜터는 조지프 매카시를 두둔하면서 그의 전술을 칭송했다.[51] 그리고 반미주의가 "[진보 진영의] 세계관 전반에 깔려 있다"고 주장하면서, 진보 진영이 냉전 기간에 걸쳐 "50년 동안 배신" 행위를 저질렀다고 비난했다.[52] 《반역》을 홍보하는 글에서 콜터는 이렇게 주장했다. "지금 이곳에 수백만 명의 용의자들이 살고 있다. (…) 그들은 다름 아닌 민주당 사람들이다."[53] 콜터의 책은 13주 동안 〈뉴욕 타임스〉 베스트셀러에 올랐다.

2008년 대선 때는 당파적 적대감이 절정에 달했었다. 미국 최고의 시청률을 자랑하는 케이블 뉴스 채널인 폭스 뉴스를 비롯한 우파 언론 생태계 전반은 민주당 대선 후보 버락 오바마를 마르크시스트이자 반미주의자, 그리고 정체를 숨긴 이슬람이라고 주장했다.[54] 심지어 1970년대 초 극좌 테러 단체인 '웨더 언더그라운드Weather Underground'에서 활동한 시카고의 빌 에어스Bill Ayers 교수와 같은 '테러리스트'와 오바마의 관계를 거론하기까지 했다(1995년 오바마가 일리노이 상원 선거에 출마했을 때 에어스는 오바바를 위한 모임을 주최한 적이 있다). 폭스 뉴스 프로그램 해니티 앤 콤스 Hannity & Colmes는 2008년 선거운동 기간에 에어스와 관련된 다양한 에피소드를 61차례나 언급했다.[55]

하지만 2008년 선거운동 과정에서 특히 문제가 되었던 것은 우파 언론의 과격한 표현을 공화당 주요 인사들이 그대로 받아들였다는 사실이다. 가령 톰 딜레이는 이렇게 주장했다. "내 말이 틀렸다는 것을 입증하지 못한다면 오바마는 틀림없는 마르크스주의자다."[56] 또한 아이오와 공화당 하원 의원 스티브 킹Steve King은 오바마를 '반미주의자'라고 불렀으며, 그가 미국을 '전제주의 체제'로 몰아가고 있다고 경고했다.[57] 물론 공화당 대통령 후보 존 매케인은 자신이 직접 과격한 표현을 사용하지는 않았지만, 그가 러닝메이트로 선택한 세라 페일린Sarah Palin은 빌 에어스 이야기를 언급하며 오바마가 "테러리스트들과 어울려 지냈다"는 의혹을 제기했다.[58] 페일린은 전국 선거 유세장을 돌며 공화당 지지자들에게 오바마가 "미국 내 테러리스트들의 거실에서 정치 경력을 시작했다!"고 주장했다.[59] 그리고는 이렇게 덧붙였다. "그는 여러분이나 저와는 전혀 다른 눈으로 미국을 바라봅니다. (…) 우리나라를 목표물로 삼았던 국내 테러리스트들과 협력할 정도로 미국을 결함 있는 나라로 생각하는 것은 아닌지 걱정스럽습니다." 페일린이 연설장에서 인종차별적인 발언을 서슴없이 내뱉는 동안 관중석에서는 "배신!", "테러리스트!", "죽여라!"라는 외침이 터져나왔다.[60]

오바마의 등장과 가속화된 규범 파괴

2008년 버락 오바마의 대선 승리는 미국 사회가 다시 문명화된 선거 시스템으로 돌아갈 수 있다는 희망의 불씨를 살렸다. 선거일 저녁, 시카고에서 가족과 함께 연단에 섰던 오바마는 여유로운 표정으로 미국의 발전에 기여한 매케인의 영웅적 활약에 찬사를 보낸다고 말했다. 이에 앞서 매케인은 피닉스 애리조나에서 승복 연설을 했다. 여기서 그는 오바마가 미국을 사랑하는 훌륭한 인물이라고 말하며 그에게 '축복'을 빌었다. 이러한 모습은 선거 후 화해에 대한 교과서적 사례다. 그러나 피닉스에서는 모든 게 순조롭게 끝난 것은 아니었다. 매케인이 오바마를 언급했을 때 군중 속에서 큰 야유가 일었고, 애리조나 상원 의원들이 나서서 사람들을 진정시켜야 했다. 그 자리에 참석했던 많은 이들은 멀찍이 떨어져 아무 말없이 서 있던 세라 페일린을 보았다. 그날 저녁 무대는 매케인을 위한 것이었음에도, 공화당이 새로운 대통령과의 "차이를 극복해야 한다"는 그의 이야기는 군중에게는 전혀 어울리지 않는 말처럼 들렸다.

오바마 대통령의 임기는 관용과 협력의 새로운 시대가 아니라 극단주의와 정쟁의 시대로 흘렀다. 극단적인 보수 진영의 저자와 라디오 및 TV 평론가, 블로거들은 오바마의 대통령으로서의 정당성에 의문을 제기했고, 이러한 움직임은 삽시간에 광범위한 정치 운동으로 이어졌다. 특히 티파티Tea Party는 오바마 취임 후 몇 주 만에 조직적인 활동을 시작했다. 티파티의 원래 목적이 행정부 권력에 대한 제어, 세금 인하, 의료보험 개혁 반대 등 보수주의 이념에 기반을 둔 것이었음에도, 이번에 그들의 공세는 오바마에게 집중되었다.[61] 티파티는 매케인의 요청처럼 차이를 극복하기는커녕 오바마의 대통령 출마 자격마저 문제 삼기 시작했다.

티파티 운동은 두 가지 측면에서 기존 규범과 거리가 멀었다. 첫째, 그들은 오바마 대통령이 민주주의에 위협을 가했다고 주장했다. 오바마가 당선되고 며칠 후 조지아 주 하원 의원 폴 브룬Paul Broun은 나치 독일이나 소련에 견줄 만한 공산주의 물결이 밀려오고 있다고 경고했다.[62] 나중에 브룬은 트위터를 통해 이렇게 말했다. "대통령 귀하. 당신이 믿는 것은 헌법이 아니라 사회주의다."[63] 아이오와 티파티 활동가이자 나중에 상원 의원으로 당선된 조니 에른스트Joni Ernst는 오바마 대통령이 "독재자가 되었다"고 외쳤다.[64]

둘째, 티파티 운동가들은 버락 오바마가 '진정한 미국인'이 아니라고 주장했다. 2008년 선거 유세 과정에서 세라 페일린은 자신의 지지자를(기독교 백인이 압도적으로 많은) '진정한 미국인'이라고 설명했다. 반면 그녀의

어떻게 민주주의는 무너지는가

지지자들은 오바마가 미국을 사랑하지 않고, 미국적 가치를 공유하지 않는다고 끊임없이 주장했다.[65] 실제로 진정한 미국인이라는 표현은 티파티의 오바마 반대 운동에서 핵심 개념이었다. 티파티 활동가이자 라디오 진행자인 로리 로스Laurie Roth는 이렇게 이야기했다.

이번에 미국 사회는 지미 카터나 빌 클린턴의 경우처럼 좌로 이동한 것이 아니다. 이번 대선은 세계관의 충돌이었다. 우리는 지금 백악관에서 세계관이 충돌하는 장면을 목격하고 있다. 오바마는 자신이 세속주의 이슬람이라는 사실을 감추고 있지만, 그럼에도 그가 이슬람인이라는 것은 명백한 사실이다. 그는 절대 기독교인이 아니다. 우리가 지금 백악관에서 보고 있는 인물은 미국인 행세를 하는 공산주의자다.[66]

티파티 지지자들은 어마어마한 양의 이메일을 통해 서로 소문과 비판을 퍼 날랐다. 거기에는 오바마 대통령이 CNN 진행자 파리드 자카리아Fareed Zakaria가 쓴 《흔들리는 세계의 축The Post-American World》을 들고 있는 모습이 찍힌 사진도 있었다. 그 사진이 담긴 이메일에는 이런 문구가 있었다. "이걸 보면 피가 거꾸로 솟을 것이다!!! 오바마가 읽고 있는 그 책은 자신의 이슬람 동료가 쓴 것이다."[67]

이처럼 극단적인 표현은 티파티 운동가들만의 것은 아니었다. 공화당 인사들 역시 오바마 대통령의 '미국 국적Americanness'에 의문을 제기했다. 전 콜로라도 하원 의원 톰 탠크레도Tom Tancredo는 이렇게 주장했다. "나는 오바마가 내가 사랑하는, 그리고 우리의 건국자들이 세운 이 나라를 사랑한다고 생각하지 않는다."[68] 당시 정치 재기를 통해 2012년 공화당 대선 후보자가 되려고 했던 뉴트 깅리치는 오바마를 "최초의 반미주의 대통령"이라고 불렀다.[69] 그리고 2015년 2월 위스콘신 주지사 스콧 워커Scott Walker를 위한 후원 행사에서 뉴욕 시장 루디 줄리아니Rudy Giuliani는 오바마의 애국심에 대해 노골적인 의혹을 드러냈다. "차마 입 밖에 내기 어려운 이야기임을 알고 있지만, 그래도 저는 대통령이 미국을 사랑한다고 생각하지 않습니다."[70]

티파티가 오바마 대통령이 미국을 사랑하지 않는다는 비난에 집중했다면 '버서 운동birther movement'은 한 걸음 더 나아가 오바마의 출생에 집중함으로써 대통령으로 출마할 수 있는 법적 자격에 의문을 제기했다. 오바마가 미국인이 아니라는 주장은 2004년 상원 선거운동 기간에 처음으로 제기되었다가, 2008년 대선 기간에 다시 고개를 들었다. 공화당 정치인들은 오바마의 시민권에 대한 의혹으로 군중에게 쉽게 호응을 끌어낼 수 있다는 사실을 발견했다. 그래서 그들은 적극적으로 그 방법을 썼다. 콜로라도 하원 의원 마이크 코프먼Mike Coffman은 지지자들에게 이렇게 외쳤다. "저는 버락 오바마가 어디서 태어났는지 모릅니다. (…) 그래도 그가 미국인이 아니라는 사실만은 분명히 알고 있습니다. 그는 미국인이 아닙니다."[71] 당시 공화당 상원 및 하원 내에 오바마가 미국에서 태어났다고 믿지 않는 "버서 지지자birther enabler"는 적어도 18명 이상이었다.[72] 상원 의원 로이 블런트Roy Blunt, 제임스 인호프James Inhofe, 리처드 셸비Richard Shelby, 데이비드 비터David Vitter, 전 부통령 후보자 세라 페일린, 그리고 2012년 대선 후보자 마이크 허커비 모두 버서 운동을 지지하거나 주도했다.[73]

그중에서 가장 악명 높은 버서는 단연코 도널드 트럼프였다. 2012년 대선 출마를 고민하고 있었던 2011년 봄, 트럼프는 '투데이 쇼'에 출연하여 오바마가 미국에서 태어난 정당한 시민권자가 아니라는 '의혹'을 제기하면서 이렇게 말했다. "인력을 동원해서 이 문제를 조사하고 있습니다. 그들은 지금 믿기 어려운 진실을 발견하는 중입니다."[74] 이후 트럼프는 미국에서 가장 유명한 버서로 이름을 알렸고, TV 뉴스 프로그램에 끊임없이 출연해서 오바마가 직접 자신의 출생 신고서를 공개해야 한다고 촉구했다. 2011년 오바마는 결국 출생 관련 서류를 공개했다. 하지만 트럼프는 위조라며 물고 늘어졌다. 트럼프는 2012년 대선에서 오바마의 경쟁자로 나서지 않기로 결정했지만, 오바마의 국적에 관한 의혹을 끈질기게 제기하면서 언론의 많은 관심을 받았고, 또한 공화당 티파티 지지자들에게 사랑을 듬뿍 받았다.[75]

사실 이러한 공격은 미국 역사상 부끄러운 모습으로 계속 이어져 내려왔다. 헨리 포드, 코글린 신부, 존 버치 협회도 비슷한 공격을 했다. 하지만 오바마의 정당성에 대한 의혹 제기는 두 가지 중요한 측면에서 예전과는 다르다. 첫째, 아주 많은 사람들이 그 의혹을 믿었다. 실제로 많은 공화당 지지자들이 그 주장을 진지하게 받아들였다. 2011년 폭스 뉴스에서 실시한 설문 조사에 따르면 공화당 지지자 중 37퍼센트는 오바마가 미국에서 태어나지 않았다고 믿고 있으며, 63퍼센트는 출생에 관한 의혹을 갖고 있다고 답했다.[76] 그리고 CNN/ORC 여론조사에서는 공화당 지지자 중 43퍼센트가 오바마를 이슬람인이라고 생각하는 것으로 드러났다.[77] 또한 〈뉴스위크〉 여론조사에 따르면 공화당 지지자 대다수는 오바마 대통령이 다른 종교보다 이슬람 신도들의 이익을 더 중요시한다고 믿었다.[78]

둘째, 과거의 극단주의와는 달리 오바마에 대한 공세는 공화당 지도부로까지 이어졌다. 매카시가 활동했던 시기를 제외하고, 한 세기 넘게 미국의 두 정당 사이의 적대감은 정치권 주변부에만 머물렀다. 가령 코글린 신부나 존 버치 협회는 정당 지도부를 움직일 만한 실질적인 영향력을 갖고 있지 않았다. 하지만 이번에는 미국 전역에서 인지도 높은 정당 지도부들이 앞장서서 오바마 대통령(그리고 이후로는 힐러리)의 정당성을 노골적으로 공격했다. 2010년 세라 페일린은 공화당 지지자들을 향해 이렇게 외쳤다. "우리는 티파티 운동 정신을 최대한 이어나가야 합니다."[79] 그리고 그들은 실제로 그렇게 했다. 공화당 상원 의원, 주지사, 그리고 심지어 대선 후보까지 정치권 주변부에서 돌아다니는 극단적인 표현을 그대로 가져다 썼다. 또한 티파티 운동을 통해 오바마 행정부를 궁지로 몰아세울 수 있다고 확신한 공화당 후원자들과도 손을 잡았다. '프리덤웍스Freedom Works'나 '번영을 위한 미국인Americans for Prosperity'과 같이 풍부한 자금을 자랑하는 후원 단체를 비롯하여, 티파티 익스프레스Tea Party Express나 티파티 패트리어트Tea Party Patriots와 같은 정치활동위원회는 수십 명에 이르는 공화당 후보자를 후원했다.[80] 2010년에는 티파티 후원자의 지원을 받은 후보자들이 100명 넘게 하원 선거에 출마했고, 그중에서 40명 넘게 당선되었다.[81] 2011년 공화당 내 강경보수파 의원들의 모임인 티파티 코커스Tea Party Caucus의 회원 수는 60명에 달했고, 2012년에는 티파티를 지지하는 후보자들이 공화당 경선에 대거 도전장을 내밀었다.[82] 2016년 공화당 대선 지명은 버서인 트럼프에게 돌아갔고, 당시 전당대회장에서 공화당 지도부는 민주당 후보인 힐러리를 범죄자라고 비난하면서 "그녀를 구속하라"는 구호를 군중에게서 이끌어냈다.

어떻게 민주주의는 무너지는가

대통령 당선인 트럼프를 포함하여 공화당 주요 인사들은 수십 년 만에 처음으로 상호 관용의 규범을 완전히 저버렸다. 이러한 움직임은 이제 주류로 올라선 비주류 인사들에 의해 시작되었다. 오바마의 임기가 끝나갈 무렵, 공화당 인사들 중 상당수는 민주당 인사들이 반미주의자거나 혹은 미국 국민의 삶에 위협적인 존재라는 주장을 받아들였다. 그건 위험한 생각이었다. 이러한 극단적인 주장을 받아들인 공화당 정치인들은 자제 규범마저도 저버렸다. 테드 크루즈 상원 의원의 주장대로 버락 오바마가 정말로 "법치주의를 위협하고 있다"[83]고 믿는 사람들에게 오바마의 대법관 임명은 수단과 방법을 가리지 말고 막아내야 할 사안이었다.

　오바마 임기 동안 당파 간 적대감이 고조되면서 자제의 규범은 힘을 잃었다. 오바마가 대통령으로 당선되자마자, 케빈 매카시Kevin McCarthy, 에릭 캔터Eric Cantor, 폴 라이언 등 젊은 하원 의원들은 여러 차례 모임을 갖고 새로운 행정부에 대한 대응 전략을 세웠다.[84] 자칭 '영건Young Gun'[85]이라고 하는 이들 모임은 공화당을 '반대의 정당Party of No'으로 만들어나가기로 의지를 모았다. 그 무렵 미국 사회는 대공황 이후로 가장 극심한 경기 침체를 겪고 있었음에도 공화당 의원들은 새 행정부와 협력할 뜻을 보이지 않았다. 상원 소수당 원내대표 미치 매코널은 다음과 같은 말로 다시 한번 감정에 호소했다. "우리가 〔상원에서〕 이뤄내야 할 가장 중요한 과제는 오바마 대통령이 한 번의 임기로 내려오게 만드는 일이다."[86] 매코널 역시 이러한 전략을 받아들였다. 2009년 1월 상원에 처음 제출된 법안은 평범한 공공토지관리법Public Land Management Act으로, 이는 아홉 개 주에서 2백만 에이커에 달하는 야생 지역에 대한 초당적인 보호 조치였다. 그럼에도 공화당 의원들은 분명한 메시지를 보내려는 듯 필리버스터

에 돌입했다.[87]

이러한 행동은 이후 일반적인 것이 되었다. 상원 내 의사방해 건수는 2008년 이후로 급격하게 증가했다.[88] 일반적으로 상원 의원들이 회의 준비를 위해 최대 일주일까지 논의를 "유보"했던 것이 이제는 "무기한, 혹은 영구적인 거부"로 바뀌었다.[89] 2007년에서 2012년까지 필리버스터는 충격적이게도 385건을 기록했다.[90] 이는 제1차 세계대전부터 레이건 퇴임에 이르는 70년 동안의 필리버스터 횟수와 맞먹는 수치다. 그리고 공화당 상원은 판사 임명에 대한 인준을 당파적 도구로 계속 활용했다. 연방 순회 재판소 판사 임명에 대한 상원의 인준 비중은 1980년대에 90퍼센트를 상회했지만, 오바마 대통령 임기에는 50퍼센트를 간신히 넘기는 수준으로 크게 떨어졌다.[91]

이에 대해 민주당은 스스로 규범을 깨는 방식으로 대응했다. 2013년 11월 민주당 상원 의원들은 연방 법원(대법원은 제외) 판사를 포함하여 대부분의 대통령 임명안에 대해 필리버스터를 금하는 표결을 실시했다. 이는 극단적인 방안이라 '핵옵션nuclear option'이라는 이름으로도 알려졌다.[92] 이에 대해 공화당 상원 의원들은 민주당이 '정치권력을 노골적으로 남용'했다고 비판했다. 오바마 대통령은 필리버스터가 의사 진행을 방해하기 위한 '무모하고 잔인한 도구'로 변질되었다고 주장하면서 이렇게 덧붙였다. "오늘날 의사방해 방식은 정상적이지 않다. 건국자들은 이를 예상하지 못했을 것이다."[93]

그러나 오바마 대통령 역시 규범에서 벗어나 일방적으로 행정명령을 내렸다. 2011년 10월 오바마 대통령은 정책 목표를 달성하기 위한 자신의 주문을 처음으로 선보였다. 그는 네바다에서 가진 연설에서 이렇게 말

어떻게 민주주의는 무너지는가

했다. "계속해서 마비되어가는 의회가 다시 살아나기를 마냥 기다릴 수만은 없습니다. 의회가 움직이지 않는다면 저는 행동에 나설 것입니다."[94] 이후 오바마는 취임 전에는 아마도 상상하지 못했을 방식으로 자신의 대통령 권한을 휘두르기 시작했다.[95] 2010년 새로운 에너지 법안이 하원에서 부결되었을 때 오바마는 모든 정부 기관이 자동차 연비 기준을 높이도록 지시하는 '행정메모executive memorandum'에 서명했다.[96] 다음으로 2012년 이민법 개혁안이 하원을 통과하지 못했을 때 오바마는 16세 미만으로 학교에 다니고 있거나, 고등학교를 졸업했거나, 혹은 군복무를 마친 불법 이민자에 대한 추방을 중단하는 행정조치를 내놓았다.[97] 그리고 2015년 기후변화에 대처하기 위한 법안이 하원에서 무산되었을 때 그는 모든 연방기관을 대상으로 온실가스 배출을 줄이고 재생 가능한 에너지 사용의 비중을 높이는 행정명령을 내놓았다.[98] 또한 이란과의 핵 협정에서 상원에서 동의를 구하지 못했을 때 오바마 행정부는 이란과 '행정협정executive agreement'을 체결했다. 행정협정은 국가 간 공식 조약이 아니기 때문에 상원의 비준은 필요 없었다. 이러한 일련의 오바마의 행보는 헌법적 경계를 벗어난 것은 아니었지만, 의회가 저지한 법안을 실행에 옮김으로써 오바마 스스로 자제의 규범을 어기고 말았다.

오바마 대통령이 의회를 우회하려 들자 갈등은 더 고조되었다. 2015년 3월 공화당 상원 지도부는 공식적으로 주 정부들이 대통령의 명령을 거부하도록 부추겼다. 미치 매코널은 〈렉싱턴 헤럴드 리더Lexington Herald Leader〉 사설에서 온실가스 배출량을 줄이라는 오바마의 규제 명령을 무시하라고 주 정부들에 요청했다.[99] 이러한 시도는 실제로 연방정부의 권한을 크게 위축시켰다. 이듬해 애리조나 주 의회는 의회를 통과하지 않은 행정명령을 실행하기 위해 국가의 인력과 자원을 활용하는 것을 막는 법안을 놓고 표결을 실시했다. 이 법안은 가까스로 통과되지 않았다. 〈뉴욕타임스〉 사설은 이렇게 논평했다. "마치 1928년 존 칼훈이 '사우스캐롤라이나 해설과 항의South Carolina Exposition and Protest'에서 주장했던 분리주의처럼 들린다."[100]

오바마 임기에 벌어졌던 세 가지 극적인 사건을 통해 자제 규범이 얼마나 심각하게 파괴되었는지 확인해보도록 하자. 첫 번째는 연방정부의 채무한도를 둘러싸고 벌어진 2011년 위기였다.[101] 채무한도를 상향 조정하지 못하면 미 연방정부는 채무불이행과 국가 신용도 하락, 그리고 급격한 경기 침체와 같은 심각한 어려움을 겪을 수 있다. 그러므로 이론적인 차원에서 의회는 채무한도를 '인질'로 삼고 대통령이 그들의 요구를 수용할 때까지 상향 조정을 연기할 수 있다. 그러나 이러한 벼랑 끝 전술은 2011년까지만 해도 진지한 고려의 대상이 아니었다. 채무한도 조정은 양당의 합의 하에 오랫동안 관행처럼 진행되었다. 1960년에서 2011년까지 한도 조정은 총 78회에 걸쳐 이뤄졌고, 공화당 대통령 하에서 49회, 그리고 민주당 하에서 29회가 있었다. 물론 조정 과정에서 종종 논란이 불거졌지만, 양당 지도부는 그러한 다툼이 정치 타협의 일부라고 생각했다.[102]

그러나 티파티를 등에 업은 공화당의 새 세대 정치인들이 2011년 공화당 하원으로 대거 유입되면서 상황은 급변했다. 이들은 채무한도를 인질로 삼았을 뿐 아니라, 대규모 지출 삭감요구가 받아들여질 때까지 조정을 원천 봉쇄하기로 결정했다.[103] 즉, "시스템 전체를 허물어뜨리고자 했다."[104] 마찬가지로 티파티 후원을 받는 펜실베이니아 상원 의원 팻 투미Pat Toomey와 유타 주 마이크 리는 오바마 대통령이 그들의 요구에 동의하

　　　　　　　　　　어떻게 민주주의는 무너지는가

지 않을 경우 채무불이행 사태를 감수해야 할 것이라며 공식적으로 경고를 했다.[105] 하원 의원 제이슨 체이피츠Jason Chaffetz는 나중에 이렇게 말했다. "농담이 아니다. (…) 우리는 끝까지 갈 것이다."[106] 다행히 막판 협상으로 채무불이행 사태는 피했지만, 피해는 적지 않았다. 시장의 반응은 부정적이었다. 특히 스탠더드 앤 푸어스Standard & Poor's는 미국 신용등급을 역사상 처음으로 하향 조정했다.

두 번째는 2015년 3월에 벌어진 또 하나의 전례 없는 사건이다. 아칸소 주 상원 의원 톰 코튼Tom Cotton을 비롯한 공화당 상원 의원 46명은 오바마 대통령에게 이란 핵 프로그램을 협상할 권한이 없다는 내용을 담은, 이란 정치 지도자에게 보낼 공개서한을 작성했다. 이란과의 핵 협정에 반대하고, 정식 조약이 아닌 오바마의 행정협정 결정에 분노한 공화당 상원 의원들은 오랫동안 행정부의 고유 영역이었던 외교 협상에 끼어들었다.[107] 플로리다 주 민주당 온건파 상원 의원인 빌 넬슨Bill Nelson은 그 서한에 대해 이렇게 언급했다. "입을 다물 수가 없다. (…) 나라면 조지 부시 대통령 시절에 그런 서한에 서명했을까 생각해보게 된다. 상상조차 못할 일이다."[108] 하지만 코튼과 그의 동료들은 오바마의 권한을 위축시키기 위해 노골적인 방법을 썼다.[109]

마지막으로 규범 위반을 보여준 세 번째 사건은 2016년 오바마 대통령의 메릭 갈런드 대법관 임명을 거부했을 때다. 차기 대선을 앞두고 연방대법원 공석을 메우기 위한 대통령의 임명이 거부된 것은 재건 시대 이후로 단 한 번도 없었다.[110] 그러나 공화당의 위협적인 방해 전략은 거기서 끝나지 않았다. 2016년 대선을 앞두고 힐러리가 이길 것이라는 예측이 지배적이었을 때 테드 크루즈, 존 매케인, 리처드 버Richard Burr를 포함한 많은 공화당 상원 의원들은 앞으로 4년 동안 힐러리의 대법관 임명을 원천 봉쇄함으로써 연방대법원 대법관 수를 실질적으로 여덟 명으로 줄이겠다고 결의했다.[111] 노스캐롤라이나 상원 의원인 버는 공화당 자원봉사자들을 위한 비공식 모임에 참석해 이렇게 말했다 "만약 힐러리 클린턴이 대통령이 된다면 저는 앞으로 4년 동안 대법원 공석을 그대로 유지하기 위해 최선을 다할 것입니다."[112] 미국 헌법은 대법관 수를 구체적으로 정하고 있지 않지만, 전통적으로 아홉 명의 대법관 체제가 이어져 내려왔다. 1937년 루즈벨트 대통령의 권한 남용에 맞서기 위해 공화당과 민주당은 힘을 모아 대법원의 독립성을 옹호했다. 그러나 이러한 모습은 이제까마득한 과거가 되고 말았다. 테드 크루즈는 대법원 수를 변경한 "역사적 선례"가 있다고 주장했지만, 남북전쟁 이후로 그러한 사례는 찾아볼 수 없다.[113] 이러한 점에서 크루즈의 행동은 147년간 이어져 내려온 규범을 허물어뜨리는 것이었다.

공화당은 이러한 전술을 바탕으로 마치 반체제 집단처럼 움직였다. 오바마 임기가 끝나갈 무렵, 민주주의 연성 가드레일은 점차 흔들리고 있었다.

다른 정당 지지자와는 결혼도 안 된다

25년 전에 후보가 다른 후보를 구속시키겠다고 협박하고, 야당은 정부가 부정선거를 저질렀다거나 독재 정권을 수립했다고 비난하고, 의회 의원들은 과반을 무기 삼아 대통령 탄핵을 시도하거나 대법원 임명을 가로막는 나라가 있다는 이야기를 들었다면, 사람들은 아마도 에콰도르나 루마니아 정도를 떠올렸을 것이다. 적어도 미국을 떠올리는 사람은 하나도 없었을 것이다.

상호 관용과 자제의 규범이 허물어지는 과정 이면에는 당파적 양극화가 있었다. 비록 시작은 공화당의 급진화였지만, 지금의 양극화는 미국 정치 전반을 지배하고 있다. 연방정부 셧다운, 의회의 인질극, 10년 중반의 선거구 조정, 그리고 대통령의 대법관 임명에 대한 논의 거부는 단지 예외적인 사건이 아니다. 지난 사반세기에 걸쳐 민주당과 공화당은 경쟁 관계를 넘어서 진보 진영과 보수 진영으로 완전히 갈라졌다. 또한 각 정당의 지지자들은 인종, 종교, 지역[114]은 물론 심지어 "삶의 방식"[115]을 기준으로 뚜렷하게 나뉘었다.

놀라운 설문 조사 결과에 대해 한번 생각해보자. 1960년에 정치학자들은 미국 국민들을 대상으로 자녀가 상대 정당을 지지하는 사람과 결혼을 한다면 기분이 어떨지 물었다. 이에 대해 민주당 지지자 중 4퍼센트, 그리고 공화당 지지자들 중 5퍼센트가 "언짢을 것"이라고 답했다. 반면 2010년에 실시한 똑같은 설문 조사에서 민주당 지지자 33퍼센트, 그리고 공화당 지지자 49퍼센트가 "다소, 혹은 상당히 불쾌할 것"이라고 답했다.[116] 이제 미국에서 민주당이나 공화당을 지지한다는 말은 단지 정치 성향만이 아니라 개인의 정체성까지도 드러내는 것이 되었다.[117] 2016년 퓨재단Pew Foundation이 실시한 설문 조사에서 공화당 지지자의 49퍼센트, 그리고 민주당 지지자 55퍼센트가 상대 당에 대해 "두려움"을 느낀다고 답했다. 정치 분야에서 일하는 사람의 경우 그 비중은 더 커서, 민주당의 70퍼센트, 그리고 공화당의 62퍼센트가 상대 정당에 두려움을 느끼며 살아가고 있다고 답했다.[118]

이러한 결과는 미국 정치판에서 당파 간 적개심이 위험할 정도로 높아지고 있다는 사실을 말해준다. 이러한 현상은 1960년대부터 시작되어 오랫동안 이어진 정당 재편partisan realignment에서 비롯되었다. 20세기 대부분 미국의 양당은 다양한 유권자 집단과 넓은 정치 견해를 포괄하는 이른바 이념적 '빅텐트'를 이루고 있었다. 민주당은 진보주의 뉴딜 연합, 노동조합, 가톨릭 이민자 2세대 및 3세대, 그리고 아프리카계 미국인은 물론 남부 보수주의 백인 집단의 이해관계를 대변했다.[119] 그리고 공화당 역시 북동부 진보주의자부터 중서부 및 서부의 보수주의자에 이르기까지 다양한 집단의 이익을 대변했다. 개신교 집단은 양당에 모두 걸쳐 있었다.[120] 약간 더 높은 비중이 민주당을 지지했다. 이러한 측면에서 양당 모두 '믿음을 저버렸다'는 비난에서 자유로웠다.

이처럼 공화당과 민주당 모두 내부적으로 다양성을 보존했기 때문에 정당 간의 양극화는 지금에 비해 미미한 수준이었다. 공화당과 민주당 인사들은 세금이나 지출, 정부규제, 노동조합과 같은 사안을 둘러싸고 충돌했지만, 잠재적 위험 요인인 인종에 대해서만큼은 공통분모를 갖고 있었다.[121] 양당 모두 부분적으로 시민권을 지지했지만, 남부 지역에서 민주당의 반대, 그리고 하원위원회 시스템의 전략적 통제는 인종을 논의의 테이블에서 치워버리는 역할을 했다.[122] 이처럼 정당의 내부적 다양성은 서로 간의 갈등을 완화했다. 공화당과 민주당 인사들은 서로를 적으로 바라보지 않았고, 다양한 분야에서 공통점을 찾아냈다. 민주당과 공화당 내 진보 세력은 하원에서 시민권 보장을 위해 표를 던졌고, 반대로 민주당 남부 인사와 공화당 북부 우파 인사들은 시민권을 억압하기 위해 하원에서 '보수주의 연합'[123]을 형성했다.

1964년 시민권법과 1965년 선거권법으로 정점을 이루었던 시민권 운동은 이러한 정당 구도를 깨버렸다. 시민권 운동은 흑인에게 선거권을 부여하고 일당 지배를 종식시킴으로써 마침내 남부 지역을 민주화했을 뿐만 아니라, 동시에 지금도 이어지고 있는 정당 재편을 장기적으로 가속화했다.[124] 민주당 대통령인 린든 존슨이 받아들였고 1964년 공화당 대선 후보 배리 골드워터가 반대했던 시민권법은 민주당을 시민권을 지지하는 정당으로, 그리고 공화당을 인종차별을 옹호하는 정당으로 규정해버렸다. 이후 수십 년에 걸쳐 남부 백인 집단은 공화당으로 넘어갔다. 백인 유권자에게 호소했던 닉슨의 '남부 전략Southern Strategy'[125], 그리고 이후로 로널드 레이건의 암묵적인 인종차별 메시지는 유권자들에게 공화당은 인종차별을 옹호하는 보수주의 백인의 고향이라는 뚜렷한 이미지를 전했다. 20세기 말 전통적으로 민주당 텃밭이었던 지역이 공화당 기반으로 바뀌었다.[126] 이와 동시에 거의 100년 만에 처음으로 투표를 하게 된 남부 지역의 흑인들은 시민권 운동을 옹호한 북부의 많은 진보적인 공화당 지지자들과 마찬가지로 민주당으로 대거 몰려들었다.[127] 남부가 공화당으로 넘어갔고, 북동부는 민주당으로 넘어갔다.

1965년 이후로 시작된 정당 재편과 함께 유권자 집단 역시 이념을 기준으로 재편되었다.[128] 거의 한 세기 만에 처음으로 이념이 곧 정당의 정체성이 되었다. 즉, 전반적으로 공화당은 보수주의를, 그리고 민주당은 진보주의를 상징하게 되었다.[129] 2000년대로 접어들면서 민주당과 공화당은 더 이상 이념적 '빅텐트'가 아니었다. 민주당 내 보수주의 인사, 그리고 공화당 내 진보주의 인사가 사라졌고, 그에 따라 정당 간 공통분모도 줄어들었다. 상원과 하원 의원들 대부분 상대 당 인사보다 정당 내 동료와 훨씬 더 많은 공통점을 공유하게 되면서 정당 간 협력은 크게 위축되었다. 그리고 정당 노선에 따라 표결에 임했다. 유권자 집단과 그들이 선택한 대표가 점차 동일 '캠프'로 수렴되면서, 정당 간 이념 차이는 더욱 선명해졌다.[130]

하지만 미국 유권자를 진보적인 민주당 지지자와 보수적인 공화당 지지자로 분류하는 것만으로는 미국 사회의 특성을 드러낸 극단적인 당파 간 적대감을 이해하지 못한다. 그리고 정치 양극화 현상이 비대칭적으로 나타난 이유도 설명할 수 없다. 민주당이 왼쪽으로 이동한 거리보다 공화당이 오른쪽으로 이동한 거리가 훨씬 더 멀다. 정당이 이념을 기준으로 대립한다고 해서 정당끼리 존재적 정당성을 의심하면서 상호 관용 규범을 무너뜨리는 '공포와 혐오'의 정서가 반드시 모습을 드러내는 것은 아니다. 영국과 독일, 스웨덴에서도 유권자 집단은 이념적으로 분열되어 있다. 하지만 이들 나라 중 어느 곳에서도 미국만큼 극단적인 당파적 적개심을 찾아볼 수 없다.

정당 재편은 진보와 보수 대결을 넘어서 나타나고 있다. 정당 지지자 집단의 사회적, 민족적, 문화적 특성이 크게 바뀌면서 정당은 이제 단지 서로 다른 정책적 접근방식뿐만 아니라 서로 다른 공동체 문화와 가치를 대변하는 집단이 되었다.[131] 앞서 우리는 이러한 흐름을 촉발한 한 가지 동인을 살펴보았다. 그것은 바로 시민권 운동이었다. 그러나 미국 사회의 민족 다양성은 단지 흑인에 대한 선거권 보장에서 비롯된 것은 아니다. 미국 사회는 1960년대를 시작으로 거대한 이민의 물결을 경험했다. 남미를 시작으로 아시아로 이어진 이민자 물결은 미국의 인구통계 지도를 크게 바꾸어놓았다. 1950년만 해도 미국 전체 인구에서 유색인종이 차지하는 비중은 10퍼센트를 살짝 웃도는 수준이었다. 그러던 것이 2014년에 이르러 38퍼센트로 증가했다.[132] 미국 통계국은 2044년이면 유색인종이 미국 인구의 과반을 차지할 것으로 내다보고 있다.[133]

이민은 흑인 선거권 부여와 더불어 미국의 정당 체제를 바꾸어놓았다. 이민으로 새롭게 유입된 유권자 집단 중 많은 이들이 민주당을 지지했다. 민주당 지지자 중 유색인종 비중은 1950년대 7퍼센트에서 2012년 44퍼센트로 크게 증가했다.[134] 반대로 공화당 지지자 중 백인 비중은 2000년대 이르기까지 줄곧 90퍼센트 수준을 유지하고 있다.[135] 민주당이 점차 소수민족을 대변하는 정당으로 변모했던 반면, 공화당은 백인을 대변하는 정당으로 남았다.

또한 공화당은 개신교의 정당이 되었다. 개신교 집단은 특히 1970년대 말에 정치적 목소리를 내기 시작했다. 중요한 계기는 1973년 연방대법원의 낙태 합법화 판결(Roe v. Wade)이었다. 1980년 로널드 레이건을 시작으로 공화당은 보수주의 기독교 집단을 대변하면서 점차 개신교 친화적인 입장을 취했다.[136] 예를 들어 낙태에 반대하고, 교과 내 기도 시간을 지지하고, 이후에는 동성 결혼을 부정했다. 1960년대만 해도 주로 민주당을 지지했던 백인 개신교 집단은 서서히 공화당 쪽으로 돌아서기 시작했다.[137] 2016년을 기준으로 백인 개신교 집단의 76퍼센트가 공화당을 지지하는 것으로 나타났다. 반면 민주당 지지자들은 점차 비종교적인 성향을 드러냈다. 민주당 지지자 중에서 교회에 성실히 나가는 백인 개신교 신자들의 비중은 1960년대 50퍼센트에서 2000년대에 30퍼센트 아래로 떨어졌다.[138]

이는 대단히 놀라운 변화다. 정치학자 앨런 아브라모비츠Alan Abramowitz가 지적했듯이 1950년대에 결혼한 백인 개신교 신자는 미국 전체 유권자 집단에서 80퍼센트의 압도적 다수를 차지했다.[139] 그리고 이들은 비교적 비슷한 비중으로 민주당, 혹은 공화당을 지지했다. 그러나 2000년대에 접어들면서 결혼한 백인 개신교 신자가 전체 유권자에서 차지하는 비중은 40퍼센트 수준으로 낮아졌고, 이들 대부분 공화당을 지지했다.[140] 다시 말해 미국의 두 정당은 이제 인종과 종교를 기준으로 확연히 분열되었다.[141] 세금이나 정부 지출과 같은 일반적인 정책 사안에 비해, 인종과 종교는 더욱 극단적인 적대감을 낳는 양극화 동인이다.

더욱 거세지는 민주주의 공격

2000년대에 민주당과 공화당 지지자들, 그리고 그들을 대변하는 정치인들은 20세기 그 어느 때보다도 더 뚜렷한 분열 양상을 보였다. 그런데 규범 파괴가 대부분 공화당에 의해 이뤄진 이유는 무엇일까?[142]

가장 먼저 언론의 변화가 공화당에 더욱 강력한 영향을 미쳤다. 공화당 지지자는 민주당 지지자에 비해 당파 성향이 강한 매체에 더 많이 의존한다.[143] 가령 2010년 공화당 지지자 중 69퍼센트는 대표적인 보수 매체인 폭스 뉴스 시청자였다.[144] 그리고 러시 림보, 션 해니티, 마이클 새비지, 마크 레빈, 로라 잉그러햄Laura Ingraham 등 막말을 일삼는 유명 라디오 토크쇼 진행자들 중 진보 진영에 해당하는 인물은 거의 없다.[145]

우파 언론의 성장 또한 공화당 선출직 인사들에게 많은 영향을 미쳤다.[146] 오바마 행정부 시절에 폭스 뉴스 평론가들과 라디오 방송의 유명 우파 인사들은 한결같이 "타협 반대" 입장을 고수하면서, 정당 노선에 충실히 따르지 않는 공화당 정치인들을 거칠게 공격했다.[147] 예를 들어 캘리포니아 공화당 하원 의원 대럴 아이사Darrell Issa가 공화당도 오바마 대통령과 때로는 협력을 해야 더 많은 이익을 얻어낼 수 있다고 주장했을 때 러시 림보는 아이사에게 공개적으로 주장을 철회하고 당의 의사방해 방침에 존경심을 보이도록 강요했다.[148] 또한 전 상원 다수당 원내대표 트렌트 롯Trent Lott은 이렇게 말했다. "오른쪽 맨 끝에서 조금이라도 움직이면 보수 언론으로부터 뭇매를 맞을 것이다."[149]

자금이 풍부한 보수주의 이익단체들은 이러한 강경 입장을 더욱 강화했다.[150] 1990년대 말 그로버 노퀴스트Grover Norquist가 이끄는 '세제 개혁을 위한 미국인Americans for Tax Reform'과 '성장 클럽Club for Growth'과 같은 보수 단체가 공화당 내에서 목소리를 높이기 시작했고, 공화당 인사들이 이념적으로 보다 단호한 입장을 취하도록 요구했다.[151] 노퀴스트는 공화당 하원 의원들을 대상으로 '노택스no tax' 서약에 서명하도록 했다. 그리고 이를 통해 이들이 의사방해 입장을 철저히 고수하도록 압력을 행사했다. 2010년 선거 자금 규제 완화가 부분적인 이유로 작용하면서, '번영을 위한 미국인Americans for Prosperity'이나 '미국 에너지 연합American Energy Alliance'과 같은 외부 단체(이 중 상당수가 억만장자 코흐Koch 가문 네트워크에 속한)는 오바마 임기 내내 공화당 안에서 막강한 영향력을 행사했다.[152] 2012년 한 해만 코흐 가문은 선거 자금으로 약 3억 달러를 후원했다.[153] 코흐 네트워크를 비롯하여 이와 성격이 비슷한 다양한 단체들은 티파티와 손을 잡고 '타협'을 금기어로 여기는 새로운 세대의 공화당 인사들의 당선에 많은 기여를 했다. 이처럼 후원자와 압력단체가 권력의 핵심을 장악하면서 공화당은 극단주의 세력에 더욱 취약해지고 말았다.

그러나 공화당을 극단주의로 내몬 것은 단지 언론과 외부 이익단체만은 아니다. 사회적, 문화적 변화 역시 중요한 역할을 했다. 지난 수십 년 동안 다양성이 꾸준히 높아졌던 민주당과는 달리 공화당은 문화적 차원에서 오랫동안 동질적인 상태로 남아 있다.[154] 이는 대단히 중요한 사실이다. 공화당의 핵심 지지층인 백인 개신교 집단은 그냥 일반적인 유권자가 아니다. 그들은 200년 가까이 미국 유권자의 대다수를 차지했고 정치적, 경제적, 문화적으로 미국 사회에서 우월한 위치를 누렸다. 그러나 이제 백인 개신교 집단은 다수의 지위를 잃었고 그 규모는 계속해서 줄어들고 있다.[155] 그리고 공화당 안에만 틀어박혀 있다.

1964년 역사가 리처드 호프스태터는 '지위 불안status anxiety'이라고 하는 개념을 통해서 집단의 사회 지위, 정체성, 소속감이 위협받고 있다고 인식될 때 "미국 정치의 편집증적 성향"이 나타나고, 이는 결국 "과열되고, 상대를 지나치게 의심하고, 과도하게 공격적이고, 극단적이고, 종말론적인" 정치 접근방식으로 이어지게 된다고 주장했다.[156] 그로부터 반세기가 흘러 호프스태터의 주장은 지금의 미국 사회에 더욱 적절한 말로 들린다. 과반의 지위를 잃어버린 오늘날 미국 우파의 특성이라 할 수 있는 극단적인 적개심은 더욱더 활활 타올랐다. 설문 조사 결과는 많은 티파티 공화당 지지자들이 "급격한 사회 변화 속에서 그들이 자라난 '진정한' 미국이 사라져가고 있다"고 믿고 있다는 사실을 말해준다.[157] 사회학자 알리 혹실드Arlie Hochschild가 최근 발표한 책의 제목을 인용하자면, 그들은 스스로를 "자기 땅의 이방인들Strangers in Their Own Land"이라고 생각하고 있다.[158]

이러한 인식은 '진정한 미국인'을 진보 진영의 민주당 지지자들과 구분하는 담론이 어떻게 등장했는지 설명해준다. '진정한 미국인'을 미국 땅에 태어나서 영어를 쓰는 백인 개신교 신자로 정의할 때 '진정한 미국

어떻게 민주주의는 무너지는가

인'의 규모가 줄어들고 있다는 것은 분명한 사실이다.[159] 앤 콜터가 냉소적으로 꼬집었던 것처럼 "미국 유권자는 왼쪽으로 이동한 것이 아니라 줄어들고 있는 것이다."[160] 미국이 사라지고 있다는 많은 티파티 공화당 지지자들의 인식을 고려할 때 "미국을 되찾자Take Our Country Back" 혹은 "위대한 미국을 다시 한번Make America Great Again"과 같은 슬로건이 어떻게 큰 호응을 얻을 수 있었는지 이해할 수 있다.[161] 하지만 이러한 사회현상의 위험성은 민주당 지지자를 진정한 미국인이 아니라고 규정함으로써 상호 관용의 규범을 직접적으로 공격한다는 사실에 있다.

뉴트 깅리치에서 도널드 트럼프에 이르는 공화당 정치인들은 양극화된 사회에서 경쟁자를 적으로 바라보는 관점이 쓸모가 있으며, 정치를 전쟁으로 인식하는 입장이 많은 걸 잃어버릴지 모른다고 두려워하는 유권자의 마음을 비집고 들어갈 수 있게 해준다는 사실을 깨달았다. 상호 관용과 자제의 규범을 향해 더욱 거세지는 공격은(완전히는 아니라고 해도 대부분 공화당 인사들에 의한) 세계의 많은 지역에서 민주주의를 죽음으로 내몰았던 정쟁으로부터 미국 사회를 오랫동안 지켜주었던 연성 가드레일을 흔들고 있다. 2017년 1월 도널드 트럼프가 대통령으로 취임했을 때만 해도 그 가드레일은 그대로 남아 있었다. 그러나 지금은 지난 한 세기에 비해 더욱 심하게 흔들리고 있으며, 그 강도는 점점 더 심해질 것으로 보인다.

8장

**트럼프의
민주주의 파괴**

도널드 트럼프는 취임 후 1년 동안 전형적인 각본을 충실히 따랐다. 알베르토 후지모리, 우고 차베스, 레제프 타이이프 에르도안과 마찬가지로 미국의 새 대통령은 반대자들에 대한 가혹한 비난으로 임기를 시작했다. 그는 언론을 '미국 국민의 적'이라 불렀다. 그리고 사법부의 정당성을 문제 삼았고, 주요 도시에 연방정부 지원을 줄이겠다고 으름장을 놓았다. 트럼프의 이러한 공세는 당연하게도 정치 전반에 충격과 경악, 분노를 자극했다. 기자들은 정치 최전선에서 트럼프의 규범 파괴 행위를 폭로하면서, 동시에 그러한 행동을 자극하기도 했다. 쇼렌스타인 언론정치 공공정책 연구소Shorenstein Center on Media, Politics, and Public Policy는 주요 뉴스 매체들이 트럼프 행정부 첫 100일 동안 기사를 통해 "무자비한" 폭격을 퍼부었다고 말했다.[1] 그 연구소가 내놓은 보고서에 따르면 기사 중 80퍼센트가 트럼프에 대한 비판적 시각을 담고 있다. 이 수치는 클린턴(60퍼센트), 조지 W. 부시(57퍼센트), 오바마(41퍼센트)에 비해 훨씬 높다.

트럼프 행정부 각료들은 머지않아 그들이 포위 공격을 당하고 있다는 사실을 깨달았다.[2] 부정적인 기사가 70퍼센트를 넘지 않았던 기간은 단 일주일도 없었다.[3] 지난 선거운동 과정에서 떠오른 러시아 개입설에 대한 의혹이 깊어가는 가운데, 단호한 성품으로 유명한 로버트 뮬러Robert Mueller가 특별 검사로 그 사건을 맡게 되었다. 또한 트럼프가 취임한 지 불과 몇 달 만에 탄핵 이야기가 흘러나왔다. 그럼에도 트럼프 지지 기반은 흔들리지 않았고, 그는 다른 선동가들과 마찬가지로 더욱 거세게 공세를 가했다. 미 해안경비 사관학교U.S. Coast Guard Academy 졸업식 연설에서 트럼프는 자신의 행정부가 기존 정치 세력에 포위되어 있다고 주장하면서 이렇게 말했다. "분명히 말씀드리건대 역사상 어느 대통령도 나만큼 푸대접을 받지 않았습니다."[4] 이제 남은 질문은 이것이다. 트럼프는 앞으로 어떻게 대응할 것인가? 부당한 공격을 받고 있다고 억울해하는 미국의 아웃사이더 대통령은 페루나 터키 지도자처럼 반격에 나설 것인가?

임기 초반 트럼프는 독재자 본능을 과감히 드러냈다. 앞서 4장에서 우리는 선출된 독재자가 권력을 강화하기 위해 선택하는 세 가지 전략을 살펴보았다. 그것은 심판을 매수하고, 상대편 주전이 경기에 뛰지 못하도록 막고, 경기 규칙을 고쳐서 상대편에 불리하게 운동장을 기울이는 것이다. 트럼프는 그 '세 가지 모두'를 시도했다.

국가기관을 장악하라

트럼프 대통령은 심판에 해당하는 법 집행, 정보, 윤리, 사법기관에 대해 적대감을 드러냈다. 취임 후 얼마 지나지 않아서 그는 FBI, CIA, 국가안전보장회의NSC 등 정보기관의 수장들을 불러 개인적인 충성을 요구했다. 명백하게도 그것은 선거운동 과정에서 드러난 러시아 연루 의혹에 대한 수사를 막기 위한 움직임이었다. 트럼프는 취임 후 첫 주에 제임스 코미James Comey FBI 국장을 백악관으로 불러 둘만의 저녁 식사를 했다. 코미의 증언에 따르면 그때 트럼프는 그에게 충성 맹세를 요구했다고 한다. 그리고 이후 보도에 따르면 최근에 물러난 백악관 전 안보보좌관 마이클 플린Michael Flynn에 대한 수사를 중단하도록 코미를 압박했고, 국가정보국 국장 대니얼 코츠Daniel Coats와 CIA 국장 마이크 폼페이오Mike Pompeo 에게 코미의 수사에 개입하도록 지시를 내렸다. 또한 코츠와 마이클 로저스Michael Rogers 국가안전보장국NSA 국장에게 러시아 정부와 그 어떤 공모도 없었다는 성명서를 내도록 요청했다(두 사람 모두 거절했다).[5]

또한 트럼프 대통령은 독립적으로 움직이는 정부 기관에 불이익을 주거나 인사 교체를 단행했다. 대표적인 사례로 트럼프는 행정부에 대한 보호 요청을 묵살하고 러시아 수사를 오히려 확대하고 있다는 정황이 드러나자마자 코미 국장을 해고했다.[6] FBI 82년 역사상 10년 임기가 끝나기 전에 국장을 해고한 사례는 그전까지 단 한 차례밖에 없었다.[7] 게다가 그 첫 사례는 명백한 윤리 위반에 해당했으며, 양당의 지지를 얻어 진행되었다.

물론 코미 국장의 해고는 보호해달라는 자신의 요청을 무시한 심판에 대한 유일한 공격 사례가 아니다. 트럼프는 뉴욕 남부지방 검찰청 연방검사 프릿 바라라Preet Bharara와 처음에는 개인적인 친분을 맺으려 했다.[8] 바라라가 지휘하는 자금 세탁 수사가 트럼프의 측근을 향하고 있었기 때문이었다. 그러나 존경받는 청렴한 검사인 바라라는 아랑곳하지 않고 수사를 계속 해나갔고, 결국 트럼프에게 해임을 당했다.[9] 법무부 장관 제프 세션스Jeff Sessions가 러시아 스캔들 수사에서 손을 떼고 난 뒤, 법무부 차관 로드 로즌스타인Rod Rosenstein이 존경받는 전 FBI 국장 로버트 뮬러를 수사를 책임질 특별 검사로 임명했을 때 트럼프는 세션스를 공개적으로 조롱하면서 그를 해임할 방법을 모색했다.[10] 심지어 백악관 변호사들은 뮬러의 뒷조사를 해서 명예를 떨어뜨리거나 해임 사유로 삼을 만한 증거를 찾으려 했다.[11] 2017년 말 여러 트럼프 측근은 대통령에게 공식적으로 뮬러의 해임을 요구했고, 대통령이 조만간 결정을 내릴 것이라는 소문이 돌았다.

트럼프 대통령이 독립적인 수사를 방해하기 위해 사법부를 공격한 것은 민주주의가 정착되지 않은 나라에서나 찾아볼 수 있는 행동이었다. 예를 들어 베네수엘라 검찰총장 루이사 오르테가Luisa Ortega의 해임이 그랬다. 차베스 정권이 임명한 오르테가는 수사의 독립성을 강력하게 요구했으며, 마두로 정권에서 드러난 부패와 권력 남용에 대한 수사를 지휘했다. 오르테가의 임기는 2021년까지 보장되어 있었고, 해임은 오직 법률에 의해서만 가능했음에도(그것도 야당의 주도로), 마두로 정권이 의심스러운 절차를 밟아 구성한 헌법 제정의회는 2017년 8월에 그 검찰총장을 해임했다.[12]

트럼프 대통령은 또한 자신에게 불리한 판결을 내린 판사들까지 공격했다. 제9 항소법원 제임스 로바트James Robart 판사가 트럼프 행정부의 여행 금지 명령에 반대 의견을 표명했을 때 트럼프는 이렇게 말했다. "판사라는 사람의 의견이 미국의 법 집행을 가로막았다."[13] 그로부터 두 달 뒤 위의 법원이 이민자 보호도시에 연방정부의 지원을 중단하겠다는 행정부 결정에 반대하는 판결을 내놓았을 때 백악관은 이를 "선출되지 않은 판사"가 법치주의를 공격한 것이라 비난했다.[14] 트럼프 또한 제9 항소 법원을 해산하겠다고 협박했다.[15]

2017년 8월 트럼프는 많은 논란을 일으켰던 전 애리조나 보안관 조 아르파이오Joe Arpaio를 사면함으로써 사법부를 간접적으로 공격했다. 아르파이오는 인종차별적 수사 방식을 중단하라는 연방 법원의 명령을 어긴 것으로 기소되었다. 그는 트럼프의 반이민 정책을 지지하는 많은 이들의 정치적 동지이자 영웅이었다. 앞서 언급했듯이 헌법에 대통령 사면권을 제한하는 조항은 없다. 그러나 역사적으로 미국 대통령들은 사면권을 지극히 제한적으로 행사했고, 또한 그때마다 법무부의 조언을 구했다. 자신을 보호하거나 정치 이득을 위해 사면권을 남용한 경우는 없었다. 그러나 트럼프는 과감하게도 그 규범마저 저버렸다. 그는 법무부의 자문을 구하지 않았을 뿐더러, 그 사면은 분명하게도 자신의 지지층을 결집하기 위한 정치적 선택이었다.[16] 트럼프의 이러한 움직임은 언젠가 측근은 물론 자기 자신까지 사면할 것이라는 사회적 우려를 낳았다.[17] 알려진 바에 따르면 그의 변호사들은 이미 그 방안을 모색 중이라 한다. 그렇게 된다면 사법권의 독립성은 전례 없는 수준으로 타격을 입을 것이다. 헌법학자 마틴 레디시Martin Redish는 이렇게 설명했다. "대통령이 이러한 방식으로 측근들을 사면한다면 사법부는 행정부의 월권으로부터 헌법적 권리를 지키기 위한 실질적인 수단을 모두 잃어버리게 될 것이다."[18]

트럼프 행정부는 다음 수순으로 공직자윤리국Office of Government Ethics(OGE)에 압박을 가했다. 공직자윤리국은 독립적인 감시 기구로, 법적 수사 권한은 없지만 이전 행정부들의 존중을 받았다.[19] 공직자윤리국 국장 월터 쇼브Walter Shaub는 트럼프의 비즈니스 협상에서 비롯된 여러 이해관계 충돌과 관련하여 정권 인수 기간에 그를 계속해서 비난했다. 이후 트럼프 행정부는 공직자윤리국에 맞대응했다. 트럼프 측근이자 정부 개혁 감독위원회 위원장 제이슨 체이피츠는 쇼브에 대한 수사 의지를 넌지시 비쳤다.[20] 그해 5월 행정부 관료들은 백악관이 로비스트 출신 인사들을 임명한 것에 대한 수사를 당장 중단하도록 공직자윤리국을 압박했다.[21] 이렇게 백악관의 협박과 외압이 계속되는 가운데 결국 쇼브는 기자인 리안 리자Ryan Lizza의 표현대로 "망가진" 공직자윤리국을 뒤로하고 위원장직에서 사퇴했다.[22]

사법부와 정보기관을 비롯하여 여러 다른 독립적인 정부 기구에 대해 트럼프가 보여준 태도는 전형적인 전제주의 시나리오를 그대로 가져온 것이었다. 트럼프는 법무부와 FBI를 통해 힐러리 클린턴을 포함하여 여러 민주당 인사를 조사할 것이라는 경고를 공공연하게 했다. 그리고 2017년 말 법무부는 실제로 힐러리를 수사하기 위해 특검까지 고려했다. 그러나 해임과 협박에도 불구하고 트럼프는 심판을 매수하지 못했다. 그는 코미의 공석에 충성스러운 측근 인사를 앉히지 못했다.[23] 그 주된 이유는 상원 내 주요 공화당 의원들이 반기를 들고 나섰기 때문이었다. 상원 내 공화당 의원들은 또한 세션스 검찰총장의 자리를 측근으로 대체하려는 트럼프의 시도에도 반발했다. 게다가 트럼프가 치러야 할 전투는 이것만이 아니었다.[24]

경쟁자와 반대자를 처벌하라

또한 트럼프 행정부는 상대편 주전들이 정치판에서 뛰지 못하게 막았다. 정부 비판자에 대한 트럼프 대통령의 언어 공격은 한 가지 사례다. 트

어떻게 민주주의는 무너지는가

럼프는 〈뉴욕 타임스〉와 CNN과 같은 주요 언론이 '가짜 뉴스'를 퍼뜨리고 있으며, 자신에 대한 음모를 꾸미고 있다고 계속 주장했다. 이는 전제주의를 연구하는 학자에게 대단히 익숙한 행태다. 2017년 2월에 트럼프는 트위터를 통해 이러한 언론을 '미국 국민의 적'이라고 불렀다.[25] 정치평론가들은 트럼프가 스탈린과 마오쩌둥이 사용했던 표현을 그대로 따라하고 있다고 지적했다. 트럼프는 매우 위협적인 표현도 서슴지 않았다. 트위터에서 '미국 국민의 적'을 언급하고 며칠 후 트럼프는 보수정치활동위원회Conservative Political Action Committee에 참석해 이렇게 말했다.

저는 수정헌법 제1조를 사랑합니다. 그 누구보다 사랑합니다. (…) 하지만 여러분도 선거운동 기간에 목격했듯이 가짜 뉴스는 지금도 거짓을 말하고 있습니다. (…) 저는 이런 뉴스가 국민의 생각을 대변한다고 생각하지 않습니다. 그건 절대 국민의 뜻이 아닙니다. 이제 우리는 뭔가를 시작해야 합니다.[26]

정확하게 무엇을 하겠다는 말인가? 다음 달 트럼프는 '명예훼손법을 수정하겠다'는 자신의 선거공약과 관련해서 트위터에 이런 글을 올렸다. 〈뉴욕 타임스〉는 "언론 세상의 명예를 실추시켰다. 2년 동안 나를 못살게 굴었다. 명예훼손법을 개정해야 할 때인가?"[27] 한 기자가 트럼프 행정부에 개정을 진지하게 고려하고 있는지 물었을 때 백악관 비서실장 라인스 프리버스Reince Priebus는 이렇게 대답했다. "방안을 모색 중에 있습니다."[28] 라파엘 코레아 에콰도르 대통령 역시 똑같은 접근방식을 택했다. 그는 수백만 달러 규모의 명예훼손 소송을 벌였고, 많은 기자를 투옥했다.[29] 대통령의 이러한 행위는 언론을 완전히 얼어붙게 만들었다. 비록 트럼프는 명예훼손법 개정을 포기하기는 했지만, 위협은 계속되고 있다. 7월에 트럼프는 과거 자신의 WWE 레슬링 영상을 살짝 편집해서 CNN 로고로 얼굴을 덮은 상대를 넘어뜨리고 마구 펀치를 날리는 모습을 리트 윗했다.

또한 트럼프 대통령은 정부 규제 기관을 통해 비우호적인 언론 기업을 압박하기까지 했다. 2016년 선거운동 기간 중 트럼프는 독점금지법을 들먹이며 〈워싱턴포스트〉 소유주 제프 베조스를 위협했다. 그리고 이러한 트윗 메시지를 날렸다. "내가 대통령이 되고 나면 안타깝게도 그들은 곤란을 겪게 될 것이다."[30] 다음으로 타임워너Time Warner(CNN 모기업인)와 AT&T의 임박한 합병을 막겠다고 으름장을 놓았다.[31] 트럼프 임기가 시작되고 몇 달 사이 백악관 자문들이 행정부의 독과점 규제 기관을 통해 CNN을 압박하기 위한 방안을 검토 중에 있다는 보도가 나왔다. 그리고 2017년 10월 마침내 트럼프는 "사업 허가권을 문제 삼겠다"며 NBC를 비롯한 여러 방송사를 공격했다.

또 다른 분야에서도 트럼프 행정부는 위협의 수준을 넘어서, 정부 기관을 이용해 반대자를 처벌하고자 했다. 트럼프는 취임 후 일주일 만에 불법 이민자에 대한 엄격한 단속 조치에 협조하지 않는 "이민자 보호도시"에 예산 지원을 중단할 수 있는 권한을 연방기관에 부여하는 행정명령에 서명했다.[32] 2017년 2월 트럼프는 이렇게 선언했다. "꼭 필요한 경우라면 예산 지원을 중단할 계획이다."[33] 트럼프의 이러한 행보는 야당이 장악한 시 정부로부터 그들이 관할하는 병원, 경찰 병력, 항만 시설을 비롯한 다양한 사회제반 시설에 대한 통제권을 빼앗았던 차베스 정권을 떠

어떻게 민주주의는 무너지는가

올리게 한다.[34] 그러나 베네수엘라 대통령 사례와는 달리 트럼프의 시도
는 사법부에 의해 가로막혔다.[35]

투표를 억제하라

비록 트럼프가 언론과 여러 정부 비판자들을 대상으로 언어 공격을 퍼
붓기는 했지만, 그의 말이 (적어도 아직까지는) 실제 행동으로 이어지지는
않았다. 기자를 구속하거나 정부 기관의 압박으로 언론사가 기사 내용을
수정하도록 하지는 않았다. 그럼에도 운동장을 자신에게 유리하게 기울
이려는 트럼프의 시도는 우리의 우려를 더하고 있다. 2017년 5월 트럼프
는 상원에서 "낡아빠진" 법률을 바꿔야 한다고 주장했다.[36] 여기에는 필
리버스터도 들어 있다. 필리버스터 제도를 없애버린다면 소수인 민주당
을 무력화시켜 다수인 공화당이 상원을 완벽하게 장악할 것이다. 상원 내
공화당 의원들은 대법원 임명에 대한 필리버스터를 철폐함으로써 닐 고
서치를 대법관으로 임명하기 위한 길을 열어놓기는 했지만, 그럼에도 필
리버스터 제도를 폐지하자는 주장에는 동의하지 않았다.[37]

트럼프 행정부가 지금까지 실행에 옮긴 가장 비민주적인 처사는 공정
선거 대통령 자문위원회Presidential Advisory Commission on Election Integrity를
설립한 일일 것이다. 마이크 펜스Mike Pence가 의장을 맡은 이 위원회는
크리스 코백Kris Kobach이 부의장 자격으로 실질적 운영을 맡았다. 이 위
원회의 잠재적 위험성을 이해하기 위해서 시민권법과 선거권법이 통과
되면서 정당의 정체성이 근본적으로 바뀌었던 때를 떠올려보자. 당시 민
주당은 소수민족과 이민자 1, 2세대를 대변하는 정당으로 변모했던 반면,
공화당은 압도적으로 백인의 목소리를 대변하는 정당으로서 자리를 굳

헀다. 미국 유권자 중 소수민족의 비중이 점차적으로 높아지는 상황에서 이와 같은 정체성 변화는 민주당에 유리하게 작용했다. 특히 소수민족의 투표율이 이례적으로 높았던 2008년 대선에서 그 영향력은 더욱 뚜렷해졌다.

이 흐름을 심각한 위협으로 받아들인 공화당 일부 인사는 짐 크로 법 시절의 남부를 떠올리게 만드는 방안을 내놓았다. 그 핵심은 저임금 소수민족 유권자들의 투표를 더욱 어렵게 만드는 것이었다.[38] 가난한 소수민족 유권자들이 압도적으로 민주당을 지지하기 때문에 이들 유권자 집단의 투표율을 떨어뜨린다는 것은 곧 운동장을 공화당에 유리하게 기울인다는 의미. 이를 위해 공화당은 유권자 신분확인법voter ID law을 도입했다. 예를 들어 유권자가 투표장에서 운전면허증이나 정부가 발행한 신분증을 제시하도록 의무화했다.[39]

하지만 유권자 신분확인법의 입법 근거는 미국에서 부정선거가 광범위하게 이루어지고 있다는 거짓 주장이었다.[40] 널리 인정받은 연구들 대부분 미국의 부정선거 사례는 대단히 드물다고 말하고 있다.[41] 그럼에도 공화당은 존재하지도 않는 문제를 해결하기 위해 적극적으로 방안을 내놓았다. 2005년 조지아와 인디애나 주가 처음으로 유권자 신분확인법을 도입했다. 오랫동안 시민권 운동을 이끌어왔던 조지아 주 하원 의원 존 루이스John Lewis는 이를 '현대판 인두세'라고 비판했다.[42] 조지아 주의 경우 약 30만 명에 달하는 유권자들이 신분확인법에서 요구하는 증명서를 갖고 있지 않으며, 그중 흑인의 비중은 백인보다 다섯 배 더 높았다.[43] 제7 항소법원 테런스 에반스Terence Evans 판사는 인디애나 주에서 실시한 유권자 신분확인법을 "민주당 지지자들의 투표율을 낮추려는 은밀한

어떻게 민주주의는 무너지는가

시도"라고 비판했다.[44] 나중에 연방대법원에서 이 법에 대한 위헌 심사가 이루어졌지만, 2008년 합헌 판정을 받았다. 이후 유권자 신분확인법은 확산되었고, 2010년에서 2012년 동안 37개 주에서 이를 받아들였다.[45] 그리고 2016년에는 15개 주가 추가적으로 그 법을 받아들였다.[46] 그래도 투표 과정에 이 법을 실제로 적용한 주는 아직 열 곳에 불과하다.

그 법은 공화당이 상원과 하원을 장악한 모든 주에서 통과되었다. 그리고 통과된 주에서 아칸소를 제외하고 모든 주지사가 또한 공화당이었다. 이 법이 소수민족 유권자 집단을 목표로 삼았다는 주장에는 의심의 여지가 없다. 유권자 신분확인법은 저소득 소수민족 유권자에게만 집중적으로 피해를 입혔다.[47] 한 연구에 따르면 아프리카계 미국인의 37퍼센트, 그리고 라틴계 미국인의 27퍼센트가 운전면허증이 없는 반면, 백인은 16퍼센트에 불과했다.[48] 브레넌 정의 센터Brennan Center for Justice는 미국 시민의 11퍼센트(2100만 명에 해당하는 글을 읽고 쓸 줄 아는 유권자)가 정부가 발행한 신분증을 갖고 있지 않으며, 아프리카계 미국인의 경우 25퍼센트에 이르는 것으로 추산했다.[49]

2008년 선거에서 비교적 높은 흑인 투표율을 보인 11개 주에서 일곱 곳이 엄격한 형태의 유권자 신분확인법을 받아들였다.[50] 그리고 2000년에서 2010년에 걸쳐 라틴계 인구가 크게 증가한 12개 주들 중에 아홉 곳이 선거권 행사를 힘들게 만드는 이러한 법을 통과시켰다. 이후 학자들은 유권자 신분확인법의 영향력 평가를 실시하기 시작했고, 대부분의 연구 결과는 투표율에 중대한 영향을 미친 것은 아닌 것으로 결론을 내놓았다.[51] 하지만 비교적 적은 영향도 접전일 경우에는 결정적인 요인이 될 수 있다. 특히 광범위하게 실시했을 경우는 더욱 그렇다.

공정 선거 대통령 자문위원회가 노린 것은 바로 그러한 효과다. 이 위원회의 실질적 리더인 크리스 코백은 미국에서 "대표적인 투표 억제 옹호자"로 알려져 있다.[52] 캔자스 주 국무장관인 코백은 미국에서 가장 엄격한 유권자 신분확인법을 추진하는 데 큰 기여를 했다.[53] 도널드 트럼프는 코백에게 큰 힘을 실어주었다. 2016년 선거운동에서 트럼프는 선거가 "조작"되었다고 주장했고, 나중에는 "불법적인 수백 만 표를 제외한다면 일반 투표에서도 승리했다"는 놀라운 주장까지 내놓았다.[54] 트럼프는 하원 지도부와의 모임에서도 이러한 주장을 반복하면서 300~500만 표가 불법이라고 주장했다.[55] 그러나 이러한 주장을 뒷받침할 근거는 하나도 없다. 미국 비영리 언론사 〈프로퍼블리카ProPublica〉가 주도한 선거 감시 프로젝트는 부정투표와 관련된 어떠한 증거도 발견하지 못했다.[56] 〈워싱턴포스트〉 기자 필립 범프Philip Bump는 2016년 선거에서 선거 부정 사례를 확인하기 위해 넥시스Nexis(미국 온라인 기사 검색 서비스-옮긴이)를 샅샅이 훑었지만 총 네 건밖에 발견하지 못했다.[57]

그러나 일반 선거 '승리'에 대한 트럼프의 집착은 투표 억제라는 코백의 목표와 일치하는 것이었다. 코백은 트럼프의 주장에 동의했다. 그는 불법 투표수가 힐러리와의 득표차를 넘어선다고 주장하면서 트럼프의 말이 "절대적으로 옳다"고 강조했다.[58](그러나 나중에 코백은 일반 투표에서 누가 이겼는지는 "아마도 알 수 없을 것이다"며 한발 물러서는 모습을 보였다.[59]) 실제로 코백은 트럼프를 설득해서 그 위원회를 설립했고, 자신이 운영자 역할을 맡았다.

공정 선거 대통령 자문위원회의 초기 활동은 그 목적이 투표 억제라는 사실을 여실히 드러냈다. 첫째, 그 위원회는 미국 전역에 걸쳐 부정투표와 관련된 사례를 수집했다. 이러한 자료는 주 차원에서 유권자를 제한하거나, 혹은 1993년 '모터 보터Motor Voter'(운전면허 취득과 동시에 유권자로 등록하는 제도-옮긴이) 법을 폐지하기 위한 정치 명분으로 삼을 수 있다. 그 위원회는 보다 엄격한 형태의 유권자 신분확인법을 통과시키기 위한 공화당의 노력을 전국적으로 알리는 역할을 했다. 둘째, 주 차원에서 선거 명부를 정리하도록 권유하거나 압박하는 것을 목표로 삼았다. 그러나 기존 연구 결과에 따르면 선거 명부를 정리하는 작업은 언제나 적법한 유권자를 제외하는 부작용을 낳는다. 위원회는 한 사람이 두 곳 이상의 유권자로 등록된 경우를 발견하기 위해 선거 명부를 이중으로 점검하는 작업을 벌써 추진했다.[60] 더 나아가 위원회는 영구 거주 및 취업을 허가하는 그린카드와 비자를 보유한 사람들에 대한 국토안보부 자료와 선거 명부를 대조하는 방식으로 비시민권자를 가려내는 계획까지 세웠다는 보도도 나왔다. 한 연구 결과가 말해주듯이 이러한 접근방식의 위험성은 이름과 생일이 같은 사람들이 많다는 점에서 불법 등록을 밝혀내는 것보다 실수로 정당한 유권자를 명부에서 빼는 경우가 훨씬 많다는 사실에 있다.[61]

투표 억제는 명백하게도 민주주의에 반하는 행위다. 그럼에도 미국에는 투표를 억제했던 암울한 역사가 있다. 물론 19세기 말 남부 민주당이 실행에 옮겼던 방안이 오늘날 투표 억제보다 훨씬 더 강력했지만, 그럼에도 오늘날 사례 역시 무시할 수준이 아니다. 그 이유는 압도적으로 민주당을 지지하는 저소득 소수민족 유권자 집단이 불리한 영향을 받기 때문이다. 즉, 공화당에 유리한 방향으로 선거 결과를 왜곡한다.

2017년 공정 선거 대통령 자문위원회는 구체적인 개혁안을 실행에 옮기지는 않았다. 그리고 대부분의 주 정부는 유권자 정보를 넘기라는 위원회의 골치 아픈 요구를 거절했다.[62] 그러나 위원회가 그 계획을 아무런 견제도 받지 않는 상태에서 추진한다면 미국의 선거 시스템에 치명적인 피해를 입힐 위험이 있다.

운명의 세 변수: 여당, 여론, 안보 위기

대통령 임기 첫해에 트럼프는 여러 측면에서 전제주의 각본을 충실히 따랐다. 심판을 매수하고, 자신의 경기를 방해할 상대 팀 주요 선수의 출전을 막고, 경기장을 기울였다. 또한 행동보다 더 많은 말을 했다. 그의 섬뜩한 위협은 아직 실현되지는 않았다. 가령 FBI를 충직한 측근 인사로 채우고, 뮬러의 수사를 중단시키는 것처럼 논란거리가 된 반민주적인 계획은 여당의 반대나 트럼프 개인의 무능력으로 이뤄지지 못했다. 또 하나의 중요한 계획인 공정 선거 대통령 자문위원회는 아직 본격적인 가동을 시작하지 않았기 때문에 그 영향에 대한 평가는 시기상조다. 전반적으로 트럼프는 마치 무보한 운전자처럼 가드레일을 연속해서 들이받았다. 그래도 아직 가드레일을 뚫고 나가지는 못했다. 많은 우려에도 불구하고 2017년에 도로를 이탈하지는 않았다. 미국 사회는 아직 전제주의 경계를 넘어서지는 않았다.

그러나 지금은 트럼프 임기 초반에 불과하다. 민주주의 붕괴는 종종 오랜 세월에 걸쳐 점진적으로 일어난다. 트럼프 행정부 1년을 다른 잠재적 독재자들의 1년과 비교할 때 우리는 혼합된 그림을 확인하게 된다. [도표 3]은 잠재적 독재자들이 선거를 통해 권력을 잡았던 아홉 개 나라의 상황을 보여준다. 에콰도르나 러시아와 같은 일부 사례에서는 처음 1년 동안 민주주의 붕괴 현상이 뚜렷하게 드러났다. 반면 후지모리의 페루나 에

어떻게 민주주의는 무너지는가

[도표 3] 취임 1년 독재자들의 성적표

국가	지도자	취임	심판 매수	출전 방해	규칙 변경	현재 상황
아르헨티나	후안 페론	1946년 6월	O	X	X	전제주의
에콰도르	라파엘 코레아	2007년 1월	O	O	O	약한 전제주의
헝가리	빅토르 오르반	2010년 5월	부분적	X	X	약한 전제주의
이탈리아	실비오 베를 루스코니	2001년 6월	X	X	X	민주주의
페루	알베르토 후지모리	1990년 7월	X	X	X	전제주의
페루	오얀타 우말라	2011년 7월	X	X	X	민주주의
폴란드	야로슬라프 카친스키	2015년 11월	O	X	X	약한 전제주의
러시아	블라디미르 푸틴	2000년 5월	X	O	X	강한 전제주의
터키	레제프 에르도안	2003년 3월	X	X	X	전제주의
베네수엘라	우고 차베스	1999년 2월	O	O	O	전제주의

르도안의 터키의 경우 초반에 뚜렷한 변화가 나타나지는 않았다. 후지모리는 임기 첫해에 치열한 언어 공방을 펼쳤지만, 2년을 넘기기까지는 민주주의 제도를 공격하지 않았다. 그리고 터키 민주주의 붕괴는 페루의 경우보다 더 오랜 시간이 걸렸다.

트럼프의 남은 임기 동안 미국 민주주의의 운명은 여러 요인에 달렸다. 첫째, 공화당 지도부의 태도다. 민주주의 제도의 존속은 그들 자신의 대통령에게 맞서면서까지 이를 수호하려는 여당의 의지에 달렸다. 루즈벨트의 대법원 재구성 실패와 닉슨의 몰락은 부분적으로 여당(루즈벨트의 민주당, 닉슨의 공화당)의 주요 구성원들이 분연히 일어나 대통령에게 맞섰기 때문에 가능했다. 보다 최근 사례로 폴란드의 법과 정의당Law and Justice Party 정권은 견제와 균형 시스템을 허물어뜨리기 위한 시도를 했지만 실패로 끝났다. 그 이유는 법과 정의당의 안제이 두다Andrzej Duda 대통령이 행정부가 대법관을 마음대로 해임하고 임명하도록 권한을 허용하는 두 가지 법안에 반대했기 때문이었다.[63] 그러나 이와는 달리 헝가리 빅토르 오르반 총리는 독재 행보를 이어나가는 과정에서 여당인 피데스당의 저항을 거의 받지 않았다.

공화당이 상원과 하원 모두를 장악하고 있는 상황에서 도널드 트럼프와 공화당의 관계 역시 중요하다. 가장 먼저 공화당 지도부는 대통령의 뜻에 따르는 충직한 태도를 취할 수 있을 것이다. 대통령을 적극적으로 지지하는 당 인사는 아마도 동의를 넘어서서 논란이 되는 대통령의 결정까지도 공개적으로 옹호할 것이다.[64] 그리고 수동적으로 지지하는 인사는 스캔들이 터졌을 때 공식적으로는 대통령과 거리를 두겠지만, 그럼에도 대통령에게 유리한 쪽으로 표결할 것이다. 정당 내 핵심 인사들은 아마도 이중적인 입장을 취할 것이다. 즉, 대통령의 잘못된 행동에는 공식적으로는 거리를 두겠지만, 대통령을 무력화하거나 자리에서 끌어내리는 행동(가령 탄핵)은 하지 않을 것이다. 하지만 대통령이 권력을 남용할 때 이러한 태도들 모두 전제주의로 넘어가는 문을 열어놓는 것이다.

다음으로 공화당 지도부는 견제의 태도를 취할 수 있다. 이러한 태도를 선택한 공화당 인사는 아마도 대법관 임명에서 조세 및 의료보험 개혁에 이르기까지 다양한 사안에서 대통령의 뜻을 지지하면서도, 위험하다고 판단되는 대통령의 행동은 비판할 것이다. 물론 이러한 태도는 유지하기가 쉽지 않다. 이들은 여당의 일원으로서 대통령이 성공할 때 함께 이익을 얻는다. 하지만 동시에 장기적인 차원에서 대통령이 민주주의 제도에 치명적인 피해를 입힐 수 있다는 사실도 알고 있다. 그들은 타협이 가능한 사안에 대해서는 대통령과 협력하면서, 권력 남용에 대해서는 확고한 반대 입장을 취한다. 그리고 대통령이 권력 행사를 최대한 자제하도록 견제함으로써 임기를 끝까지 마치도록 보좌한다.

마지막으로 여당 지도부는 이론적인 차원에서 대통령 탄핵을 선택할 수도 있다. 그러나 이는 그들에게 정치적으로 엄청난 부담을 안겨다주는 방법이다. 대통령을 끌어내리려는 시도는 여당 동료에게 배신자로 낙인찍힐 위험이 있을 뿐 아니라(가령 션 해니티와 러시 림보의 반응을 떠올려보자), 이는 또한 입법 과정에서 여당의 힘을 위축시킬 위험도 있다. 대통령 탄핵 시도는 여당의 단기적인 선거 전망에도 심각한 피해를 입힌다. 닉슨의 사임 역시 그랬다. 하지만 대통령이 민주주의 제도에 가할 위험이 심각하다면(혹은 정당의 지지 기반을 와해시킬 것이라면), 여당 지도부는 그들의 대통령을 끌어내릴 방법을 모색하게 될 것이다.

트럼프 임기 첫해에 공화당 지도부는 대통령의 권력 남용에 충성과 동시에 견제로 대응했다. 초기에는 충성이 지배적이었지만 2017년 5월 트럼프가 제임스 코미를 해임한 뒤 일부 공화당 상원 의원들이 견제 쪽으로 넘어가면서, 트럼프 충성자가 그의 후계자가 될 수 없을 것이라는 점을 분명히 보여주었다. 또한 많은 공화당 상원 의원은 2016년 대선에서 러시아 정부의 개입에 대한 독자적인 수사를 위해 노력했다. 특히 일부 의원들은 법무부가 특별 검사를 임명하도록 드러나지 않게 요구했으며, 그중 많은 이들은 로버트 뮬러의 임명에 환영의 뜻을 밝혔다.[65] 백악관이 뮬러를 해임하기 위한 방안을 찾고 있다는 보도가 흘러나왔을 때 그리고 일부 트럼프 측근이 뮬러 해임을 요구했을 때 수전 콜린스, 밥 코커Bob Corker, 린지 그레이엄, 존 매케인 등 상원 내 주요 공화당 인사들은 반기를 들었다.[66] 그리고 스스로 수사에서 물러나면서 직접 뮬러를 해고할 수 없게 되었던 제프 세션스 검찰총장을 트럼프가 해임하기로 마음을 먹었을 때 공화당 상원 의원들은 세션스 엄호에 나섰다. 상원 법사위원회 위원장 척 그래슬리Chuck Grassley는 세션스가 해임될 경우, 후임자 임명을 위한 청문회를 열지 않을 것임을 분명히 밝혔다.[67]

상원 의원 그레이엄과 매케인, 코커는 비록 야당의 움직임에 합류하지는 않았지만(세 사람 모두 안건 중 85퍼센트에서 트럼프에게 유리한 쪽으로 표결했다), 그래도 대통령을 견제하기 위한 의미 있는 한 걸음을 내딛었다.[68] 그리고 2017년 공화당 지도부는 대통령 탄핵을 고려하지 않았지만, 아비가일 트레이시Abigail Tracy 기자의 표현대로 일부 의원들은 "결코 타협할 수 없는 경계"를 뚜렷이 보여주었다.[69]

민주주의 운명에 중대한 영향을 미치는 또 다른 요인으로 여론을 꼽을 수 있다. 잠재적 독재자가 군사 쿠데타나 대규모 폭력 사태를 일으킬 수 없다면, 충성을 바칠 사람을 모으고 비판자를 처단하기 위해 또 다른 수단을 찾을 것이다. 이러한 상황에서 여론의 지지는 중요한 무기가 된다. 가령 선출된 지도자의 지지율이 70퍼센트에 육박할 때 비판자들은 여론의 흐름을 의식하고, 언론 기사는 한층 부드러워지고, 재판부는 가급적 정부에 유리한 판결을 내리려 할 것이다.[70] 야당은 무조건 반대만 하다가는 고립될지 모른다는 걱정에 더욱 신중하게 움직일 것이다. 반대로 지지율이 낮을 때 언론과 여당은 비판의 수위를 높이고, 재판부 역시 대통령에게 불리한 판결을 과감히 내놓을 것이다. 그리고 충성자 집단은 와해될 것이다. 후지모리와 차베스, 에르도안 모두 여론의 지지가 높을 때 민주주의 제도에 대한 공격을 감행했다.

여론의 지지가 트럼프 임기에 어떤 영향을 미칠 것인지 생각해보기 위해 다음 질문에 주목해보자. 만약 미국 전역이 웨스트버지니아 주와 같다면? 웨스트버지니아는 미국에서 트럼프에 가장 우호적인 주다. 갤럽 여론조사에 따르면 2017년 전반기에 웨스트버지니아에서 트럼프 지지율은 평균 60퍼센트를 기록했다. 이는 전국 평균인 40퍼센트보다 훨씬 높은 수치다. 웨스트버지니아에서는 높은 지지율 덕분에 트럼프에 대한 비판은 크게 위축되어 있다. 민주당 인사들조차 소극적인 대응을 보인다. 민주당 상원 의원 조 맨친Joe Manchin은 2017년 8월 한 달 동안 사안의 54퍼센트에 대해 트럼프에 찬성하는 표를 던졌다.[71] 이는 상원 내 민주당 의원 중 가장 높은 수치다. 정치 웹사이트 〈더 힐The Hill〉은 맨친을 "의회 내 가장 중요한 트럼프 지지자 10인" 중 한 사람으로 꼽았다.[72] 웨스트버지니아 민주당 주지사 짐 저스티스Jim Justice는 그보다 한 걸음 더 나아가 아예 당적을 옮기기까지 했다. 저스티스는 행사장에서 트럼프와 포옹을 나누며 "진정한 아이디어가 돋보이는 훌륭한 인물"이라고 추켜세웠다. 그리고 러시아 연루 수사를 비판하면서 이렇게 주장했다. "러시아 사람들 이야기라면 이제 지겹지 않습니까?"[73] 미국 전역의 민주당 인사들이 웨스트버지니아처럼 움직였다면, 트럼프는 러시아 스캔들을 비롯하여 논란을 일으킨 대부분의 사안에 대해 저항을 받지 않았을 것이다.

지지율이 높을수록 트럼프는 더 위험한 인물이 될 것이다. 그의 지지율은 우연한 사건과 더불어 경제 상황에 따라 달라질 것이다. 2005년 허리케인 카트리나에 대한 부시 행정부의 어설픈 대처와 같이 행정부의 무능함을 드러내는 사건이 벌어지면, 지지율은 크게 떨어질 것이다. 반면 안보 위협과 같은 중대 사안은 지지율에 도움이 될 것이다.

이제 민주주의를 무너뜨릴 수 있는 트럼프의 위험성에 영향을 미치는 마지막 요인으로 눈길을 돌려보자. 전쟁이나 대규모 테러와 같은 안보 위기는 정치 게임을 완전히 바꾸어버릴 수 있는 중요한 요인이다. 안보 위기는 언제나 국민의 지지율을 높이는 쪽으로 작용한다.[74] 안보가 불안할 때 국민은 행정부의 부당한 처사를 참고, 전제적인 행보를 기꺼이 인정하려 든다.[75] 이러한 반응을 보이는 것은 비단 일반 국민들만이 아니다. 국가 안보가 위험에 처했다고 생각할 때 판사들 역시 대통령 편에 서려는 움직임을 보인다.[76] 정치학자 윌리엄 하월William Howell은 부시 대통령에 대한 제도적 견제가 9.11 테러 직후에 종적을 감췄다고 지적했다. 이후 부시는 "자신의 생각대로 위기를 정의하고 대응했다."[77]

이러한 점에서 안보 위기가 발생했을 때 민주주의는 위협을 받는다. '자신의 생각대로' 움직일 수 있는 지도자는 민주주의 제도에 엄청난 피해를 입힐 수 있다. 앞서 살펴본 것처럼 후지모리와 푸틴, 에르도안 모두 그렇게 했다. 정적에 의해 부당하게 포위를 당하고, 민주주의 제도에 발목이 붙잡혀 있다고 생각하는 잠재적 독재자에게 안보 위기는 기회의 창이다.

미국에서도 안보 위기는 행정부 권력을 강화해주었다. 링컨의 인신보호법 중단에서 루즈벨트의 일본계 미국인 억류, 그리고 부시의 미국 애국법USA PATRIOT Act에 이르기까지 그 역사는 길다. 하지만 지금과는 중요한 차이가 있다. 링컨, 루즈벨트, 부시 모두 열정적인 민주주의 지지자였다. 그리고 위기로 높아진 행정부 권력을 임기 말에 행사하는 과정에서 자제 규범을 충실히 실천했다.

반면 트럼프는 대부분의 상황에서 이러한 모습을 보여주지 않았다. 트럼프 임기 중 안보 위기의 순간이 찾아올 가능성은 상당히 높다. 사실 모든 대통령이 그러한 순간을 겪었다. 지난 12명의 선출된 대통령 중 여섯 명이 임기 동안 지상전, 혹은 대규모 테러 공격을 경험했다. 게다가 트럼프의 무모한 외교 방식을 감안할 때 그 가능성은 더욱 높다.[78] 트럼프는 아마도 전쟁이나 테러 위기를 적극적으로 활용할 것이다. 그리고 이는 우리가 심각하게 우려하는 대목이다. 트럼프는 이러한 기회를 통해 정적들을 공격하고, 오늘날 미국 국민들이 당연하게 여기는 자유를 크게 제한할 것이다. 우리 두 저자의 관점에서 볼 때 이러한 시나리오는 미국 민주주의가 오늘날 직면하고 있는 가장 큰 위험에 해당한다.

트럼프의 극단적인 규범 파괴

트럼프 대통령이 민주주의 제도를 직접적으로 허물어뜨리지는 않았다고 해도, 그의 규범 파괴는 분명히 그러한 일을 했다. 〈뉴욕 타임스〉 칼럼니스트 데이비드 브룩스David Brooks의 표현대로 트럼프는 "대중의 삶의 기반을 이루는 행동 기준을 완전히 바꿔놓았다."[79] 공화당은 이러한 규범 파괴 행위에 대해 오히려 그를 대선 후보로 지명함으로써 보상을 안겨다 주었다. 취임 후 이어지는 트럼프의 규범 파괴는 미국 사회가 용인할 수 있는 대통령의 행동 범위를 넓히고 있다. 거짓말과 속임수, 탄압 등 예전에는 절대 받아들일 수 없다고 여겨졌던 행동들이 점차 정치인의 전술적 공구함 속으로 들어가고 있다.

대통령의 규범 파괴가 그 자체로 나쁜 것은 아니다. 몇몇 규범 파괴는 아무런 피해를 입히지 않는다. 가령 1977년 1월 지미 카터가 국회의사당에서 백악관에 이르는 2.4킬로미터의 길을 부인과 함께 '걸어서' 왔을 때 그의 취임식을 지켜보기 위해 모여든 25만 명의 시민과 경찰 및 언론은 깜짝 놀랐다. 〈뉴욕 데일리 뉴스New York Daily News〉는 "폐쇄적인 방탄 리무진"을 타지 않기로 한 카터 부부의 결정을 "관행을 저버린 전례 없는 광경"이라고 보도했다.[80] 이후로 〈뉴욕 타임스〉는 "국민이 선택한 대통령"이라는 걸 강조하기 위해 전통적인 리무진 퍼레이드에서 조금이라도 벗어난 대통령 당선자의 모든 새로운 시도를 "비공식적 관습"이라고 불렀다.[81]

또한 규범 파괴는 때로 민주주의에 기여하기도 한다. 1840년 대선에서 윌리엄 헨리 해리슨William Henry Harrison은 전통을 깨고 밖으로 나가 유권자를 직접 만나며 선거운동을 벌였다.[82] 그전까지만 해도 후보자가 직접 선거운동에 나서는 일은 없었다. 대신에 킨키나투스(농사를 짓다가 부름을 받고 집정관이 된 로마의 정치인–옮긴이)처럼 아무런 권력욕이 없는 척해야만 했다. 그러나 이러한 규범 때문에 유권자는 후보자에 대한 충분한 정보를 얻을 수 없었다.

다른 사례도 살펴보자. 1901년 새로 취임한 시어도어 루즈벨트 대통령에 대한 백악관의 정기 보도 자료의 제목은 다음과 같았다. "앨라배마 터스키기의 부커 워싱턴Booker T. Washington은 어제 저녁 대통령과 함께 저녁 식사를 했다."[83] 유명한 흑인 정치인이 백악관을 방문한 적은 그전에도 있었지만, 한 역사가의 표현대로 대통령과의 저녁 식사는 "백인 중심적인 사회 에티켓"을 어긴 일이었다.[84] 한 신문 기사는 이렇게 보도했다. "지금까지 어떤 미국 시민도 저지른 적 없는 가장 비난받을 만한 잔혹한 행동" 그리고 윌리엄 제닝스 브라이언William Jennings Bryan 상원 의원은 이렇게 논평했다. "두 사람(루즈벨트와 워싱턴) 모두 반성하고, 인종의 경계를 지우려는 노력을 중단해야 한다는 사실을 깨닫길 바란다." 백악관은 그 논란에 대해 처음에는 저녁 식사 자체를 부인했다가, 나중에 '단지' 오찬일 뿐이었다고 말을 바꿨다. 그리고 마지막으로 두 명 이상의 여성도 그 자리에 함께 있었다고 둘러댔다.

사회적 가치는 세월에 따라 변하기 때문에 대통령의 행동 규범도 그에 따라 달라질 수밖에 없다. 그리고 달라져야 한다. 그렇지만 트럼프 임기 1년 동안 이루어진 규범 파괴는 전임자들의 경우와는 차원이 달랐다. 그렇게 짧은 시간 안에 많은 불문율을 깨트린 대통령은 지금껏 없었다. 물론 그중에는 사소한 것도 있었다. 가령 반려동물을 함께 들이지 않음으로써 150년 동안 이어져 내려온 백악관 전통을 깼다.[85] 반면 심각한 것도 많았다. 가령 트럼프의 취임 연설은 전임자들보다 훨씬 더 암울했다(그는 "미국 대학살"이라는 표현까지 썼다).[86] 전 대통령 조지 W. 부시는 트럼프의 취임 연설에 대해 "좀 이상한 말"이라고 평했다.

그러나 트럼프를 전임자들과 차별화하는 것은 민주주의 생존에 중요한 규범을 포함하여 여러 다양한 불문율에 도전하려는 강력한 의지다. 친족을 공직에 등용하지 않는 것처럼 공사를 엄격하게 구분하는 것 역시 오랜 불문율에 해당한다. 현재 미국의 법은 대통령이 자신의 친족을 내각이나 정부 기관 요직에 임명하는 것을 금하지 않는다. 그러므로 트럼프가 자신의 딸 이방카와 사위 재러드 쿠슈너Jared Kushner를 고위급 자문으로 임명한 것은 엄밀히 말해서 합법이다. 그럼에도 이는 명백하게 법의 정신을 훼손한 행동이었다.

대통령이 자신의 이해관계가 달린 사안에 개입해서는 안 된다는 규범도 있다. 대통령은 권력을 자신의 이익을 위해 이용해서는 안 되기 때문에 기업가가 대통령 자리에 오르려면 취임 전에 비즈니스 관계를 모두 정리해야 한다. 그러나 이와 관련된 법률은 뜻밖에도 대단히 허술하다. 대통령 당선자가 회사의 지분을 모두 처분해야 할 법적인 의무는 없다.[87] 다만 개인의 이익에 영향을 미치는 의사결정에만 관여하지 않으면 된다. 그럼에도 혹시라도 있을 오해를 불식시키기 위해 취임 전에 비즈니스와 관련된 모든 자리에서 물러나는 것이 관행이 되었다. 그러나 트럼프는 그러지 않았다.[88] 그는 전례 없는 논란을 불러일으키면서까지 경영권을 아들들에게 물려주었다. 이는 공직자 윤리 차원에서 대단히 경솔한 행동이었다.[89] 2016년 10월 1일에서 2017년 3월 31일까지 트럼프 행정부가 이해가 상충하는 사안에 개입했다는 고발은 총 3만 9105건에 달했다. 이는 2008년에서 2009년 같은 기간(오바마 대통령 시절)에 접수된 733건과 비교할 때 엄청난 수치다.

트럼프는 또한 선거 결과의 정당성에 공식적으로 의문을 제기함으로써 민주주의의 핵심 규범을 파괴했다.[90] "수백만 명"에 이르는 불법 투표가 있었다는 트럼프의 주장은 여러 언론과 양당정치인, 그리고 사회학자들에게 인정받지 못했음에도 그 새로운 대통령은 공적인, 그리고 사적인 자리에서 끊임없이 이러한 주장을 했다.[91] 한 세기 넘게 미국의 어떤 주요 정치인도 선거 절차의 완전성에 의문을 제기하지 않았다. 역사적으로 가장 치열했던 대선에서 패한 앨 고어조차 연방대법원의 판결 이후 더 이상 의혹을 제기하지 않았다.

부정선거에 대한 근거 없는 비난은 선거제도에 대한 국민의 믿음을 짓밟는다. 선거에 대한 신뢰가 무너질 때 민주주의 제도에 대한 신뢰도 무너진다. 멕시코 경우를 살펴보자. 안드레스 마누엘 로페스 오브라도르 Andrés Manuel López Obrador가 2006년 대선에서 패하고 난 뒤 선거가 조작되었다는 주장을 펼친 이후로, 선거제도에 대한 멕시코 국민의 신뢰도는 크게 떨어졌다. 2012년 대선을 앞두고 실시된 여론조사는 멕시코 국민의 71퍼센트가 선거 과정에서 부정이 일어날 수 있다고 생각한다는 사실을 보여주었다.[92] 미국 여론조사는 더 높은 수치를 보여준다. 2016년 대선을 앞두고 실시된 여론조사에서 공화당 지지자 중 84퍼센트가 "상당한 규모의" 부정이 미국 선거에서 일어났으며, 그리고 60퍼센트 가까이가 불법 이민자들이 이번 11월 선거에 "상당한 규모로 참여할 것"이라고 생각하는 것으로 드러났다.[93] 부정선거에 대한 의혹은 대선 이후에도 계속되었다. 2017년 7월 모닝 컨설트와 〈폴리티크〉Morning Consult/Politico에서 실시한 여론조사에 따르면 공화당 지지자 중 47퍼센트는 트럼프가 일반 투표에서도 승리했다고 믿고 있으며, 힐러리가 이겼다고 믿는 비중은 40퍼센트에 불과했다.[94] 다시 말해 공화당 지지자라고 밝힌 이들 중 절반 가까이가 2016년 대선이 대규모로 조작된 것으로 믿고 있었다. 2017년 6월에 실시된 한 설문 조사는 이렇게 물었다. "읽고 쓰는 능력을 갖춘 미국인만이 투표할 수 있도록 트럼프가 법을 바꿀 때까지 2020년 대선을 연기해야 한다고 주장한다면 이를 지지하겠습니까?" 그 결과 공화당 지지자 중

52퍼센트가 대선 연기를 지지할 것이라고 답했다.[95]

트럼프는 또한 정치 예의라고 하는 기본적인 규범도 저버렸다. 그는 선거가 끝난 뒤에도 계속해서 힐러리를 공격함으로써 선거 후 화해의 규범을 깨트렸다. 게다가 현직 대통령이 전임자를 공격하지 않는 불문율도 어겼다. 2017년 3월 4일 아침 6시 35분에 트럼프는 이런 트윗 메시지를 날렸다. "끔찍하다! 오바마가 트럼프 타워에 있는 내 전화를 '도청'했다는 사실을 당선 직전에야 알았다. 그는 아무것도 발견하지 못했다. 이것이야말로 매카시즘이다!"[96] 그리고는 30분 뒤에 다시 트위터에 이렇게 썼다. "신성한 선거에서 도청을 하다니. 오바마는 얼마나 비열한 인간인가. 이것이야말로 닉슨/워터게이트이다. 사악한(혹은 병든) 인간!"

그래도 트럼프의 가장 악명 높은 규범 파괴는 아마도 그의 거짓말일 것이다. 대통령이 공식 석상에서 진실을 말해야 한다는 생각은 미국 정치에서 이론의 여지가 없다. 공화당 자문위원인 휘트 에어스Whit Ayers가 언급했던 것처럼 신뢰를 얻고자 하는 후보자는 "부정할 수 없는 사실을 부정해서는 안 되며" 또한 "거짓말은 절대 금물이다."[97] 정치인들은 이러한 규범을 어기지 않기 위해 일반적으로 이야기의 주제를 바꾸거나 까다로운 질문을 받을 때 논의의 프레임을 바꾸고 혹은 부분적인 대답만 함으로써 어떻게든 거짓말을 피하고자 한다. 그러나 트럼프는 아무렇지 않게 거짓말을 했다. 이러한 성향은 2016년 선거운동 기간에 분명히 드러났다. 〈폴리티팩트PolitiFact〉는 트럼프의 공식 발언 중 69퍼센트를 "대부분 거짓"(21퍼센트), "거짓"(33퍼센트), "새빨간 거짓"(15퍼센트)로 분류했다. "진실" 혹은 "대부분 진실"에 해당하는 발언은 17퍼센트에 불과했다.[98]

트럼프의 거짓말은 대통령 취임 후에도 계속되었다. 트럼프의 공식 발언을 일일이 추적한 〈뉴욕 타임스〉는 거짓말의 기준을 보수적으로 잡더라도(단지 의심스러운 주장이 아니라 명백하게 잘못인 주장) 트럼프는 "깜짝 놀랄 일을 해냈다"고 보도했다.[99] 그는 취임 후 49일 동안 매일 한 번 이상 잘못된, 혹은 오해를 불러일으킬 공식적인 주장을 내놓았다. 가령 로널드 레이건 이후로 최대 선거인단 표를 얻어 당선되었다고 주장했다.[100](그러나 조지 H. W. 부시, 클린턴, 오바마 모두 트럼프보다 더 많은 선거인단을 확보했다) 그리고 취임 후 6개월 동안 어떤 전임자보다 더 많은 법안에 서명했다고 주장했다(그러나 조지 H. W. 부시와 클린턴에 뒤졌다). 2017년 7월에는 한 보이스카우트 지도자가 자신에게 "지금까지 들었던 것 중 가장 훌륭한 연설"이라고 격찬했다는 자랑을 늘어놓았다.[101] 하지만 트럼프의 그러한 주장이 나오자마자 보이스카우트 조직 안에서 즉각 논란이 일었다.

트럼프는 자신이 했던 거짓말에 대해 많은 대가를 치르지는 않았다. 시민들이 점차 개인의 당파적 입장을 기준으로 정보의 진실성을 판단하는 정치와 언론 환경에서, 트럼프 지지자들은 임기 1년 동안 그를 거짓말쟁이로 보지는 않았다.[102] 그럼에도 트럼프의 거짓말은 미국의 정치 시스템에 치명적인 피해를 입히고 있다. 민주주의 사회의 시민에게는 정확한 정보에 접근할 기본적인 권리가 있다.[103] 선출된 지도자의 행동에 관한 신뢰할 만한 정보가 나와 있지 않다면 미국 시민은 선거권을 올바로 행사할 수 없다. 미국 대통령이 국민에게 거짓말을 늘어놓을 때 신뢰할 만한 정보에 접근할 수 있는 권리는 위협받게 되고, 정부에 대한 신뢰도는 추락한다(당연한 사실 아니겠는가?). 국민이 선출된 지도자를 신뢰하지 않을 때 대의 민주주의 근간이 허물어진다. 그들이 선택한 지도자를 믿지 못할 때 선거제도의 가치는 사라진다.

트럼프가 언론에 대한 존경이라고 하는 기본적인 규범을 저버리면서 신뢰의 상실은 더욱 심각해졌다. 언론의 독립은 민주주의 제도를 지키는 방어막이다. 어떤 민주주의도 언론 없이 존재할 수 없다. 워싱턴 이후로 모든 미국 대통령이 언론과 싸움을 벌였다. 실제로 많은 대통령이 개인적으로 언론을 싫어했다. 그럼에도 미국 대통령들은 거의 예외 없이 언론을 민주주의 제도의 핵심으로 인정했고, 정치 시스템 안에서 언론이 차지하는 위상을 존중했다. 개인적으로 언론을 싫어한 대통령조차 공식 석상에서만큼은 존중과 예의로 언론을 대했다. 이러한 기본 규범은 대통령과 언론의 관계를 정의하는 다양한 불문율을 만들어냈다. 이러한 불문율 중 일부는(에어포스원에 오르기 전에 기자단을 향해 손을 흔드는 것) 사소한 것이지만, 다른 일부는(기자회견에 백악관 기자단 모두를 초청하는 것) 대단히 중요하다.

언론사와 기자에 대한 트럼프의 공식적인 모욕은 미국 현대 역사상 전례가 없는 것이었다. 트럼프는 언론을 "지구상에서 가장 가식적인 인간의 집단"이라며 싸잡아 매도했다.[104] 그리고 〈뉴욕 타임스〉와 〈워싱턴포스트〉, CNN과 같은 언론사들이 거짓말을 일삼고 '가짜 뉴스'를 퍼뜨린다고 줄곧 비난했다. 게다가 인신공격도 서슴지 않았다. 2017년 6월 트럼프는 다음과 같은 가차 없는 폭풍 트윗으로 TV 진행자 미카 브레진스키 Mika Brzezinski와 공동 진행자 조 스카버러Joe Scarborough를 공격했다.

시청률도 안 나오는 @Morning Joe(더 이상 안 본다)가 나에 대해 나쁜 이야기를 늘어놓았다고 한다. (…) 지능이 낮은 크레이지 미카와 사이코 조는 대체 왜······.

　(···) 연말에 사흘 연달아 마라라고로 찾아와서 나와 함께 하겠다고 고집을 피운 걸까? 그녀는 성형수술로 피까지 심하게 흘리고 있었다. 난 거절했다![105]

　개인적으로 언론을 '적'이라고 생각했던 리처드 닉슨도 공식적으로 언론을 공격한 적은 없었다. 지구상에서 트럼프와 비교할 만한 대상을 찾으려면 아마도 베네수엘라의 우고 차베스나 니콜라스 마두로, 혹은 에콰도르의 라파엘 코레아 정도는 돼야 할 것이다.

　트럼프 행정부는 또한 기자회견장에 일부 기자를 들어오지 못하게 막는 방식으로도 규범을 파괴했다. 2017년 2월 24일 션 스파이서Sean Spicer 공보 담당 비서는 〈뉴욕 타임스〉, CNN, 〈폴리티코〉, 버즈피드, 〈로스앤젤레스 타임스〉 기자들을 TV로 중계되지 않는 "비공식 기자회견장"에 들어오지 못하게 했다.[106] 그리고 자리를 채우기 위해 〈워싱턴 타임스〉나 OANN과 같은 우호적인 소규모 언론사 기자를 선별해서 초청했다. 이와 유사한 선례로 닉슨 행정부가 워터게이트 스캔들을 폭로한 〈워싱턴포스트〉 기자의 백악관 출입을 막았던 것이 유일하다.[107]

일탈의 용인은 끔찍한 결과를 낳는다
　1993년 뉴욕의 민주당 상원 의원이자 전직 사회학자였던 대니얼 패트릭 모이니핸Daniel Patrick Moynihan은 일반적인 기준에서 벗어난 행동을 하는 인물에 대처하는 인간의 능력은 제한적일 수밖에 없다는 통찰력 있는 주장을 했다.[108] 모이니핸의 설명에 따르면 불문율에 대한 위반이 계속해서 일어날 때 사회는 '일탈의 범위를 축소하는', 다시 말해 기준을 하향 조정하는 경향이 있다. 예전에는 비정상적으로 보였던 행동이 정상적인 행동으로 바뀌는 것이다.

모이니핸은 자신의 가설을 미국 사회에서 점점 늘고 있는 한부모가정, 살인율, 정신질환에 대한 사회적 용인에 적용함으로써 논란을 불러일으켰다. 오늘날 우리는 모이니핸의 가설을 미국 민주주의에 적용할 수 있다. 예의, 언론에 대한 존경, '거짓말하지 않기'와 같은 성문화되지 않은 규범으로부터의 일탈이 비록 트럼프에서 시작된 것은 아니라고 해도, 일탈의 속도는 트럼프 임기에 가속화되고 있다. 트럼프 취임 후 미국 사회는 정치적 일탈을 정의하는 기준을 하향 조정했다. 트럼프의 일상적인 모욕과 괴롭힘, 거짓말, 속임수는 이러한 행동을 일반적인 행동의 범주로 넣어버렸다. 트럼프의 트윗은 언론과 민주당 인사, 그리고 몇몇 공화당 인사의 분노를 자극하고 있다. 그러나 이러한 트윗이 많아질수록 이에 대한 사회의 대응 능력은 떨어지게 된다. 모이니핸이 지적한 것처럼 정치적 일탈이 광범위하게 벌어질 때 사회 구성원들은 그 흐름에 압도당한다. 그리고 점차 자극에 둔감해진다. 지금 미국인들은 예전에는 스캔들이라고 생각했을 사건에 점차 익숙해지고 있다.

더 나아가 공화당 인사들은 트럼프의 일탈을 조금씩 묵인하는 추세다. 그들은 트럼프의 일탈을 점점 용인 가능한 행동으로 받아들이고 있다. 물론 많은 공화당 인사는 여전히 트럼프의 무례한 행동을 비난한다. 하지만 그들의 일회적인 비난은 거의 영향을 미치지 못한다. 트럼프 취임 후 7개월 동안 공화당 상원 의원들은 단 한 명만 제외하고 사안의 85퍼센트 이상에서 트럼프에게 찬성하는 표를 던졌다.[109] 때로 트럼프의 규범 위반을 강도 높게 비판했던 네브래스카 주 벤 새스와 애리조나 주 제프 플레이크 Jeff Flake 역시 사안의 94퍼센트에서 트럼프를 지지했다.[110] 트럼프의 끊임없는 트윗 공격에 대한 '견제' 전략은 찾아볼 수 없다. 대통령의 파괴 행동으로 정치적 대가를 치르기 두려워하는 공화당 인사들은 참을 수 있는 것과 참을 수 없는 것을 구분하는 기준을 끊임없이 옮기는 것 외에 뾰족한 방법이 없다는 사실을 점차 깨달아가고 있다.

이러한 흐름은 미국 민주주의에 끔찍한 결과를 몰고 올 것이다. 기본 규범에 대한 트럼프의 공격은 용인 가능한 정치 행동의 경계를 넓히고 있다. 우리는 이미 몇몇 결과를 목격하고 있다. 2017년 5월 하원 보궐 선거에 출마한 공화당 후보 그레그 지안포르테Greg Gianforte는 의료보험 개혁과 관련된 질문을 한 〈가디언〉 기자에게 보디슬램(body slam, 상대를 들어 바닥에 내치는 레슬링 기술-옮긴이)을 가했다.[111] 이로 인해 지안포르테는 경범 폭행죄로 재판에 넘겨졌지만, 그래도 선거에서 이겼다. 좀 더 일반적인 사례로 2017년 중반 〈이코노미스트〉 의뢰로 유고브YouGov가 실시한 여론조사에 따르면 언론에 대한 편협함intolerance이 특히 공화당 지지자들 사이에서 높은 수준으로 나타났다. 가령 법원이 '편향된 혹은 부정확한' 정보를 보도한 언론사에 폐쇄 명령을 내려야 한다는 주장에 대해 어떻게 생각하는지 물었을 때 설문에 응한 공화당 지지자 중 45퍼센트는 찬성 의사를 밝혔다. 반면 반대한 응답자는 20퍼센트에 불과했다. 그리고 공화당 지지자의 50퍼센트 이상이 편향된 혹은 부정확한 보도에 벌금을 부과해야 한다는 주장에 찬성했다.[112] 다시 말해 공화당 지지자 중 과반이 최근 에콰도르, 터키, 베네수엘라에서 일어났던 형태의 언론 탄압에 찬성한다는 뜻을 밝힌 것이다.

2017년 여름 미국총기협회National Rifle Association(NRA)는 직원 채용과 관련하여 두 가지 영상을 공개했다. 첫 번째 영상에서는 NRA 대변인 데이나 로쉬Dana Loesch가 민주당과 무력 사용에 관한 이야기를 하고 있다.

그들은 학교에서 아이들에게 우리 대통령이 히틀러와 같은 사람이라고 가르칩니다. 그리고 영화배우와 가수, 코미디 프로그램과 시상식을 통해 그들의 주장을 끊임없이 늘어놓습니다. 그리고 그들의 전 대통령까지 동원해서 '저항'을 촉구합니다. 이러한 모든 방법을 통해 사람들이 행진하고, 저항하고, 인종차별과 성차별, 외국인 혐오와 동성애 혐오를 비난하도록 만들고 있습니다. 결국 경찰이 나서 광기를 진압할 때까지 창문을 깨고, 자동차에 불을 지르고, 간선도로와 공항을 폐쇄하고, 법을 지키는 우리를 괴롭히고 협박합니다. 또한 경찰 진압 때문에 화가 났다고 말합니다. 우리가 이들을 막을 수 있는, 그리고 조국과 자유를 지킬 수 있는 유일한 방법은 움켜쥔 진실의 주먹으로 거짓 폭력에 맞서 싸우는 것뿐입니다.[113]

두 번째 영상에서 로쉬는 〈뉴욕 타임스〉를 향해 경고를 보낸다.

절대적인 진실과 사실에 기반을 둔 언론이라는 당신들의 허세 섞인 주장은 정말로 지겹군요. 우리의 경고를 진지하게 받아들이길 바랍니다. (…) 간단하게 말하자면 우리는 지금 당신들을 노리고 있으니까요.[114]

NRA는 소규모 비주류 모임이 아니다. 회원 수가 이미 5백만을 넘어섰고, 공화당과 긴밀한 관계를 맺고 있다. 도널드 트럼프와 세라 페일린도 NRA의 평생회원이다. 이들은 우리 사회가 예전에 정치적으로 대단히 위험한 일탈로 여겼을 표현을 거리낌 없이 내뱉고 있다.

규범은 민주주의를 보호하는 연성 가드레일이다. 규범이 무너질 때 용인 가능한 정치 행동 범위는 넓어지고, 민주주의를 파멸로 몰아갈 주장과 행동이 시작된다. 예전에는 미국 정치에서 상상조차 할 수 없었던 행동이 이제 고려해볼 만한 전술이 되고 있다. 물론 트럼프 자신이 헌법적 민주주의라는 강성 가드레일을 파괴한 것은 아니지만, 미래의 대통령이 언젠가 그러한 일을 할 가능성을 높이고 있다.

9장

민주주의 구하기

우리는 이 책을 쓰면서 많은 사람들이 생각하듯 미국 민주주의가 예외적인 제도가 아니라는 생각을 다시 한번 하게 되었다. 미국의 헌법과 문화 속에는 민주주의 붕괴를 막아낼 특별한 장치가 없다. 과거에 미국 사회는 지역적, 당파적 적대감으로 분열되었고, 결국 내전으로 이어진 정치 재앙을 경험했다. 그래도 미국의 헌법 체계는 회복되었고, 공화당과 민주당 지도부가 새롭게 개발한 규범과 불문율은 한 세기 넘게 정치적 안정성을 지켜주었다. 하지만 그러한 안정은 인종차별과 남부 지역의 일당 지배라는 값비싼 대가를 치르고서야 가능했다. 미국 사회가 완전히 민주화된 것은 1965년이다.[1] 그리고 아이러니하게도 바로 그 민주화 과정이 미국 유권자 집단을 근본적으로 새롭게 재편했고, 이러한 변화는 다시 정당정치의 양극화로 이어졌다.[2] 재건 시대 이후로 가장 골이 깊어진 양극화 현상은 오늘날 규범 파괴라고 하는 전염병을 창궐시킴으로써 미국 민주주의를 심각하게 위협하고 있다.

베네수엘라, 태국, 터키, 헝가리, 폴란드에 이르기까지 최근 전 세계 민주주의가 쇠퇴하고 있다는 인식이 높아지고 있다.[3] 세계적인 민주주의 권위자 래리 다이아몬드Larry Diamond는 전 세계가 민주주의 침체기로 들어서고 있다고 말한다.[4] 그렇다면 오늘날 미국의 위기는 세계적인 흐름의 일부일까? 우리 두 저자는 그렇게 생각하지 않는다. 트럼프가 대선에서 승리하기 전까지, 세계적으로 민주주의가 후퇴하고 있다는 주장은 과장에 불과했다.[5] 민주주의 국가의 수는 1980년대와 90년대에 걸쳐 크게 증가했고, 2005년에 정점을 찍었다. 그리고 그 후로 큰 변동은 없었다. 물론 민주주의를 역행하는 사례는 뉴스 헤드라인을 장식하고 높은 사회적 관심을 받는다. 하지만 헝가리, 터키, 베네수엘라와는 달리 콜롬비아, 스리랑카, 튀니지처럼 더 많은 국가가 지난 10년 동안 '더욱' 민주화되었다. 그리고 아르헨티나, 브라질, 칠레, 페루에서 그리스, 스페인, 체코, 루마니아, 그리고 가나와 인도, 한국, 남아프리카에 이르기까지 전 세계 대다수 민주주의 국가는 온전히 살아남았다. 경기 침체와 EU에 대한 회의주의, 그리고 이민 사태에 이르기까지 유럽 민주주의는 지금 많은 복잡한 문제에 직면해 있지만, 그럼에도 우리가 지금 미국에서 목격하는 근본적인 규범 파괴는 유럽 국가들 어디에서도 찾아보기 힘들다.

그러나 트럼프의 등장으로 전 세계 민주주의는 중대한 도전 과제를 맞이하게 되었다. 베를린 장벽 붕괴에서 오바마 대통령 당선에 이르기까지 미국 행정부는 전반적으로 민주주의를 지향하는 외교정책으로 일관해왔다. 물론 여기에는 여러 예외가 있다. 중국, 러시아, 중동과의 관계처럼 미국의 전략적 이익이 위험에 처할 때마다 민주주의에 대한 논의는 후순위로 밀려났다. 그럼에도 냉전이 끝나고 아프리카, 아시아, 동유럽, 남미

와의 관계에서 미 행정부는 전반적으로 외교 압박과 경제 지원을 비롯하여 다양한 외교정책을 활용함으로써 전제주의에 반대하고 민주화를 지지했다.[6] 1990년에서 2015년의 사반세기는 아마도 역사적으로 가장 민주적인 시절이었을 것이다. 그 부분적인 이유로 서구 강대국들 대부분이 민주주의를 지지했다. 하지만 최근 변화가 나타나고 있다. 트럼프 행정부에서 미국은 냉전 이후 처음으로 민주주의 수호자로서의 역할을 저버렸다. 닉슨 행정부 이후로 트럼프 행정부는 민주주의에서 가장 멀어져 있다. 또한 미국은 이제 더 이상 민주주의 모델이 아니다. 대통령이 언론을 공격하고, 상대 후보를 구속시키겠다고 협박하고, 선거 결과를 인정하지 않는 나라는 더 이상 민주주의를 지킬 여력이 없다. 트럼프가 백악관에 머무는 동안 잠재적 독재자들은 더 많이 모습을 드러낼 것이다. 이러한 점에서 2016년 이전에 전 세계 민주주의가 후퇴하고 있다는 주장이 그저 미신에 불과했다 해도, 트럼프의 등장과 유럽의 위기, 중국의 성장, 그리고 높아지는 러시아의 호전성이 그 미신을 현실로 만들고 있다.

민주주의 미래 시나리오

다시 시선을 미국으로 돌려보자. 우리는 트럼프 이후 미국의 미래에 대해 세 가지 가능한 전망을 제시하고자 한다. 첫째, 가장 낙관적인 형태로 민주주의가 신속하게 회복되는 경우다. 이 시나리오에서 트럼프는 정치적 실패를 겪는다. 대중의 지지를 잃어버리고 재선에 실패하거나, 혹은 보다 극적으로 탄핵을 당하거나 사임을 하게 된다. 트럼프 임기 중단과 반트럼프 저항의 성공으로 민주당은 큰 힘을 얻을 것이며, 이들은 다시 권력을 되찾아 트럼프의 악명 높은 정책을 모두 되돌려놓을 것이다. 이렇게 트럼프가 극단적인 형태로 실패한다면 1974년 리처드 닉슨의 경우가 그러했듯이 트럼프에 대한 대중의 혐오는 미국 민주주의 수준을 높여주는 개혁의 원동력으로 작용할 것이다. 그리고 트럼프와 손을 잡음으로써 막대한 대가를 치르고 있는 공화당 지도부는 극단주의자와의 위험천만한 동침을 포기할 것이다. 그러면 미국은 재빨리 과거의 평판을 되찾을 것이다. 트럼프 시절은 학생들의 교과서에 등장할 것이며, 영화로도 제작될 것이다. 그리고 역사학자들은 미국 사회가 재앙에서 벗어나 힘들게 민주주의를 회복해야 했던 비극적인 실수로 그 시절을 언급할 것이다.

분명하게도 이는 많은 이들이 원하는 미래다. 하지만 그 가능성은 높지 않아 보인다. 오랫동안 자행된 민주주의 규범에 대한 공격, 그리고 이를 촉발한 극단적인 정치 양극화는 트럼프가 백악관에 입성하기 한참 전부터 시작되었다는 사실을 다시 한번 떠올려보자. 미국 민주주의를 보호하는 연성 가드레일은 수십 년 세월에 걸쳐 약화되었다. 단지 트럼프를 몰아낸다고 해서 가드레일이 기적적으로 원상복구 되지는 않을 것이다. 궁극적으로 트럼프 임기가 미국 민주주의에 가벼운 발자국을 남긴 일탈로 끝난다고 해도, 트럼프를 몰아내는 것만으로 미국 사회가 건강한 민주주의로 돌아갈 수는 없을 것이다.

둘째, 보다 어두운 전망으로서 트럼프와 공화당이 백인 민족주의를 앞세워 승리를 이어나가는 경우다. 이 시나리오에서 친트럼프 공화당은 대통령과 상원 및 하원, 그리고 주 의회를 장악하고 결국에는 연방대법원까지 압도적 다수를 차지하게 된다.[7] 공화당은 헌법적 강경 태도를 기반으로 오랜 기간에 걸쳐 과반을 차지하는 백인 선거인단을 구성할 것이다. 그리고 이를 위해 대규모 추방과 이민 제한, 투표 억제, 그리고 엄격한 유권자 신분확인법을 함께 실시해나갈 것이다. 이러한 선거인단 재편과 더불어 필리버스터를 비롯하여 상원 소수당을 보호하는 여러 규칙을 없애버릴 것이며, 공화당은 다수의 지위를 통해 논의를 주도적으로 이끌어나갈 것이다. 이들 방안 모두 극단적인 것처럼 보이지만, 적어도 트럼프 행정부는 이를 실질적인 대안으로 고려하고 있다.

물론 새로운 백인 다수를 통해 공화당을 강화하려는 시도는 근본적으로 민주주의에 위배되는 생각이다. 이러한 시도는 진보 진영과 소수민족, 그리고 다양한 민간 영역을 아우르는 광범위한 세력의 저항을 일으킬 것이다. 그리고 이러한 저항은 대결 국면을 고조하고, 심지어 폭력 사태로 이어질 수 있다. 또한 이러한 충돌은 다시 '법과 질서'의 명분하에 경찰력 강화와 민간 자경주의 등장으로 이어질 것이다. 정말로 이런 일이 벌어질까 의심된다면 최근 NRA가 내놓은 채용 관련 동영상을 보거나 '블랙 라이브스 매터Black Lives Matter' 운동에 대한 공화당 인사들의 발언을 들어보길 권한다.

물론 이와 같은 악몽의 시나리오 역시 가능성이 낮다. 그럼에도 완전히 배제할 수는 없다. 힘을 잃어가는 다수민족이 기존의 지배적인 지위를 평화롭게 넘겨준 역사적 사례는 찾아보기 힘들다. 레바논의 경우 지배적인 기독교 집단의 인구가 줄어들면서 15년간의 내전이 시작되었다. 이스라엘의 경우 요르단 강 서안 지구를 사실상 병합함으로써 생긴 인구통계 변화로 그 나라는 두 명의 전직 총리가 인종차별 정책에 비유했던 정치 시스템으로 흘러가고 있다. 그리고 미국의 경우 흑인에 대한 선거권 부여로 촉발된 위협에 대해 남부 민주당은 재건 시대 이후로 한 세기 가까이 아프리카계 미국인에게서 선거권을 박탈하는 방식으로 대응했다. 비록 지금은 백인 민족주의자들이 공화당 내에서 주류를 형성하고 있지는 않지만, 영향력 있는 공화당 법무부 장관 제프 세션스와 공정 선거 대통령 자문위원회 공동 의장인 크리스 코백이 주도하는 엄격한 유권자 신분확인법과 유권자 명부 정리에 대한 압박은 공화당이 선거구 조정을 당의 핵심 사안으로 삼고 있다는 사실을 말해준다.

마지막으로 셋째는 우리의 입장이자 가장 가능성 높은 시나리오다. 여기서 트럼프 이후 미국이 더욱 뚜렷한 양극화 사회로 접어들면서 성문화되지 않은 정치 관습에서 더 멀어지고, 제도 전쟁이 더욱 치열해질 것이다. 다시 말해 미국 민주주의의 강성 가드레일마저 사라질 것이다. 이 시나리오에서 트럼프와 트럼프주의는 실패하지만, 그 실패는 정당 양극화를 해소하지 못하고, 또한 상호 관용과 자제 규범의 붕괴도 되돌리지 못한다.

가드레일이 사라진 민주주의가 어떤 것인지 상상해보기 위해 현재의 노스캐롤라이나 주를 생각해보자. 노스캐롤라이나는 전형적인 '경합' 주다. 다각화된 경제와 세계적인 대학 시스템을 갖춘 노스캐롤라이나는 남부에 비해 보다 부유하고 도시적이며, 높은 수준의 교육을 자랑한다. 또한 인구통계적으로도 다양하며, 아프리카계, 아시아계, 라틴계가 전체 인구의 3분의 1을 차지한다.[8] 이러한 이유로 노스캐롤라이나는 전통적인 남부 주에 비해 민주당에 우호적이다. 노스캐롤라이나 주 유권자 구성은 미국 전역의 유권자 구성과 비슷하다. 다시 말해 민주당은 샬럿이나 롤리-더럼과 같은 도심 지역에서, 그리고 공화당은 시골 지역에서 우세를 점하면서 전반적으로 양당이 세력 균형을 이룬다.

듀크 대학 법학과 교수 제데디아 퍼디Jedediah Purdy의 표현을 빌리자

어떻게 민주주의는 무너지는가

면, 노스캐롤라이나 주는 "미국의 극단적인 당파 정치, 그리고 점점 심각해지는 상호 불신의 소우주"[9]가 되었다. 지난 10년 동안 양당은 공화당이 제기한 낙태 금지, 의료보험개혁법의 일부로서 메디케이드에 대한 공화당 주지사의 반대, 동성 결혼을 금하는 헌법 수정안, 그리고 가장 유명하게도 성전환자들이 그들이 선택한 성에 따라 공중 화장실을 사용하도록 허용하는 지방 정부의 권한을 막은 2016년 공공시설 사생활 및 보안법 Public Facilities Privacy & Security Act(일명 "화장실법Bathroom Bill")을 놓고 치열한 다툼을 벌여왔다.[10] 이 모든 방안은 강한 사회 반발을 불러왔다. 한 원로 공화당 인사는 "지금껏 내가 경험한 어떤 시절보다 극심한 정치 양극화와 정쟁이 전개되고 있다. (…) 그리고 나는 제시 헬름스Jesse Helms(노스캐롤라이나 상원 의원-옮긴이)를 위해 일한다."[11]

많은 이들의 설명에 따르면 노스캐롤라이나가 정치 전면전에 휘말리게 된 것은 2010년 공화당이 의회를 장악하고 나서였다. 그 이듬해 노스캐롤라이나 주 의회는 '인종적 게리맨더링'이라고 알려진 선거구 조정안을 통과시켰다. 이를 통해 공화당은 아프리카계 유권자를 몇몇 선거구에 집중적으로 몰아넣음으로써 그들의 선거 영향력을 희석하고, 공화당의 의석수를 극대화했다. 노스캐롤라이나 '모럴 먼데이즈Moral Mondays' 운동을 이끈 진보주의 목사 윌리엄 바버William Barber는 새롭게 조정된 선거구를 '인종차별적 선거구'라 불렀다. 그 결과 2012년 선거에서 민주당이 주 전체에서 더 많은 표를 얻었음에도 공화당이 13개 의석 중 아홉 개를 석권했다.[12]

2012년 선거에서 팻 매크로리Pat McCrory가 주지사에 당선되면서 공화당은 노스캐롤라이나 주의 입법, 사법, 행정을 모두 장악하게 되었다. 그후로 공화당은 지배를 장기적으로 이어나갈 방안을 모색했다. 주지사, 그리고 상원과 하원 및 주 대법원 내 과반을 기반으로 공화당 지도부는 운동장을 기울이기 위해 여러 야심찬 개혁안을 추진해나갔다. 가장 먼저 주 전체에 걸쳐 유권자 개인정보에 접근할 수 있는 권한을 요구했다.[13] 그리고 이 정보를 활용하여 선거권 행사를 더 힘들게 만들기 위한 다양한 선거 개혁법을 통과시켰다. 또한 매우 엄격한 유권자 신분확인법도 통과시켰다.[14] 나아가 사전투표 기회를 줄이고, 16~17세를 대상으로 하는 예비 등록제를 중단했으며, 당일등록제를 폐지하고, 여러 주요 카운티에서 투표소 수를 크게 줄였다. 연방 항소법원의 설명에 따르면 공화당은 새롭게 손에 넣은 자료를 가지고 아프리카계 유권자를 목표물로 삼아 "외과 수술처럼 정밀하게"[15] 선거 개혁법을 설계했다. 나중에 항소법원이 그 새로운 법의 집행을 중단시켰을 때 공화당은 그들이 장악하고 있는 주 선거위원회를 활용하여 그 법안 중 몇 가지를 필사적으로 실행에 옮겼다.[16]

이러한 제도 전쟁은 2016년 주지사 선거에서 민주당 로이 쿠퍼Roy Cooper가 매크로리를 간신히 이긴 후에도 끝나지 않았다. 공화당이 아무런 근거 없이 부정선거 의혹을 제기했고, 매크로리는 한 달 가까이 패배 인정을 거부했다.[17] 그러나 그건 시작에 불과했다. 2016년 12월 매크로리가 끝내 패배 승복을 한 후 공화당은 주 의회에서 "깜짝 특별회의"[18]를 소집했다. 정치 상황이 얼마나 악화되었는지를 보여주듯, 머지않아 "의회 쿠데타"가 일어날 것이라는 이야기가 있었다.[19] 즉, 선거 결과에 대한 의혹이 있을 때 의회가 개입할 수 있도록 규정한 법을 악용함으로써 공화당이 선거 결과를 뒤집으려 한다는 소문까지 돌았던 것이다.

비록 쿠데타는 일어나지 않았지만 〈뉴욕 타임스〉가 "뻔뻔한 권력 장악"[20]이라고 언급했던 특별회의에서 공화당은 새로운 민주당 주지사의 권한을 빼앗는 갖가지 방안을 통과시켰다. 상원은 주지사 임명을 인준하는 권한을 스스로에게 부여했고, 현직 공화당 주지사에게는 임시직을 영구직으로 전환할 수 있는 권한을 주었다.[21] 퇴임을 앞둔 매크로리 현 주지사는 자신이 뽑은 1000명에 달하는 직원들에게 종신재직권을 부여했다.[22] 이는 결국 자기 입맛에 맞게 구성한 행정부를 장기적으로 유지하겠다는 계산이었다. 다음으로 공화당은 주 선거위원회 개편에 착수했다.[23] 주 선거위원회는 선거구 조정, 유권자 등록, 유권자 신분확인 요건, 투표 시간, 투표소 배치 등 주 선거와 관련된 모든 규칙을 담당한다.[24] 당시 선거위원회는 공화당이 의회에서 과반을 차지하는 데 기여한 현직 주지사 매크로리가 완전히 장악하고 있었다.[25] 그는 동등한 정당 대표 시스템을 구축했다. 다시 말해 선거위원회 위원장을 양당이 번갈아가면서 맡도록 제도를 바꾸었다. 게다가 위원 수가 두 번째로 많은 정당(즉, 공화당)이 짝수 년도에 위원장을 맡도록 정했다. 짝수 년도는 곧 선거가 있는 해를 의미한다.[26] 그리고 몇 달 후 의회는 주 항소법원에서 세 자리를 줄이기로 의결했으며, 이를 통해 새로 들어올 쿠퍼 주지사에게서 세 명의 판사 임명권을 실질적으로 빼앗았다.[27]

이후 법원이 인종차별적 선거구 조정, 2013년 투표법, 그리고 선거위원회 개혁안 모두를 무효화했음에도, 그러한 법안이 의회를 통과했다는 사실은 주어진 권력을 최대한 활용함으로써 정치 경쟁자를 불구로 만들겠다는 공화당의 강한 의지를 보여주는 것이었다. 채플 힐 출신 민주당 하원 의원 데이비드 프라이스David Price는 이번 사태를 통해 "미국 민주주의가 우리가 알고 있는 것보다 훨씬 더 취약하다"는 사실을 깨달았다고

말했다.[28]

노스캐롤라이나는 가드레일이 사라진 민주주의가 어떤 모습일지 들여다볼 수 있는 기회의 창이다. 우리는 노스캐롤라이나를 통해 미국의 미래를 엿보게 된다. 정치 경쟁자가 적으로 변할 때 정치는 전쟁으로 전락하고 민주주의 제도는 무기로 바뀐다. 그 결과 사회는 끊임없이 위기를 맞게 된다.

똑같이 지저분하게 싸워라?

이 우울한 시나리오는 이 책의 핵심 교훈을 말해준다. 미국 민주주의가 제대로 작동하기 위해서는 우리가 종종 당연하게 여기는 두 가지 규범, 즉 상호 관용과 제도적 자제가 무엇보다 중요하다. 정치 상대를 정당한 경쟁자로 인정하고, 자신에게 주어진 제도적 특권을 페어플레이 정신에 입각해서 신중하게 활용해야 한다는 규범은 미국 헌법에 적시되어 있지 않다. 그러나 그 규범이 무너질 때 미국 헌법의 견제와 균형은 우리의 기대대로 작동하지 않을 것이다. 프랑스 사상가 몽테스키외가 1748년 《법의 정신》에서 권력분립의 개념을 처음으로 소개했을 때 그는 오늘날 우리가 말하는 규범에 크게 주목하지 않았다.[29] 그는 정치제도라고 하는 견고한 건축물만으로 권력 남용을 억제하기에 충분하다고 믿었다. 즉, 헌법 설계는 공학적 문제와 다르지 않으며, 정치 지도자에게 결함이 있다고 해도 야심을 또 다른 야심으로 견제하는 제도만 있으면 충분하다고 확신했다. 그리고 미국 건국자들 중 많은 이들 역시 그렇게 생각했다.

그러나 역사는 미국의 건국자들이 오류를 범했다는 사실을 보여주었다. 정당, 그리고 정당이 개발한 규범과 같은 혁신적인 발명품 없이는, 건국자들이 필라델피아에 모여 설계한 헌법은 살아남을 수 없다. 민주주의 제도는 공식적인 규칙 이상의 것으로, 법률에 더하여 무엇이 바람직한 행동인지에 대한 구성원들의 이해가 필요하다. 1세대 미국 정치 지도자들의 위대한 점은 완벽한 제도를 설계한 것이 아니라, 설계에 더하여 그 제도가 실질적으로 돌아가게 만드는 공통된 믿음과 관습을 치밀하게 구축했다는 사실이다.

종종 언급되는 미국 정치 시스템의 강점은 노벨 경제학 수상자 군나르 뮈르달Gunnar Myrdal이 언급한 '미국적 신조American Creed'[30] 즉, 자유와 평등의 원칙에 있다. 미국 건국 헌장에 등장하고, 강의실과 연설, 그리고 사설에서 끊임없이 언급되는 자유와 평등은 그 자체로 절대 가치를 지닌다. 그러나 그 가치는 스스로 발현되지 못한다. 상호 관용과 제도적 자제는 그 가치를 실현하기 위한 절차적 기반이다. 두 규범은 민주주의 제도가 제대로 기능하도록 만들기 위해 법의 한계를 넘어서서 어떻게 행동해야 하는지를 정치인들에게 말해준다. 우리는 이러한 절차적 기반을 미국적 신조의 핵심으로 바라보아야 할 것이다. 그것이 없다면 미국 민주주의는 작동을 멈출 것이다.

이는 미국 국민이 트럼프 행정부에 갖고 있는 반감과 관련하여 중요한 의미가 있다. 2016년 선거 이후로 진보 진영의 많은 정치 평론가들이 민주당도 "공화당처럼 싸워야 한다"고 주장했다. 그들의 논리에 따른다면 공화당이 규칙을 어기면 민주당 역시 똑같은 방식으로 대응해야 한다. 상대가 자제의 규범을 저버린 상황에서 혼자서 자기통제와 예의를 지키는 것은 권투 선수가 한 손을 뒤로 묶고 링 위에 올라서는 것과 같다. 악당이 수단과 방법을 가리지 않고 이기려 들 때 규칙을 지키려는 자들은 바보 취급을 받는다. 오바마 대통령의 대법관 임명을 공화당이 막았을 때 민주당은 불시의 공격을 당했다고 느꼈을 것이다. 특히 트럼프의 승리로 그에 따른 아무런 처벌도 받지 않게 되었을 때 더욱 그랬을 것이다. 정치학자이자 저자인 데이비드 패리스David Faris는 "지저분하게 싸워라"라고 주장한 대표적인 인물이다. 그는 이렇게 말했다.

모든 사안에 대한 민주당의 태도는 (…) 지극히 단호해야 한다. 메릭 갈런드를 임명하지 않으면 불에 타 죽을 것이라고 경고해야 한다. (…) 그뿐 아니라 앤터닌 스캘리아가 죽었던 날에 했어야 할 일을 해야 한다. 즉, 다음번에 공화당이 대통령을 차지하고 민주당이 상원을 장악했을 때 (…) 지금의 일에 대해 엄청난 대가를 치르게 될 것이라는 경고를 분명히 전해야 한다. 권력이 분산된 상황에서 다음번 공화당 대통령은 하나도 얻지 못할 것이다. (…) 동의는 없다. 최하위 지방법원에서 단 한 명의 판사와 단 한 명의 장관 임명도. 그리고 단 하나의 법안 통과도.[31]

트럼프 당선 직후에 일부 진보주의 인사는 그의 취임을 막아야 한다고 주장했다. 트럼프 취임을 한 달 앞두고 나온 "민주당은 시간이 없다. 공화당처럼 싸워라"라는 제목의 사설에서 달리아 리스윅Dahlia Lithwick과 데이비드 코언David S. Cohen은 민주당이 "트럼프를 막기 위한 아무런 노력도 하지 않고 있다"며 한탄했다.[32] 그리고 "트럼프의 취임을 막을 수 있는 법적 근거가 충분한데도" 민주당은 방안을 모색하지 않고 있다고 비판했다. 이에 더하여 미시간, 펜실베이니아, 위스콘신 주에서 재검표를 실시하고, 부정선거를 조사하고, 선거인단의 마음을 돌릴 수 있는 방안을 찾고, 심지어 법정에서 트럼프의 승리를 무효화함으로써 그가 백악관에 들

어떻게 민주주의는 무너지는가

어오지 못하게 "필사적으로 막아야 한다"고 외쳤다.

취임식 당일에 몇몇 민주당 인사는 대통령으로서 트럼프의 정당성에 의문을 제기했다. 캘리포니아 하원 의원 제리 맥너니Jerry McNerney는 취임식 참석을 거부하면서 이번 대선은 러시아의 개입으로 "적법성이 결여되었다"고 주장했다.[33] 더불어 조지아 주 하원 의원 존 루이스John Lewis는 트럼프를 "합법적인 대통령"으로 인정할 수 없다고 선언했다.[34] 그 밖에 70명에 달하는 민주당 하원 의원들이 트럼프 취임식에 불참했다.[35]

트럼프가 백악관에 입성한 뒤, 진보 진영의 일부 인사는 민주당이 "공화당 전략을 그대로 가져와서 모든 사안에 반대해야 한다"고 주장했다.[36] 가령 웹사이트 〈데일리 코스Daily Kos〉 설립자 마코스 물릿사스Markos Moulitsas는 이렇게 강조했다. "상원을 통과하려면 공화당은 매번 싸워야 할 것이다. 안건이 아침기도라고 해도 상관없다. 우리는 모든 것에 맞설 것이다."[37]

일부 민주당 인사는 조기 탄핵 가능성까지 거론했다. 트럼프가 취임하고 2주일이 채 지나지 않은 시점에 맥신 워터스Maxine Waters 하원 의원은 트위터에 이런 글을 남겼다. "내가 가장 바라는 것은 @realDonaldTrump의 즉각적인 탄핵이다."[38] 탄핵 논의는 FBI 국장 제임스 코미가 해고되면서 다시 불이 붙었고, 트럼프의 인기가 주춤하면서 더 거세졌다.[39] 이는 다음 선거에서 민주당이 탄핵에 필요한 하원 내 다수를 차지할 수 있다는 기대감을 높여주었다. 워터스는 2017년 5월 인터뷰에서 이렇게 언급했다. "어떤 사람들은 그 단어를 입에 올리기조차 꺼립니다. 마치 끔찍한 생각이라는 듯 말이죠. 너무 엄청난 일이라 엄두를 낼 수 없다거나 생각만으로도 골치 아프다고 합니다. 하지만 저는 그렇게 보지 않습니다."[40]

그러나 우리 두 저자의 관점에서 볼 때 민주당이 '공화당처럼 싸워야 한다'는 생각은 착각에 불과하다. 첫째, 외국 사례들은 이러한 대응 전략이 오히려 전제주의가 등장할 가능성을 높여주었다는 사실을 보여준다. 일반적으로 이러한 전면적인 전략은 중도 진영을 위협함으로써 야당의 지지도를 떨어뜨린다. 반면 여당 내 반대파조차 야당의 강경한 태도에 맞서 단결하게 함으로써 친정부 세력을 집결하는 역할을 한다. 게다가 야당이 진흙탕 싸움에 뛰어들 때 정부는 이들을 탄압하기 위한 정치 정당성을 확보한다.[41]

대표 사례로 베네수엘라 우고 차베스 정권을 꼽을 수 있다. 차베스는 취임 후 몇 년 동안 민주적인 행보를 이어나갔지만, 여당은 그의 포퓰리즘을 정치 위협으로 보았다. 그들은 차베스가 베네수엘라를 쿠바식 사회주의로 몰고 갈 것이라는 우려에 수단과 방법을 가리지 않는 선제공격으로 그를 자리에서 끌어내리려고 했다. 2002년 4월 베네수엘라 야당 지도부는 군사 쿠데타를 지원했다. 그러나 실패로 돌아가면서 야당은 민주주의 세력이라는 이미지마저 잃어버렸다. 그러나 야당은 이에 굴하지 않고 2002년 12월 무기한 파업을 선언하면서 차베스가 사임할 때까지 국정 참여를 중단하겠다고 발표했다. 그 파업은 두 달간 지속되면서 베네수엘라 사회에 약 45억 달러의 손실을 가져다주었지만, 아무런 성과 없이 끝나고 말았다.[42] 다음으로 2005년 반차베스 세력은 의회 선거를 거부했지만 차비스타 정권은 이 기회를 틈타 의회를 완전히 장악했다. 야당의 세 가지 전략은 모두 역풍을 맞았다.[43] 그들은 차베스 정권을 무너뜨리지 못했을 뿐 아니라 대중의 지지마저 잃어버렸다.[44] 게다가 차베스가 자신의 정적에게 반민주 세력이라는 꼬리표를 달게 하고, 행정부가 군대와 경찰, 법원 조직에 개입하게 만들고, 저항 인사를 체포하거나 추방하고, 또한 독립적인 언론 매체를 폐쇄할 수 있는 명분까지 주고 말았다. 야당은 힘과 신뢰를 잃었고 결국 차베스 정권이 전제주의로 빠져드는 것을 바라보아야만 했다.

반면 콜롬비아 알바로 우리베Álvaro Uribe 대통령에 맞선 야당의 전략은 성공적이었다.[45] 2002년 대선에서 당선된 우리베 대통령 역시 차베스 정권과 마찬가지로 권력 집중을 도모했다.[46] 우리베 정권은 반정부 인사를 체제 전복자나 테러리스트라고 비난했고, 야당 인사와 기자들을 감시하고, 사법부를 무력화하고자 했다. 또한 두 번째 임기에 출마하기 위해 헌법을 두 차례나 수정했다. 그러나 베네수엘라 경우와는 달리 콜롬비아 야당은 초헌법적 수단을 동원하여 우리베 정권을 무너뜨리려고 하지 않았다. 그 대신 정치학자 로라 감보아Laura Gamboa가 설명했듯이 그들은 의회와 법원에 집중했다. 그래서 우리베 정권은 야당의 민주적 정당성을 공격하거나 이들에 대한 탄압을 정당화할 수 없었다.[47] 우리베는 대통령 권한을 남용했지만, 베네수엘라 방식의 제도 전쟁은 일어나지 않았고, 덕분에 콜롬비아의 민주주의 제도 역시 위협을 받지 않았다. 그리고 2010년 2월 콜롬비아 헌법재판소는 우리베의 세 번째 임기 도전을 위헌으로 판결하면서 두 번의 임기를 마치고 내려올 것을 명했다. 우리는 콜롬비아 사례에서 이러한 교훈을 얻을 수 있다. 제도적 채널이 존재할 때 정부 저항 세력은 이를 적극 활용해야 한다는 것이다.

설령 민주당이 강경 전술을 통해 트럼프를 무력화하거나 자리에서 끌어내리는 데 성공했다고 해도, 그러한 승리는 상처뿐인 영광이다. 그 이유는 다음 정권이 가드레일이 사라진 민주주의를 물려받게 될 것이기 때문이다. 트럼프 행정부가 야당 공세에 무릎을 꿇는다면 혹은 양당의 합의 없이 탄핵을 당한다면 애초에 트럼프에게 기회를 가져다주었던 당파적 적대감과 규범 파괴는 더욱 고착화될 것이다. 그리고 적어도 미국 국민의 3분의 1은 트럼프 탄핵을 좌파 세력의 거대한 음모라고 혹은 쿠데타라고 여길 것이다. 그러면 미국 정치는 위태로운 상태로 계속해서 부유할 것이다.

이러한 국면은 웬만해서 해피엔딩으로 끝나지 않는다. 민주당이 상호 관용과 자제 규범을 회복하려는 노력을 기울이지 않을 때 다음번 대통령도 수단과 방법을 가리지 않고 그를 끌어내리려는 야당을 상대해야 할 것이다. 그리고 정당 간 갈등의 골이 깊어지고, 성문화되지 않은 규범이 지속적으로 허물어질 때 미국은 트럼프보다 훨씬 더 위험한 대통령을 맞이하게 될 것이다.

물론 트럼프 행정부의 전제주의 행보에 대해서는 강력하게 대응해야 한다. 하지만 그 과정에서 민주주의 규범을 어기지 않도록 주의해야 한다. 가능하다면 의회와 법원, 그리고 선거를 통해 저항을 해야 한다. 민주주의 제도를 기반으로 트럼프가 실패하게 만들 수 있다면 미국 민주주의 토양은 더욱 단단해질 것이다.

우리는 저항을 이와 같은 관점에서 바라보아야 한다. 모든 민주주의 사회에서 대중의 저항은 기본적인 권리이자 중요한 책임이다. 하지만 저항의 목표는 권리와 제도를 뒤엎는 것이 아니라 지키기 위한 것이어야 한다. 1960년대 흑인 저항 운동에 관한 주요 연구에서 정치학자 오마르 와소Omar Wasow는 흑인이 주도한 비폭력 저항 운동이 워싱턴에서 시민권 문제의 중요성을 높였고, 또한 대중의 지지를 넓혔다고 설명했다.[48] 반대로 폭력적인 저항은 백인들의 지지를 위축시켰고, 1968년 선거 판세를 험프리에게서 닉슨으로 기울이는 한 요인으로 작용했다.

우리는 역사에서 배워야 한다. 반트럼프 세력은 민주주의를 지지하는 광범위한 연합 전선을 형성해야 한다. 오늘날 연합은 생각이 비슷한 사람들의 모임으로 이루어진다. 가령 유대교, 이슬람, 가톨릭, 장로교 집단에서 진보주의를 지향하는 사람들이 종교의 벽을 뛰어넘는 연합 전선을 형성함으로써 빈곤과 인종차별 문제를 해결할 수 있다. 혹은 라틴계, 종교 단체, 시민권 운동 단체가 함께 손잡고 이민자 권리 보호에 앞장설 수 있다. 정치 노선이 비슷한 집단 간의 연합도 중요하지만, 이러한 형태의 연합만으로는 민주주의를 온전히 지켜낼 수 없다. 가장 효과적인 형태는 서로 이질적인, 그리고 여러 사안에 반대 입장을 취하는 집단이 하나로 뭉치는 연합이다. 이러한 연합은 친구가 아니라 경쟁자들 사이에서 이루어진다. 미국의 민주주의를 지키기 위해 진보 진영은 기업 경영자, 종교(특히 백인 개신교) 지도자, 그리고 공화당이 지배하는 주의 공화당 의원과도 연합 전선을 구축할 수 있어야 한다. 물론 경영자와 민주당 운동가는 그리 자연스러운 조합은 아니다. 하지만 이들은 위법 행위를 일삼는 불안정한 행정부에 맞서야 한다는 공통 명분을 갖고 있다. 그렇기 때문에 서로 강력한 파트너가 될 수 있다. 마틴 루터 킹 생일 기념행사를 거부하고, 남부연합기를 게양하고, 동성애자와 성전환자의 권리를 무시하는 주 정부를 향해 최근 번지고 있는 저항 운동을 생각해보자. 주요 기업이 진보주의 저항 운동에 합류할 때 성공 가능성은 높다.

물론 부자연스러운 조합을 극복하고 연합 전선을 구축하는 일은 무척 힘든 과제다. 이를 위해서는 무엇보다 그동안 관심을 쏟아왔던 다른 사안을 잠시나마 제쳐두려는 강한 의지가 필요하다. 가령 진보 운동가들이 낙태의 권리나 정부 운영의 단일 의료보험제도와 같은 민감한 사안을 연합을 위한 조건으로 내세운다면, 기독교나 공화당, 혹은 경영자를 아우르는 광범위한 연합 전선을 절대 형성할 수 없을 것이다. 그렇기 때문에 장기적으로 바라보고, 인내하고, 힘든 양보를 선택해야 한다. 그렇다고 해서 핵심 목표를 포기하라는 뜻은 아니다. 다만 공동의 도덕적 기반을 마련하기 위해 서로 간의 차이를 잠시나마 접어두자는 의미다.

광범위한 저항 연합을 통해 중요한 이익을 얻어낼 수 있다. 가장 먼저 미국 사회의 폭넓은 영역에 호소함으로써 민주주의 지지자들에게 힘을 실어줄 수 있다. 반트럼프 진영을 민주당을 지지하는 진보적인 지역으로 한정할 것이 아니라, 더 넓은 지역으로 확장해야 한다. 이러한 노력은 전제주의 정권을 고립시키고 패배시키는 데 대단히 중요하다.

게다가 배타적인(도시적, 세속적, 진보적) 반트럼프 연합이 오늘날 정치 분열의 경계선을 더욱 굳건하게 만드는 반면, 포괄적인 연합은 분열의 경계를 희미하게 만든다. 버니 샌더스Bernie Sanders 지지자와 경영자, 개신교 신자, 세속적 페미니스트, 소도시 공화당 지지자, 그리고 블랙 라이브스 매터 운동가를 하나로 연결함으로써 양당의 깊은 간극을 뛰어넘는 의사소통 통로를 열어줄 수 있다. 그리고 사회 내부에서 찾아보기 힘든 수평적 충성심을 강화해줄 것이다. 지금의 정치 분열이 해소될 때 사람들은 다양한 관점의 다양한 사람들과 다양한 사안에 대해 논의하게 될 것이다. 예를 들어 우리는 낙태에 관해서는 이웃과 의견이 다를 수 있지만 의료보험에 대해서는 같을 수 있다. 그리고 이민자에 대한 이웃의 생각에는 동의할 수 없지만 최저임금 인상의 필요성에 대해서는 뜻을 같이할 수 있다. 이와 같은 연합을 통해 우리는 상호 관용 규범을 구축하고 강화할 수 있다. 정치인이 일부 사안에 경쟁자와 뜻을 같이할 때 그들은 상대를 위험한 적으로 바라보지 않을 것이다.

정치 양극화 해소로 가는 길

트럼프 행정부의 권력 남용에 어떻게 저항할 것인가? 이 질문에 대한 고민은 대단히 중요하다. 오늘날 미국 민주주의가 직면하고 있는 가장 중요한 문제는 극단적인 당파 분열이다. 양당은 정책적 차이뿐만 아니라 인종적, 종교적 차이를 포함하는 뿌리 깊은 원한으로 갈라서 있다. 미국의 극단적인 양극화는 트럼프가 대통령에 되기 전에 이미 시작되었으며, 트럼프가 물러난 뒤에도 남아 있을 것이다.

극단적인 양극화 상황에서 정치 지도자는 두 가지 중 하나를 선택해야 한다. 첫째, 사회적 분열을 인정하면서 엘리트 집단 간의 협력과 타협을 도모하는 것이다. 이는 칠레 정치인들이 택했던 방법이다. 앞서 5장에서 살펴본 것처럼 칠레의 사회당과 기독민주당의 극심한 분열로 1973년 칠레 민주주의는 무너지고 말았다. 양당의 뿌리 깊은 불신은 이후로도 계속되었고, 그들의 상호 적대감은 피노체트 독재를 향한 공통된 반감을 넘어서는 것이었다.[49] 노스캐롤라이나 대학에서 학생들을 가르쳤던, 추방된 칠레 대통령 리카르도 라고스Ricardo Lagos는 1974년에 전 칠레 기독민주당 대표 에두아르도 프레이 몬탈바Eduardo Frei Montalva가 그 대학을 방문했을 때 그를 피하기 위해 학교에 전화를 걸어 병가를 신청하기까지 했다.[50]

그래도 이들 두 정치인은 결국 대화를 시작했다. 1978년 라고스는 다시 칠레로 돌아갔고, 전 기독민주당 상원 의원 토마스 레예스Tomás Reyes에게 식사 초대를 받았다. 이후로 두 사람은 정기적으로 만났다.[51] 그리고 같은 시기에 기독민주당 대표 파트리시오 아일윈은 다양한 정당 출신의 법률가 및 학자들 모임에 참석했다.[52] 여기서 많은 이들은 정치범을 변호하는 과정에서 법정에서 서로 마주친 적이 있었다. 아일윈의 설명에 따르면 그렇게 형성된 '24인의 모임'[53]은 원래 회원들 집에서 편안하게 식사를 하는 것으로 시작했지만, "예전에 적으로 만났던 사람들 사이에서 점차 신뢰가 싹트기 시작했다." 그리고 그들의 만남은 결실을 맺었다. 1985년 8월 기독민주당과 사회당, 그 밖에 19개 정당이 산티아고에 있는 우아한 스페인 서클클럽Spanish Circle Club에 모여 '완전한 민주주의를 위한 전국 협정'에 서명했다.[54] 그리고 이 협정을 기반으로 '민주주의 연합'이 탄생했다.[55] 이 연합은 사회당과 기독민주당 지도부 간의 협상을 통해 주요한 사안을 처리한다는 '합의 정치'[56] 규범을 마련했고, 이는 꽤 성공적인 결과로 이어졌다. 민주주의 연합은 1988년에 국민투표로 피노체트를 몰아냈을 뿐 아니라, 1989년 대선에서 처음으로 승리한 이후로 20년 동안 정권을 이어나갔다.

민주주의 연합은 1970년대와는 전혀 다른 정치 행태를 보여주었다. 극심한 분열로 칠레의 민주주의가 위협받을 것이라는 불안감에 휩싸인 정치 지도자들은 비공식적인 협력 규범을 마련했다.[57] 칠레에서 '합의 민주주의'라고 부르는 이 규범에 따르면 대통령은 법안을 의회에 제출하기 전에 모든 정당의 지도자를 만나 협의를 해야 한다. 피노체트의 1980년 헌법은 행정부가 일방적으로 예산을 정할 수 있는 권한을 주었던 반면, 아일원 대통령과 기독민주당은 사회당을 비롯한 다른 정당과 함께 광범위한 논의를 거친 후에 예산안을 의회에 제출했다.[58] 아일윈은 자신의 동지들하고만 상의하지 않았다. 그는 독재를 지지하고 피노체트를 옹호했던 우파 정당과도 함께 법안을 논의했다.[59] 정치학자 피터 시아벨리스Peter Siavelis에 따르면 새로운 규범은 "연합 내부에서, 그리고 연합과 야당 사이에서 일어날 수 있는 갈등의 위험을 줄이는 데 크게 기여했다."[60] 지난 30년에 걸쳐 칠레는 남미에서 가장 안정적이고 성공적인 민주주의 국가 중 하나로 떠올랐다.

미국의 민주당과 공화당이 칠레의 전철을 따를 것인지는 의문스럽다. 정치인들은 예의와 협력이 사라진 현실을 쉽게 한탄한다. 그리고 과거의 좋았던 양당정치를 종종 그리워하기도 한다. 하지만 규범을 만드는 일은 집단적인 과제다. 많은 정치 지도자가 새로운 불문율을 받아들이고 준수할 때에만 비로소 가능하다. 또한 폭넓은 정치 스펙트럼의 지도자들이 깊이 고민하고, 양극화를 해결하지 못하면 민주주의 붕괴를 막을 수 없다는 사실을 깨달아야만 가능하다. 이러한 깨달음의 순간은 종종 정치인들이 폭력적인 독재의 트라우마를 겪을 때 일어난다. 칠레의 경우가 바로 그랬다. 또한 민주주의 붕괴의 위험이 고스란히 드러났던 스페인 내전에서도 그랬다.

극단적인 양극화를 해결하기 위해 연합 전선 이외에 다른 방법도 모색할 수 있다. 미국 정치학자들은 당파적 증오심의 해소를 위해 여러 다양한 선거 개혁안을 내놓았다.[61] 가령 선거구 조정 중단, 오픈 프라이머리, 투표 의무화, 또 다른 하원 선거법이 그렇다. 하지만 그 효과는 미미했다. 우리는 미국의 양극화를 고착화하는 두 가지 요인에 집중해야 한다고 생각한다. 두 가지 요인이란 인종적, 종교적 재편, 그리고 점점 더 심각해지는 경제 불평등을 말한다. 이러한 근본적인 문제를 해결하기 위해 우리는 정당이 대변하는 대상이 바뀌어야 한다고 생각한다.

공화당은 당파 갈등의 유발자였다.[62] 2008년부터 공화당은 방해와 당파적 적개심, 극단적인 정책 입장으로 마치 반체제 단체처럼 움직였다. 그리고 25년에 걸쳐 꾸준히 오른쪽으로 이동하는 과정에서 조직의 근간을 잃어버리고 말았다.[63] 지난 사반세기 동안 공화당 지도부 체제는 와해되었다. 그 첫 번째 이유는 부유한 외부 집단('조세자유를 위한 미국인', '번영을 위한 미국인' 등 다양한 단체)의 등장 때문이었다. 이들 집단은 엄청난 후원금을 기반으로 공화당 선출직 인사들에게 정책의 방향을 지시했다. 두 번째 이유는 폭스 뉴스를 비롯한 우파 매체의 영향력이 높아졌기 때문이다. 코흐 형제와 같은 부유한 후원자들, 그리고 영향력 있는 언론사는 공화당의 선출된 인사들에게 공화당 지도부보다 더 막강한 영향력을 행사했다. 공화당은 미국 전역에서 승리했지만, 공화당 '체제'라고 하는 것은 이제 유령과 같은 존재가 되어버렸다. 이러한 공동화 현상으로 인해 공화당은 극단주의자 등장에 취약한 조직이 되어버렸다.

양극화를 해결하기 위해 공화당은 전면적인 재건까지는 아니더라도 개혁이 필요하다. 가장 먼저 공화당의 기존 체제를 회복해야 한다. 이 말은 네 가지 핵심 영역에서 즉 재정, 풀뿌리 조직, 메시지 전달, 후보 공천에서 당 지도부가 권한을 되찾아야 한다는 뜻이다. 지도부가 후원 단체와 우파 언론에서 자유로워질 때 공화당은 비로소 개혁을 추진할 수 있다. 그 개혁은 주요한 변화를 포함한다. 우선 극단주의자를 주류에서 몰아내야 한다. 그리고 지지자 집단의 구성을 다각화함으로써 점차 줄어들고 있

어떻게 민주주의는 무너지는가

는 백인 개신교 집단에 대한 의존도를 낮춰야 한다. 그리고 백인 민족주의에 호소하지 않고서도, 혹은 공화당 애리조나 상원 의원 제프 플레이크가 언급한 "포퓰리즘, 민족주의, 선동에 대한 도취"에서 벗어나 선거에서 승리할 수 있는 길을 모색해야 한다.[64]

미국의 주요한 중도우파 정당으로 거듭나라는 요구는 지금의 공화당에 아마도 무리한 주문일 것이다. 하지만 지금보다 더 힘든 상황에서 이러한 변혁을 일구어낸 역사적 선례가 있다. 그러한 선례 속에서 보수주의 정당은 개혁을 통해 민주주의 재탄생에 기여했다.[65] 특히 극적인 사례로 제2차 세계대전 이후 서독의 민주화 과정을 꼽을 수 있다. 그 성공의 핵심에는 주목받지 못한 한 가지 요소가 있다. 그것은 신뢰를 잃은 보수주의와 우파 전통의 폐허에서 새롭게 탄생한 중도우파 연합인 기독민주동맹Christian Democratic Union(CDU)을 말한다.[66]

1940년대 이전에 독일에는 체계적인 조직을 기반으로 선거에서 좋은 성적을 거둔 민주적인 중도 정당이 존재하지 않았다. 독일의 보수 진영은 내부 분열과 허약한 조직으로 오랫동안 어려움을 겪었다.[67] 특히 보수주의 프로테스탄트와 가톨릭 사이의 극단적인 분열로 중도우파에 정치 공백이 생겼고, 극단주의와 전제주의 세력은 이러한 상황을 적극 활용했다. 그리고 이러한 흐름은 히틀러가 권력을 장악하면서 결국 최악의 국면으로 치달았다.

그러나 1945년 이후로 다양한 정치 기반의 중도우파 세력이 새롭게 모습을 드러내기 시작했다. 기독교민주동맹, 즉 기민당은 극단적인 전제주의와 결별했다. 이러한 모습은 주로 나치에 저항한 것으로 확고한 신뢰를 얻은 보수주의 인사(콘라트 아데나워Konrad Adenauer 등)에게서 쉽게 찾아볼 수 있다.[68] 기민당은 창당선언문에서 이전 정권이 지향했던 모든 것에 반대한다는 점을 분명히 밝혔다. 1945년 결별의 중요성을 분명히 이해했던 기민당 지도자 안드레아스 헤르메스Andreas Hermes는 이렇게 언급했다. "과거의 세상은 침몰했고 이제 우리는 새로운 세상을 건설하고자 한다……."[69] 기민당은 독일 민주주의에 대한 명확한 비전을 이렇게 제시했다.[70] 독재를 타도하고 자유와 관용을 존중하는 "기독교" 사회.[71]

기민당은 또한 가톨릭과 개신교 모두를 받아들임으로써 당의 기반을 확장하고 다각화했다. 그건 무척 힘든 일이었다. 하지만 나치와 제2차 세계대전의 트라우마를 겪은 보수 가톨릭과 개신교 지도자들은 한때 독일 사회를 갈라놓았던 오랜 갈등의 장벽을 넘어서야 한다고 믿었다. 기민당의 한 지역 인사는 이렇게 말했다. "수용소와 지하 감옥에서 맺어진 가톨릭과 개신교의 긴밀한 유대 관계는 오랜 갈등을 종식시키고 서로를 연결하는 다리의 구축으로 이어졌다."[72] 가톨릭과 개신교가 손잡은 새로운 기민당 지도부 인사들은 설립 무렵인 1945년에서 1946년까지 가톨릭과 개신교 가정을 직접 찾아다녔다. 그리고 이러한 노력으로 독일 사회를 완전히 바꾸어놓을 혁신적인 중도우파 정당으로 거듭났다. 실제로 기민당은 독일 전후 민주주의 정착 과정에서 중추적인 역할을 했다.

미국은 기민당 설립 과정에서 중요한 기여를 했다. 그러한 미국이 위기에 빠진 자신의 민주주의를 살리기 위해 독일의 성공 사례에서 배워야한다는 사실은 의미심장한 역사의 아이러니다. 물론 미국인들은 트럼프를 비롯한 많은 공화당 인사를 독일 나치와 똑같이 바라보지는 않는다. 그럼에도 미국 공화당은 독일 중도우파 정당의 성공적인 재건 사례에서 교훈을 얻을 수 있다. 독일 기민당의 경우와 마찬가지로 미국 공화당은 극단주의자를 당의 주류에서 몰아내고, 트럼프 행정부의 전제주의와 백인 민족주의에 단호한 결별을 선언해야 한다. 그리고 백인 개신교 집단을 넘어서 당의 기반을 확장할 방안을 찾아야 한다. 여기서 기민당은 훌륭한 모범을 보여준다. 만일 공화당이 백인 민족주의를 내려놓고 극단적인 자유 시장 이념에서 한발 물러설 수 있다면, 광범위한 종교적, 보수적 집단을 끌어모아 장기적으로 탄탄한 지지 기반을 다질 수 있을 것이다. 가령 개신교와 가톨릭 유권자는 물론 소수민족 유권자까지도 끌어들일 수 있을 것이다.

물론 독일에서 일어난 보수주의 재건은 중대한 재앙 직후에 시작되었다. 당시 기민당에는 스스로를 개혁하는 것 말고는 선택권이 없었다. 오늘날 공화당 인사들은 미국이 암울한 위기로 추락하기 전에 그러한 개혁이 가능할 것인지 궁금하게 여기고 있다. 공화당 지도자들은 더 큰 피해가 생기기 전에 선견지명과 정치 결단력을 끌어모아 힘을 잃어가는 정당의 미래를 바꿀 수 있을 것인가? 아니면 독일처럼 치명적인 재앙을 겪고 나서야 비로소 변화에 착수할 것인가?

비록 민주당은 심각한 양극화의 주범은 아니지만 양극화 해소에서 중요한 역할을 맡아야 한다. 일부 민주당 인사는 백인 노동자 계층과 대학 교육을 받지 않은 백인 유권자의 마음을 돌리는 일에 집중해야 한다고 주장한다. 이러한 생각은 힐러리 클린턴이 2016년 대선에서 충격적으로 패한 이후로 민주당에서 가장 중요한 의제로 떠올랐다. 또한 버니 샌더스를 비롯한 일부 중도파 의원들은 민주당이 러스트벨트(rust belt, 미국 북동부의 쇠락한 공장지대-옮긴이)나 애팔래치아와 같은 지역에서 그들이 포기했던, 그 규모를 정확하게 가늠하기도 힘든 노동 계층 유권자들의 마음을 되찾아야 한다고 목소리를 높였다.[73] 영향력 있는 많은 인사들은 이를 위해서 민주당이 이민자 수용, 그리고 소위 '정체성 정치identity politics'(개인의 관심과 입장은 인종, 민족, 종교, 성 등의 중요한 기준으로 형성된다는 정치 견해-옮긴이)에서 한 걸음 물러서야 한다고 주장했다. 정체성 정치란 다소 애매모호한 개념으로, 민족 다양성의 확장, 그리고 보다 최근 사례로 블랙 라이브스 매터와 같은 경찰 폭력에 반대한 운동도 관련이 있다. 마크 펜Mark Penn과 앤드류 스타인Andrew Stein은 백인 노동 계층의 마음을 되찾기 위해서 민주당이 정체성 정치를 내려놓고 이민자 수용에 대한 기존 입장을 완화해야 한다고 주장한다.[74] 비록 널리 울려 퍼지지는 못했지만, 그들이 전하고자 하는 핵심 메시지는 민주당이 백인 노동 계층의 표를 끌어모으기 위해서는 소수민족의 영향력을 낮춰야 한다는 것이다.

물론 이러한 전략은 아마도 당파적 양극화를 완화해줄 것이다. 민주당이 소수민족의 요구를 외면하거나 부차적인 사안으로 치부한다면 노동 및 중산층 백인 유권자 표를 분명히 가져올 수 있을 것이다. 하지만 이로 인해 민주당은 1980년대와 90년대, 즉 백인이 주축이 되고 소수민족은 부차적인 집단에 불과했던 상황으로 되돌아갈 것이다. 말 그대로 민주당은 그들의 경쟁자인 공화당을 닮아갈 것이다. 그리고 이민과 인종 문제에 대해 트럼프 쪽으로 입장을 기울이면서(즉, 두 사안을 중요하게 생각하지 않으면서) 공화당 지지자들의 두려움은 점차 줄어들 것이다.

우리는 이것이 끔찍한 발상이라고 생각한다. 민주당 내에서 소수집단의 영향력을 줄이려는 시도(대단히 강력한 전략)를 양극화 해소를 위한 바람직한 방안이라고 볼 수 없다. 그렇게 한다면 미국은 지난날의 가장 수치스러웠던 잘못을 되풀이하는 것이다. 건국자들은 인종차별 문제를 그냥 덮어두었고, 이는 결국 내전으로 이어졌다. 재건 시대가 실패로 끝나면서 민주당과 공화당은 결국 화해를 했지만, 그들의 타협은 다시 한번 인종차별을 묵인하는 데 기반을 둔 것이었다. 미국 사회는 1960년대에 진정한 다민족 민주주의를 완성할 수 있는 세 번째 기회를 맞이했었다. 물론 이는 대단히 힘든 과제이지만, 이제 미국은 반드시 성공해야 한다. 우리의 동료 대니엘 앨런Danielle Allen은 이렇게 썼다.

> 분명한 사실은 모든 민족이 소수집단에 속하고 정치적, 사회적 평등, 그리고 모두의 권리를 강화하는 경제가 자리 잡은 다민족 민주주의가 단 한 번도 모습을 드러낸 적이 없다는 것이다.[75]

다민족 민주주의는 미국의 중차대한 과제다. 지금 여기서 후퇴할 수는 없다.

민주당이 정치 지평을 다시 넓힐 수 있는 다른 길이 있다. 미국 사회의 뚜렷한 당파적 적대감은 최근 민족 다양성의 증가는 물론 경기 침체, 하위 계층의 임금 정체, 그리고 점점 더 심각해지고 있는 경제 불평등이 합쳐져 나타난 결과물이다.[76] 오늘날 민족 요소가 뚜렷하게 투영된 당파적 양극화는 경제성장이 둔화되고, 특히 소득 하위 계층이 많은 피해를 입었던 1975년에서 지금에 이르는 동안 민족 다양성이 높아졌다는 사실을 드러낸다.[77] 지난 몇 십 년 동안의 경제 변화 속에서 많은 미국인들은 고용 안정성이 떨어지고, 노동 시간은 길어지고, 신분 상승에 대한 기대감이 낮아지고, 그에 따라 사회 적대감이 커지는 현상을 경험했다.[78] 사회 적대감은 양극화를 강화한다. 심화되는 정치 양극화를 완화하기 위한 한 가지 방안은 민족을 떠나서 오랫동안 소외받았던 하위 계층의 생활고를 해결해주는 것이다.

물론 경제 불평등을 해소하기 위한 정책은 어떻게 설계하느냐에 따라 정치 양극화를 완화할 수도, 오히려 심화시킬 수도 있다. 많은 다른 선진 민주주의 국가와는 달리 미국의 사회정책은 소득이나 생활수준이 특정 기준에 못 미치는 사람을 가려내기 위한 자산 조사means test 방식에 크게 의존해왔다. 그러나 자산 조사를 바탕으로 한 복지 정책은 중산층들 사이에서 가난한 사람만 복지 혜택을 받는다는 인식을 키웠다. 게다가 역사적으로 미국에서는 민족과 빈곤이 상당 부분 중첩되었기 때문에 이러한 복지 정책은 특정 인종을 하위 계층으로 낙인찍는 결과를 낳았다. 이러한 복지 정책에 반대하는 인사들은 일반적으로 인종차별과 관련된 표현들을 사용한다. 가령 로널드 레이건이 언급한 '복지 여왕welfare queens'[79]이나 식료품 할인 구매권을 가지고 스테이크를 사 먹는 사람들을 의미하는 '영벅스young bucks'가 대표적이다. 오늘날 미국에서 '복지'는 경멸적인 표현이 되었다. 그것은 복지 수혜자들이 그러한 혜택을 받을 만한 정당한 자격이 없다는 사회 인식 때문이다.

반면 북유럽 국가들은 엄격한 자산 조사를 기반으로 한 제한적인 복지 정책이 아니라 보편적인 모델을 추구한다. 이러한 방식의 복지 정책은 정치 양극화 해소에 도움이 된다.[80] 사회보장제도나 메디케어Medicare처럼 사회 구성원 대다수에게 혜택을 주는 복지 정책은 사회 적대감을 누그러뜨리고, 미국의 다양한 유권자 집단을 연결하는 다리의 기능을 한다. 이러한 정책을 장기적으로 추진함으로써 인종 갈등에 따른 역풍은 일으키지 않으면서 소득 불평등을 해소할 수 있다. 대표 사례로 포괄적 의료보험제도를 꼽을 수 있다. 더 나아가 보다 적극적인 사례로 최저임금 상승이나 보편적 기본소득이 있다. 실제로 기본소득 정책은 예전에 진지한 논의가 이뤄졌으며, 닉슨 행정부 시절 하원의 안건이 된 적도 있다. 또 다른 사례로는 '가족 정책family policy'이 있다.[81] 가족 정책이란 부모에게 유급 휴가를 주고, 맞벌이 부부에게 탁아소 이용을 지원하고, 혹은 대다수 유아를 대상으로 어린이집 교육을 제공하는 정부 프로그램을 말한다. 최근 가족 정책과 관련된 미국 정부의 지출 규모는 선진국 평균의 3분의 1 정도로 멕시코나 터키와 비슷하다.[82] 마지막 방안으로 민주당은 포괄적인 노동시장 정책도 고려할 수 있다.[83] 여기에는 광범위한 직업훈련, 근로자를 교육하고 채용하는 기업에 대한 임금 보조금, 고등학교나 커뮤니티 칼리지 학생을 대상으로 한 실무 경험 프로그램, 해고 근로자를 대상으로 하는 교통비 지원 등이 있다. 이러한 정책은 사회 적대감과 양극화를 자극하는 경제 불평등을 해소할 수 있을 뿐 아니라, 미국 정치를 재편하게 될 광범위하고 지속적인 연합 형성에 기여할 수 있다.

사회적, 경제적 불평등을 해소하기 위한 이러한 정책을 실행에 옮기는 것은 물론 정치적으로 대단히 힘든 일이다. 부분적인 이유는 이러한 정책을 가로막는 장애물이 바로 양극화(그리고 그에 따른 제도적 정체)이기 때문이다. 우리는 소수민족 집단, '그리고' 백인 노동 계층을 아우르는 다민족 연대 형성을 가로막는 장애물이 쉽게 사라질 것이라 기대하지 않는다.[84] 또한 보편적인 복지 정책이 이러한 연합의 근간을 마련해줄 것이라고 확신하지도 않는다. 다만 현재의 자산 조사 방식의 복지 정책보다는 더 나은 결과를 가져다줄 것으로 예상할 뿐이다. 물론 쉬운 일은 아니겠지만, 민주당이 사회 불평등 해소에 기여해야 한다는 것은 시대의 과제다. 결국 그 과제는 단지 사회정의에 관한 문제만은 아니다. 바로 여기에 미국 민주주의의 생존이 달려 있다.

진정한 민주주의 사회

미국의 지금 상황을 전 세계 다른 나라들, 그리고 역사 속 다른 시점과 비교하는 과정에서 우리는 미국이 다른 많은 나라와 그리 다르지 않다는 점을 분명히 확인할 수 있었다. 미국 헌법 체계는 역사상 어느 나라의 헌법보다 유서 깊고 견고하지만, 다른 나라의 민주주의를 죽음으로 몰고 갔던 질병에는 똑같이 취약하다. 궁극적으로 미국 민주주의의 미래는 미국 시민의 손에 달려 있다. 어떤 정당도 혼자서 민주주의를 끝낼 수 없다. 마찬가지로 어떤 지도자도 혼자서 민주주의를 살릴 수 없다. 민주주의는 우리 모두가 공유하는 시스템이다. 그러므로 그 운명은 우리 모두의 손에 달려 있다.

미국의 운명이 위기를 맞았던 제2차 세계대전의 암울한 한 시점에, 작가 E. B. 화이트E. B. White는 미 연방정부의 '작가 전쟁위원회Writers' War Board'로부터 "민주주의란 무엇인가?"라는 질문에 짤막한 답변을 들려달라는 요청을 받았다. 이에 화이트는 겸손하면서도 많은 생각을 하게 만드는 대답을 내놓았다. 그의 이야기를 들어보자.

물론 위원회는 답을 알고 있을 것이다. 민주주의란 올바른 길로 인도하는 지침이다. 민주주의는 'don't shove(밀지 마세요)'에서 'don't'에 해당하는 말이다. 민주주의는 톱밥을 가득 채운 셔츠에 난 구멍이며, 높은 모자 위에 움푹 들어간 곳이다. 민주주의는 국민의 절반 이상이 절반 이상의 경우에서

어떻게 민주주의는 무너지는가

옳다는 생각에 대한 끊임없는 의심이다. 투표장에서 느끼는 프라이버시, 도서관에서 느끼는 교감, 곳곳에서 느끼는 활력이다. 민주주의는 편집자에게 보내는 편지이며, 9회 초의 점수다. 민주주의는 아직 반증되지 않은 이념이며, 타락하지 않은 노래 가사다. 민주주의는 핫도그에 바른 머스터드, 그리고 배급받은 커피에 넣은 크림이다. 민주주의는 전쟁이 한창인 어느 아침에 민주주의가 무엇인지 대답해달라는 전쟁위원회의 요청이다.[85]

화이트가 언급한 평등과 예의, 그리고 자유와 공동의 목표에 대한 인식은 20세기 중반 미국 민주주의의 정신이었다. 그러나 그 정신은 오늘날 위기에 처했다. 미국 민주주의를 구하기 위해 이제 미국 국민은 지금껏 그들의 민주주의를 지켜주었던 기본 규범을 되살려야 한다. 그리고 더 나아가 그 규범을 사회 전반으로 확산해야 한다. 규범이 포괄하는 범주를 넓혀가야 한다. 미국 민주주의 규범의 핵심은 지금까지 면면히 이어져 내려왔다. 그러나 역사의 많은 시간 동안 인종차별과 함께했고, 또한 그것 때문에 유지될 수 있었다. 이제 그 규범이 인종 평등과 전례 없는 민족 다양성 시대에서도 제대로 기능하도록 만들어야 한다. 지금까지 다민족을 기반으로 한 진정한 민주주의 사회는 없었다. 그것은 이제 미국 사회의 도전 과제로 남았다. 그리고 동시에 기회로 남았다. 미국 국민이 그 과제를 완수한다면 미국은 역사상 진정으로 특별한 나라가 될 것이다.

| 감사의 글 |

뛰어난 조교들의 도움이 없었다면 우리는 이 책을 시작하지도 못했을 것이다. 우선 페르난도 비자로, 케이틀린 크리스웰, 재스민 해키미언, 데이비드 이프코비츠, 시로 쿠리와키, 마틴 리비 트뢰인, 마누엘 멜렌데스, 브라이언 팰미터, 저스틴 포틀, 맷 라이허트, 브리타 반 스탈두이넌, 애런 와타나베, 셀레나 자오에게 깊은 감사를 드린다. 특히 데이비드 이프코비츠와 저스틴 포틀은 어마어마하게 많은 주석 작업을 완벽히 마무리해주었다. 이들의 기여는 이 책 전반에 퍼져 있다. 부디 이 책 곳곳에서 자신의 흔적을 발견해주길 바란다.

이 책에 소개한 다양한 아이디어는 친구 및 동료들과 수많은 대화 속에서 탄생했다. 특히 우리의 이야기를 들어주고, 함께 토론하고, 열정적으로 가르침을 줬던 대니얼 카펜터, 라이언 에노스, 그레첸 헬름케, 앨리샤 홀랜드, 대니얼 홉킨스, 제프 콥스타인, 에반 리버맨, 로버트 미키, 에릭 넬슨, 폴 피어슨, 피아 래플러, 케네스 로버츠, 세다 스콕폴, 댄 슬레이터, 토드 위시번, 루컨 아마드 웨이에게 감사드린다. 또한 초고를 검토해

어떻게 민주주의는 무너지는가

준 래리 다이아몬드, 스콧 메인워링, 타렉 마수드, 존 사이즈, 루컨 아마드 웨이에게 고마움을 전한다.

우리 에이전트 질 니어림 역시 많은 도움을 주었다. 질은 이번 프로젝트를 가능하게 만들어주었고, 처음부터 끝까지 잘 헤쳐나갈 수 있도록 우리를 안내해주었다. 그녀는 우리가 너무나 원했던 격려와 현명한 조언의 원천이었으며, 게다가 훌륭한 편집자였다.

우리를 믿어주고, 끈기와 인내로 두 정치학자의 글을 쉽게 다듬어준 크라운출판사 편집자 어맨사 쿡에게 감사를 드린다. 또한 많은 노력과 아낌없는 지원을 해준 크라운출판사의 메건 하우저, 자크 필립스, 캐슬린 퀸랜, 페니 사이먼에게 감사를 전하며, 이번 프로젝트에 뜨거운 열정을 불어넣어준 몰리 스턴에게도 고맙다는 말을 전한다.

스티븐은 끊임없는 유머와 지지(그리고 정치에 대한 통찰력)를 보내준 사커대즈클럽(크리스, 조녀선, 토드) 회원들에게 감사의 말을 전한다.

마지막으로 우리는 가족에게 깊은 고마움을 느끼고 있다. 스티븐은 누구보다 소중한 리즈 미네오와 알레한드라 미네오-레비츠키에게 감사를 전한다. 그리고 대니얼은 수리야, 탈리아, 릴라 지블랫의 열정과 인내에 깊은 고마움을 전한다. 또한 많은 대화와 통찰력, 지적인 우정, 그리고 끊임없는 영감을 선사한 아버지 데이비드 지블랫에게 감사를 드린다.

| 주 |

들어가며: 모든 민주국가에 던지는 경고

1 헌법학자 아이즈 후크와 톰 긴스버그는 이러한 형태의 민주주의 붕괴를 '헌법적 쇠
   퇴constitutional regression'라 불렀다. Aziz Huq and Tom Ginsburg, "How to Lose a
   Constitutional Democracy", *UCLA Law Review* 65(2018); also Ellen Lust and David
   Waldner, *Unwelcome Change: Understanding, Evaluating, and Extending Theories
   of Democratic Backsliding*(Washington, DC: U.S. Agency for International Development,
   2015).

2 Bart Jones, *Hugo!: The Hugo Chávez Story from Mud Hut to Perpetual
   Revolution*(Hanover, NH: Steerforth Press, 2007), p.225.

3 Steven Levitsky and Lucan A. Way, *Competitive Authoritarianism: Hybrid Regimes
   After the Cold War*(New York: Cambridge University Press, 2010); also Scott Mainwaring
   and Aníbal Pérez-Liñán, *Democracies and Dictatorships in Latin America:
   Emergence, Survival, and Fall*(New York: Cambridge University Press, 2014).

4 Huq and Ginsburg, "How to Lose a Constitutional Democracy", p.36.

5 Latinobarómetro, accessed March 16, 2017, http://www.latinobarometro.org/
   latOnline.jsp(질문: 민주주의 -〉규모[국가]가 민주적이다).

6 Robert Mickey, Steven Levitsky, and Lucan Ahmad Way, "Is America Still Safe for
   Democracy?", *Foreign Affairs*, May/June 2017, pp.20 – 29.

1장 민주주의자와 극단주의자의 치명적 동맹

1 Simonetta Falasca-Zamponi, *Fascist Spectacle: The Aesthetics of Power in Mussolini's
   Italy*(Berkeley: University of California Press, 1997), p.1.

2 Robert Paxton, *The Anatomy of Fascism*(New York: Vintage, 2004), p.90.

3 Falasca-Zamponi, *Fascist Spectacle*, p.2.

4 위의 책.

5 다음에서 인용. Richard Evans, *The Coming of the Third Reich*(New York: Penguin,
   2003), p.308.

6   Hermann Beck, *The Fateful Alliance: German Conservatives and Nazis in 1933: The Machtergreifung in a New Light*(New York: Berghahn Press, 2011). 또한 다음을 참조. Daniel Ziblatt, *Conservative Parties and the Birth of Democracy*(Cambridge: Cambridge University Press, 2017).

7   Alexander De Grand, *The Hunchback's Tailor: Giovanni Giolitti and Liberal Italy from the Challenge of Mass Politics to the Rise of Fascism*(Westport, CT: Praeger, 2001), pp.241–42.

8   "강요할 수만은 없습니다": 다음에서 인용. Cristina Marcano and Alberto Barrera Tyszka, *Hugo Chávez*(New York: Random House, 2004), p.304.

9   다음을 참조. José E. Molina, "The Unraveling of Venezuela's Party System", in *The Unraveling of Representative Democracy in Venezuela*, eds. Jennifer L. McCoy and David J. Myers(Baltimore: Johns Hopkins University Press, 2004), p.162.

10 다음에서 인용. Jones, *Hugo!*, p.186.

11 위의 책, p.189.

12 Marcano and Barrera Tyszka, *Hugo Chávez*, p.107.

13 Jones, *Hugo!*, p.226.

14 다음에서 인용. Marcano and Barrera Tyszka, *Hugo Chávez*, p.107.

15 다음에서 인용. Larry Eugene Jones, "'The Greatest Stupidity of My Life': Alfred Hugenberg and the Formation of the Hitler Cabinet, January 1933", *Journal of Contemporary History* 27, no.1(1992), pp.63–87.

16 출처는 다음과 같다. Latinobarómetro, accessed March 16, 2017, http://www.latinobarometro.org/lat Online.jsp.

17 uan J. Linz, *The Breakdown of Democratic Regimes: Crisis, Breakdown, and Reequilibration*(Baltimore: Johns Hopkins University Press, 1978), pp.29–30.

18 위의 책, pp.27–38.

19 Steven Levitsky and James Loxton, "Populism and Competitive Authoritarianism in the Andes", *Democratization* 20, no.1(2013).

20 Nancy Bermeo, *Ordinary People in Extraordinary Times: The Citizenry and the Breakdown of Democracy*(Princeton, NJ: Princeton University Press, 2003), p.238.

21 Ziblatt, *Conservative Parties and the Birth of Democracy*, p.344.

22 위의 책.

23 Linz, *The Breakdown of Democratic Regimes*, pp.32–33.

24 위의 책, p.37.

25 Giovanni Capoccia, *Defending Democracy: Reactions to Extremism in Interwar Europe*(Baltimore: Johns Hopkins University Press, 2005), p.121.

26 위의 책, p.120.

27 위의 책, p.121.

28 위의 책, pp.122-23.

29 Capoccia, *Defending Democracy*, p.121.

30 Risto Alapuro and Erik Allardt, "The Lapua Movement: The Threat of Rightist Takeover in Finland, 1930-32", in *The Breakdown of Democratic Regimes: Europe*, eds. Juan J. Linz and Alfred Stepan(Baltimore: Johns Hopkins University Press, 1978), p.130.

31 위의 책, p.130.

32 Bermeo, *Ordinary People in Extraordinary Times*, p.240; Alapuro and Allardt, "The Lapua Movement", pp.130-31.

33 Alapuro and Allardt, "The Lapua Movement", pp.130-31.

34 Bermeo, *Ordinary People in Extraordinary Times*, p.240.

35 Alapuro and Allardt, "The Lapua Movement", p.130.

36 위의 책, p.133.

37 Bermeo, *Ordinary People in Extraordinary Times*, p.240.

38 위의 책, p.241.

39 위의 책, pp.239-41.

40 "Bürgerlicher Aufruf für Van der Bellen(Citizens Appeal to Van der Bellen)", *Die Presse*, May 14, 2016, http://diepresse.com/home/innenpolitik/bpwahl/4988743/Buergerlicher-Aufruf-fuer-Van-der-Bellen.

41 저자와의 인터뷰, 2017년 3월 16일.

2장 무력화된 정당

1 Seymour Martin Lipset and Earl Raab, *The Politics of Unreason: Right-Wing Extremism in America, 1790-1970*(New York: Harper & Row, 1970), p.152.

2 Lipset and Raab, *The Politics of Unreason*, pp.170-71.

3 다음에서 인용. Alan Brinkley, *Voices of Protest: Huey Long, Father Coughlin & the Great Depression*(New York: Vintage Books, 1983), p.119.

4 위의 책, pp.83, 175-77.

5 위의 책, p.119. 1938년 말 실시한 갤럽 여론조사는 미국인 27퍼센트가 코글린 신부를 지지하는 것으로, 그리고 32퍼센트는 반대하는 것으로 나타났다.(Lipset and Raab, *The Politics of Unreason*, pp.171-73).

6 Arthur Schlesinger, *The Age of Roosevelt: The Politics of Upheaval, 1935-1936*(Boston: Houghton Mifflin, (1960) 2003), pp.viii, 68.

7 Richard D. White Jr., *Kingfish: The Reign of Huey p.Long*(New York: Random House, 2006), pp.45, 99, 171; Brinkley, *Voices of Protest*, p.69.

8 Schlesinger, *The Age of Roosevelt*, p.62; White, *Kingfish*, pp.248-53; William Ivy Hair, *The Kingfish and His Realm: The Life and Times of Huey p.Long*(Baton Rouge: Louisiana State University Press, 1991), pp.276-80.

어떻게 민주주의는 무너지는가

9   White, *Kingfish*, p.45.

10 위의 책에서 인용, p.253.

11 위의 책, p.352.

12 위의 책, p.198.

13 Robert E. Snyder, "Huey Long and the Presidential Election of 1936", *Louisiana History* 16, no.2(Spring 1975), p.123; White, *Kingfish*, p.198.

14 Brinkley, *Voices of Protest*, p.81; Hair, *The Kingfish and His Realm*, pp.306-7.

15 Snyder, "Huey Long and the Presidential Election of 1936", p.128.

16 Lipset and Raab, *The Politics of Unreason*, pp.209, 224.

17 위의 책, p.21.

18 위의 책, p.237.

19 Arthur T. Hadley, *The Invisible Primary*(Englewood Cliffs, NJ: Prentice Hall, 1976), p.238; Jody Carlson, *George C. Wallace and the Politics of Powerlessness: The Wallace Campaigns for the Presidency, 1964-1976*(New Brunswick, NJ: Transaction Books, 1981), p.6.

20 Lipset and Raab, *The Politics of Unreason*, pp.355-56.

21 Dan T. Carter, *The Politics of Rage: George Wallace, the Origins of the New Conservatism, and the Transformation of American Politics*, Second Edition(Baton Rouge: Louisiana State University Press, 2000), pp.344-52; Stephan Lesher, *George Wallace: American Populist*(Reading, MA: Addison-Wesley, 1994), pp.276-78; Lipset and Raab, *The Politics of Unreason*, pp.345-57.

22 Lipset and Raab, *The Politics of Unreason*, p.21.

23 Carlson, *George C. Wallace and the Politics of Powerlessness*, p.149.

24 1920년 전당대회에 관한 설명은 두 문헌을 참조했다. Francis Russell, *The Shadow of Blooming Grove: Warren G. Harding in His Times*(New York: McGraw-Hill, 1968), pp.379-81; and John Morello, *Selling the President, 1920: Albert D. Lasker, Advertising, and the Election of Warren G. Harding*(Westport, CT: Praeger, 2001), pp.41-43.

25 Russell, *The Shadow of Blooming Grove*, p.376.

26 다음을 참조. David Samuels and Matthew Shugart, *Presidents, Parties, and Prime Ministers: How the Separation of Powers Affects Party Organization and Behavior*(New York: Cambridge University Press, 2010).

27 Alexander Hamilton, Federalist 1.

28 James W. Ceaser, *Presidential Selection: Theory and Development*(Princeton, NJ: Princeton University Press, 1979), p.64.

29 다음에서 인용. Robert Dahl, *How Democratic Is the American Constitution?*, Second Edition(New Haven, CT: Yale University Press, 2003), p.76.

30 James W. Ceaser, *Reforming the Reforms: A Critical Analysis of the Presidential Selection Process*(Cambridge, MA: Ballinger Publishing Company, 1982), pp.84–87.

31 위의 책, pp.19–21.

32 위의 책, p.23.

33 위의 책, p.27.

34 가령 다음을 참조. Nelson W. Polsby, *Consequences of Party Reform*(New York: Oxford University Press, 1983), pp.169–70.

35 Austin Ranney, *Testimony Before the Senate Committee on Rules and Administration*, September 10, 1980. 다음에서 인용. Ceaser, Reforming the Reforms, p.96.

36 Lipset and Raab, *The Politics of Unreason*, p.111.

37 헨리 포드와 나치 정권의 관계에 관한 자세한 내용은 다음을 참조. Neil Baldwin, *Henry Ford and the Jews: The Mass Production of Hatred*(New York: Public Affairs, 2002).

38 다음을 참조. Reynold M. Wik, *Henry Ford and Grass-roots America*(Ann Arbor: University of Michigan Press, 1972).

39 위의 책, pp.8–10, 42, 167.

40 위의 책, pp.162, 172–73.

41 "Ford Leads in Presidential Free-for-All", *Collier's*, May 26, 1923, p.7; "Politics in Chaos as Ford Vote Grows", *Collier's*, June 23, 1923, p.8.

42 "Ford First in Final Returns", *Collier's*, July 14, 1923, p.5.

43 Edward Lowry, "Dark Horses and Dim Hopes", *Collier's*, November 10, 1923, p.12.

44 다음에서 인용. Wik, *Henry Ford and Grass-roots America*, p.162.

45 "If I Were President", *Collier's*, August 4, 1923, p.29.

46 Brinkley, *Voices of Protest*, pp.75–77; Hair, *The Kingfish and His Realm*, pp.268–69; White, *Kingfish*, p.191.

47 Robert E. Snyder, "Huey Long and the Presidential Election of 1936", *Louisiana History* 16, no.2(Spring 1975), pp.131–33.

48 Carlson, *George C. Wallace and the Politics of Powerlessness*, pp.33–36.

49 Lipset and Raab, *The Politics of Unreason*, p.21.

50 Stephen Lesher, *George Wallace: American Populist*(Reading, MA: Addison-Wesley, 1994), pp.387–88; Carlson, *George C. Wallace and the Politics of Powerlessness*, p.71.

51 Lynne Olson, *Those Angry Days: Roosevelt, Lindbergh, and America's Fight over World War II, 1931–1941*(New York: Random House, 2014), pp.18–20, 72.

52 A. Scott Berg, *Lindbergh*(New York: G. p.Putnam's Sons, 1998), p.410.

53 Olson, *Those Angry Days*, p.442.

54 Berg, *Lindbergh*, p.398.

55 다음에서 인용. Norman Mailer, *Miami and the Siege of Chicago*(New York: Random

House, 1968), p.7.

56 Marty Cohen, David Karol, Hans Noel, and John Zaller, *The Party Decides: Presidential Nominations Before and After Reform*(Chicago: University of Chicago Press, 2008), p.1.

57 "A Look Back at the 1968 Democratic Convention", https://www.youtube.com/watch?v=aUKzSsVmnpY, accessed May 11, 2017.

58 Democratic National Committee, *Mandate for Reform*(Washington, DC, Democratic National Committee, April 1970), p.14.

59 다음에서 인용. James W. Ceaser, *Presidential Selection: Theory and Development* (Princeton, NJ: Princeton University Press, 1979), p.273.

60 Democratic National Committee, *Mandate for Reform*, p.49.

61 Ceaser, *Presidential Selection*, p.237.

62 다음에서 인용. David E. Price, *Bringing Back the Parties*(Washington, DC: Congressional Quarterly, 1984), pp.149 - 50.

63 1972년 민주당 경선은 조지 월리스 쪽으로 크게 기울었지만, 최종 지명자는 조지 맥거번에게 돌아갔다. 그러나 맥거번은 리처드 닉슨에게 엄청난 차이로 패했다. 1976년도 대선 후보 지명은 아웃사이더 정치인 지미 카터가 차지했다. 그리고 1980년 대선에서 카터 대통령은 에드워드 케네디 상원 의원으로부터 강력한 도전을 받았다.

64 Nelson W. Polsby and Aaron Wildavsky, *Presidential Elections*(New York: The Free Press, 1968), p.230.

65 Cohen, Karol, Noel, and Zaller, *The Party Decides*, pp.175 - 79.

66 Arthur Hadley, *The Invisible Primary*(Englewood Cliffs, NJ: Prentice Hall, 1976).

67 위의 책, p.xiii.

3장 왜 정치인들은 잠재적 독재자를 방조하는가

1 여기서 아웃사이더라는 용어는 선출직이나 공직 경험이 전혀 없는 후보자를 뜻한다. 그 대상은 프라이머리에 참여했거나 전당대회에서 이름이 거론된 모든 후보를 포함한다. 관련 자료를 정리해준 페르난도 비자로에게 감사드린다.

2 그 이유에 대한 자세한 설명은 다음을 참조. Cohen, Karol, Noel, and Zaller, *The Party Decides*.

3 James Ceaser, Andrew Busch, and John Pitney Jr., *Defying the Odds: The 2016 Elections and American Politics*(Washington, DC: Rowman & Littlefield, 2017), p.69.

4 Nate Silver, "Dear Media: Stop Freaking Out About Donald Trump's Polls", *FiveThirtyEight*, November 23, 2015, http://fivethirtyeight.com/features/dear-media-stop-freaking-out-about-donald-trumps-polls/.

5 Marty Cohen, David Karol, Hans Noel, and John Zaller, "Party Versus Faction in the Reformed Presidential Nominating System", *PS*(October 2016), pp.704 - 5; Theda

Skocpol and Alex Hertel-Fernandez, "The Koch Network and Republican Party Extremism", *Perspectives on Politics* 14, no.3(2016), pp.681 –99.

6 위의 책, p.705.

7 위의 책, pp.703 –4.

8 David Frum, "The Great Republican Revolt", *The Atlantic*, September 9, 2015.

9 다음을 참조. Matthew Levendusky, *How Partisan Media Polarize America*(Chicago: University of Chicago Press, 2013); Cass R. Sunstein, *Republic: Divided Democracy in the Age of Social Media*(Princeton, NJ: Princeton University Press, 2017).

10 다음을 참조. John Sides, Michael Tesler, and Lynn Vavreck, *Identity Crisis: The 2016 Presidential Campaign and the Battle for the Meaning of America*(Princeton, NJ: Princeton University Press, 2018).

11 "The Endorsement Primary", *FiveThirtyEight*, June 7, 2016, https://projects. fivethirtyeight.com /2016-endorsement-primary/.

12 위의 사이트.

13 위의 사이트.

14 공화당 인사들 중 트럼프 지지자들은 다른 후보를 지지했던 사람들보다 브라이트바트 뉴스에 두 배나 더 많이 주요 인물로 언급되었다. 다음을 참조. Pew Research Center, "Trump, Clinton Voters Divided in Their Main Source for Election News", January 18, 2017, pp.3, 5.

15 다음을 참조. Sides, Tesler, and Vavreck, *Identity Crisis*, Chapter 4.

16 Nathaniel Persily, "The 2016 U.S. Election: Can Democracy Survive the Internet?", *Journal of Democracy*, April 2017, p.67.

17 위의 책, p.67.

18 "Why the Never Trump Movement Failed at the Republican National Convention", ABCNews.com, July 20, 2016.

19 미국 전역에서 일어난 선거 부정 사례는 다음을 참조. Richard L. Hasen, *The Voting Wars: From Florida 2000 to the Next Election Meltdown*(New Haven, CT: Yale University Press, 2012), and Lorraine C. Minnite, *The Myth of Voter Fraud*(Ithaca, NY: Cornell University Press, 2010). 2016년 대선에서 부정이 없었다는 주장과 관련해서 다음을 참조. Jessica Huseman and Scott Klein, "There's No Evidence Our Election Was Rigged", *ProPublica*, November 28, 2016.

20 Darren Samuelsohn, "A Guide to Donald Trump's 'Rigged' Election", *Politico*, October 25, 2016.

21 위의 책.

22 Jeremy Diamond, "Trump: 'I'm Afraid the Election's Going to Be Rigged'", CNN. com, August 2, 2016.

23 "U.S. Election 2016: Trump Says Election 'Rigged at Polling Places'", BBC.com,

어떻게 민주주의는 무너지는가

October 17, 2016.

24 "Donald Trump, Slipping in Polls, Warns of 'Stolen Election'", *New York Times*, October 14, 2016.

25 "Poll: 41 Percent of Voters Say Election Could Be Stolen from Trump", *Politico*, October 17, 2016.

26 "14 of Trump's Most Outrageous Birther Claims—Half from After 2011", CNN.com, September 16, 2016.

27 Lisa Hagen, "Trump: Clinton 'Has to Go to Jail'", *The Hill*, October 12, 2016.

28 "Donald Trump Says He May Pay Legal Fees of Accused Attacker from Rally", *New York Times*, March 13, 2016.

29 "Don't Believe Donald Trump Has Incited Violence at Rallies? Watch This Video", *Vox*, March 12, 2016, https://www.vox.com/2016/3/12/11211846/donald-trump-violence-rallies.

30 "Donald Trump Suggests 'Second Amendment People' Could Act Against Hillary Clinton", *New York Times*, August 9, 2016.

31 "Trump: Clinton 'Has to Go to Jail'", CNN.com, October 13, 2016.

32 "Donald Trump Threatens to Rewrite Libel Laws to Make It Easier to Sue the Media", *Business Insider*, February 26, 2016.

33 위의 책.

34 '집단적 포기'의 정의, 그리고 그에 따르는 논의는 독일과 프랑스 간의 전쟁을 다룬 사회학자 이반 에르마코프의 다음의 중요한 연구에 기반을 둔 것이다. *Ruling Oneself Out: A Theory of Collective Abdications*(Durham, NC: Duke University Press, 2008).

35 Linz, *The Breakdown of Democratic Regimes*, p.37.

36 2017년 프랑스 대선과 관련하여 이러한 주장을 뒷받침하는 데이터는 다음을 참조. "French Election Results: Macron's Victory in Charts", *Financial Times*, May 9, 2017. See https://www.ft.com/content/62d782d6-31a7-11e7-9555-23ef563ecf9a.

37 https://www.hillaryclinton.com/briefing/updates/2016/09/29/number-of-prominent-republicans-and-independents-backing-hillary-clinton-grows/, accessed May 20, 2017.

38 위의 사이트.

39 위의 사이트.

40 위의 사이트.

41 "78 Republican Politicians, Donors, and Officials Who Are Supporting Hillary Clinton", *Washington Post*, November 7, 2016.

42 "French Election Results: Macron's Victory in Charts", *Financial Times*, May 9, 2017 (see figure: "How Allegiances Shifted from the First to the Second Round of Voting in the French Presidential Election").

[43] Alan Abramowitz, *The Polarized Public? Why American Government Is So Dysfunctional*(New York: Pearson, 2012): "Partisanship and Political Animosity in 2016", Pew Research Center, June 22, 2016, http://www.people-press. org/2016/06/22/partisanship-and-political-animosity-in-2016/.

[44] John Sides, Michael Tesler, and Lynn Vavreck, "The 2016 U.S. Election: How Trump Lost and Won", *Journal of Democracy* 28, no.2(April 2017), pp.36 – 37: Sides, *Tessler, and Vavreck, Identity Crisis*, Chapter 2.

4장 합법적으로 전복되는 민주주의

[1] Gregory Schmidt, "Fujimori's 1990 Upset Victory in Peru: Rules, Contingencies, and Adaptive Strategies", *Comparative Politics* 28, no.3(1990), pp.321 – 55.

[2] Luis Jochamowitz, *Ciudadano Fujimori: La Construcción de un Político*(Lima: Peisa, 1993), pp.259 – 63.

[3] Charles Kenney, *Fujimori's Coup and the Breakdown of Democracy in Latin America*(Notre Dame, IN: University of Notre Dame Press, 2004), pp.126 – 27: also Susan C. Stokes, *Mandates and Democracy: Neoliberalism by Surprise in Latin America*(New York: Cambridge University Press, 2001), pp.69 – 71.

[4] Kenneth Roberts, "Neoliberalism and the Transformation of Populism in Latin America", *World Politics* 48, no.1(January 1995), pp.82 – 116.

[5] Gregory Schmidt, "Presidential Usurpation or Congressional Preference? The Evolution of Executive Decree Authority in Peru", in *Executive Decree Authority*, eds. John M. Carey and Matthew S. Shugart(New York: Cambridge University Press, 1998), p.124: Kenney, *Fujimori's Coup and the Breakdown of Democracy in Latin America*, pp.131 – 32.

[6] Yusuke Murakami, *Peru en la era del Chino: La política no institucionalizada y el pueblo en busca de un salvador*(Lima: Instituto de Estudios Peruanos, 2012), p.282: Maxwell A. Cameron, "The Eighteenth Brumaire of Alberto Fujimori", in *The Peruvian Labyrinth: Polity, Society, Economy*, eds. Maxwell Cameron and Philip Mauceri(University Park: Pennsylvania State University Press, 1997), pp.54 – 58: Cynthia McClintock, "La Voluntad Política Presidencial y la Ruptura Constitucional", in *Los Enigmas Del Podre: Fujimori 1990 – 1996*, ed. Fernando Tuesta(Lima: Fundación Friedrich Ebert, 1996).

[7] "inviting the President of the Senate": McClintock, "La Voluntad Política Presidencial y la Ruptura Constitucional", p.65.

[8] Catherine Conaghan, *Fujimori's Peru: Deception in the Public Sphere*(Pittsburgh: University of Pittsburgh Press, 2005), p.30.

[9] "jackals" and "scoundrels": Kenney, *Fujimori's Coup and the Breakdown of*

Democracy in Latin America, p.132.

10 Schmidt, "Presidential Usurpation or Congressional Preference?", pp.118–19.

11 Cameron, "The Eighteenth Brumaire of Alberto Fujimori", p.55.

12 Conaghan, *Fujimori's Peru*, p.30.

13 McClintock, "La Voluntad Política Presidencial y la Ruptura Constitucional", p.65.

14 Kenney, *Fujimori's Coup and the Breakdown of Democracy in Latin America*, p.146.

15 Cameron, "The Eighteenth Brumaire of Alberto Fujimori", p.55; Kenney, *Fujimori's Coup and the Breakdown of Democracy in Latin America*, pp.56–57, 172–76, 186.

16 Jones, *Hugo!*, p.1.

17 Kirk Hawkins, *Venezuela's Chavismo and Populism in Comparative Perspective*(New York: Cambridge University Press, 2010), p.61.

18 "Silvio Berlusconi Says Communist Judges Out to Destroy Him", Reuters, October 20, 2009.

19 "Assaults on Media Make Ecuador an Odd Refuge", *The Age*, June 21, 2012, http://www.theage.com.au/federal-politics/political-news/assaults-on-media-make-ecuador-an-odd-refuge-20120620-20okw.html?deviceType=text.

20 Ahmet Sik, "Journalism Under Siege", EnglishPen, 2016, https://www.englishpen.org/wp-content/uploads/2016/03/JournalismUnder Siege_FINAL.pdf.

21 Joseph Page, *Perón*(New York: Random House, 1983), pp.162–65.

22 Jones, *Hugo!*, p.309.

23 Orbán packed the nominally independent: János Kornai, "Hungary's U-Turn: Retreating from Democracy", *Journal of Democracy* 26, no.43(July 2015), p.35.

24 Maxwell A. Cameron, "Endogenous Regime Breakdown: The Vladivideo and the Fall of Peru's Fujimori", in *The Fujimori Legacy: The Rise of Electoral Authoritarianism in Peru*, ed. Julio F. Carrión(University Park: Pennsylvania State University Press, 2006).

25 Conaghan, *Fujimori's Peru*, p.167; and Cameron, "Endogenous Regime Breakdown", p.180.

26 Page, *Perón*, p.165.

27 Gretchen Helmke, *Courts Under Constraints: Judges, Generals, and Presidents in Argentina*(New York: Cambridge University Press, 2005), p.64.

28 Helmke, *Courts Under Constraints*, p.64.

29 Conaghan, *Fujimori's Peru*, pp.126–31.

30 Bojan Bugaric and Tom Ginsburg, "The Assault on Postcommunist Courts", *Journal of Democracy* 27, no.3(July 2016), p.73.

31 위의 책, pp.73–74.

32 Joanna Fomina and Jacek Kucharczyk, "Populism and Protest in Poland", *Journal of Democracy* 27, no.4(October 2016), pp.62–63. 2016년 초 헌법재판소는 복원 법안을 위

헌으로 판결했다. 그러나 정부는 그 결정을 무시했고, 법과 정의당 대표 야로슬라프 카친스키는 이렇게 선언했다. "재판부가 용인한다고 해도 폴란드는 결코 무정부주의를 받아들이지 않을 것이다."(Bugaric and Ginsburg, "The Assault on Postcommunist Courts", p.74.)

33 Allan R. Brewer-Carías, *Dismantling Democracy in Venezuela: The Chávez Authoritarian Experiment*(New York: Cambridge University Press, 2010), pp.58 – 59; Jones, *Hugo!*, pp.241 – 42.

34 Jones, *Hugo!*, p.242.

35 Brewer-Carías, *Dismantling Democracy in Venezuela*, p.59.

36 Javier Corrales and Michael Penfold, *Dragon in the Tropics: Hugo Chávez and the Political Economy of Revolution in Venezuela*(Washington, DC: The Brookings Institution, 2011), p.27; and Brewer-Carías, *Dismantling Democracy in Venezuela*, pp.236 – 38.

37 "El chavismo nunca pierde en el Supremo Venezolano", *El País*, December 12, 2014, http://internacional.elpais.com/internacional/2014/12/12 / actualidad/1418373177_159073.html; also Javier Corrales, "Autocratic Legalism in Venezuela", *Journal of Democracy* 26, no.2(April 2015), p.44.

38 Conaghan, *Fujimori's Peru*, pp.154 – 62.

39 위의 책.

40 위의 책, p.137.

41 Helmke, *Courts Under Constraints*, p.64.

42 Dan Slater, "Iron Cage in an Iron Fist: Authoritarian Institutions and the Personalization of Power in Malaysia", *Comparative Politics* 36, no.1(October 2003), pp.94 – 95. 마하티르 모하맛이 총리직에서 물러나고 1년이 지난 2004년에 안와르의 유죄 판결은 뒤집혔다.

43 Corrales, "Autocratic Legalism in Venezuela", pp.44 – 45; "Venezuelan Opposition Leader Leopoldo López Sentenced to Prison Over Protest", *New York Times*, September 10, 2015.

44 "El Universo Verdict Bad Precedent for Free Press in America", *Committee to Protect Journalists Alert*, February 16, 2012, https://cpj.org/2012/02/el-universo-sentence-a-dark-precedent-for-free-pre.php.

45 Soner Cagaptay, *The New Sultan: Erdogan and the Crisis of Modern Turkey*(London: I. B. Tauris, 2017), p.124; also Svante E. Cornell, "As Dogan Yields, Turkish Media Freedom Plummets", *Turkey Analyst*, January 18, 2010, https://www.turkeyanalyst.org/publications/turkey-analyst-articles/item/196-as-dogan-yields-turkish-media-freedom-plummets.html.

46 Marshall Goldman, *PetroState: Putin, Power, and the New Russia*(Oxford: Oxford University Press, 2008), p.102.

47 Peter Baker and Susan Glasser, *Kremlin Rising: Vladimir Putin's Russia and the End* *of the Revolution*, *Revised Edition* (Dulles, VA : Potomac Books, 2007), p.83.

48 위의 책, p.482.

49 "Venden TV Venezolana Globovisón y Anuncian Nueva Linea Editorial de 'Centro,'" *El Nuevo Herald*, May 13, 2013, http://www.elnuevoherald.com/noticias/mundo/america-latina/venezuela-es/article2023054.html.

50 "Media Mogul Learns to Live with Chávez", *New York Times*, July 5, 2007.

51 Baker and Glasser, *Kremlin Rising*, pp.86 – 87; Goldman, *PetroState*, p.102.

52 Goldman, *PetroState*, pp.103, 106, 113 – 16. Also Baker and Glasser, *Kremlin Rising*, pp.286 – 92.

53 Levitsky and Way, *Competitive Authoritarianism*, p.198.

54 "Rakibimiz Uzan", *Sabah*, June 4, 2003, http://arsiv.sabah.com.tr/2003/06/04/p01.html.

55 Svante E. Cornell, "Erdogan Versus Koc Holding: Turkey's New Witch Hunt", *Turkey Analyst*, October 9, 2013, http://www.turkeyanalyst.org/publications/turkey-analyst-articles/item/64-erdogan-vs-ko.

56 Edwin Williamson, *Borges: A Life* (New York : Penguin, 2004), pp.292 – 95.

57 Gustavo Dudamel, "Why I Don't Talk Venezuelan Politics", *Los Angeles Times*, September 29, 2015.

58 Gustavo Dudamel, "A Better Way for Venezuela", *New York Times*, July 19, 2017.

59 "Venezuela Cancels Gustavo Dudamel Tour After His Criticisms", *New York Times*, August 21, 2017.

60 Harold Crouch, *Government and Society in Malaysia* (Ithaca, NY : Cornell University Press, 1996), pp.58 – 59, 74.

61 William Case, "New Uncertainties for an Old Pseudo-Democracy: The Case of Malaysia", *Comparative Politics* 37, no.1 (October 2004), p.101.

62 Kim Lane Scheppele, "Understanding Hungary's Constitutional Revolution", in *Constitutional Crisis in the European Constitutional Area*, eds. Armin von Bogdandy and Pal Sonnevend (London : Hart/Beck, 2015), pp.120 – 21; and Gabor Toka, "Constitutional Principles and Electoral Democracy in Hungary", in *Constitution Building in Consolidated Democracies: A New Beginning or Decay of a Political System?*, eds. Ellen Bos and Kálmán Pocza (Baden-Baden : Nomos-Verlag, 2014).

63 Cas Mudde, "The 2014 Hungarian Parliamentary Elections, or How to Craft a Constitutional Majority", *Washington Post*, April 14, 2014.

64 다음을 참조. V. O. Key Jr., *Southern Politics in State and Nation* (Knoxville : University of Tennessee Press, 1984); and Robert Mickey, *Paths out of Dixie: The Democratization of Authoritarian Enclaves in America's Deep South, 1944 – 1972* (Princeton, NJ : Princeton University Press, 2015).

65 Key Jr., *Southern Politics in State and Nation*, p.537 ; Richard Vallely, *The Two Reconstructions : The Struggle for Black Enfranchisement*(Chicago : University of Chicago Press, 2004), p.122.

66 Mickey, *Paths out of Dixie*, p.38.

67 Vallely, *The Two Reconstructions*, pp.24, 33 ; Mickey, *Paths out of Dixie*, p.38.

68 J. Morgan Kousser, *The Shaping of Southern Politics : Suffrage Restriction and the Establishment of the One-Party South, 1880 – 1910*(New Haven, CT : Yale University Press, 1974), pp.15, 28 – 29.

69 Mickey, *Paths out of Dixie*, pp.38, 73 ; Vallely, *The Two Reconstructions*, pp.3, 78 – 79.

70 Vallely, *The Two Reconstructions*, p.77 ; and Kousser, *The Shaping of Southern Politics*, p.31.

71 Kousser, *The Shaping of Southern Politics*, pp.26 – 27, 41.

72 Key Jr., *Southern Politics in State and Nation*, p.8.

73 다음에서 인용. Kousser, *The Shaping of Southern Politics*, p.209. Toombs once said he was willing to "face thirty years of war to get rid of negro suffrage in the South". Quoted in Eric Foner, *Reconstruction : America's Unfinished Revolution*(New York : HarperCollins, 1988), pp.590 – 91.

74 Key Jr., *Southern Politics in State and Nation*, pp.535 – 39 ; Kousser, *The Shaping of Southern Politics ; Vallely, The Two Reconstructions*, pp.121 – 48. Two non-Confederate states, Delaware and Oklahoma, also disenfranchised African Americans(Vallely, *The Two Reconstructions*, pp.122 – 23).

75 Mickey, *Paths out of Dixie*, pp.42 – 43 ; Kousser, *The Shaping of Southern Politics*.

76 Alexander Keyssar, *The Right to Vote : The Contested History of Democracy in the United States*(New York : Basic Books, 2000), p.89.

77 Kousser, *The Shaping of Southern Politics*, p.190.

78 Mickey, *Paths out of Dixie*, pp.72 – 73.

79 Kousser, *The Shaping of Southern Politics*, p.145.

80 위의 책, p.92.

81 Mickey, *Paths out of Dixie*, p.73. Republicans did not win the South Carolina governorship until 1974.

82 Kousser, *The Shaping of Southern Politics*, pp.103, 113. This paragraph draws on Kousser, *The Shaping of Southern Politics*, pp.104 – 121.

83 Kousser, *The Shaping of Southern Politics*, pp.131 – 32.

84 Eight years later, a constitutional convention added a poll tax, literacy test, and property requirements. See Kousser, *The Shaping of Southern Politics*, p.137.

85 Kousser, *The Shaping of Southern Politics*, p.224.

86 Stephen Tuck, "The Reversal of Black Voting Rights After Reconstruction", in *Democratization in America: A Comparative-Historical Analysis*, eds. Desmond King, Robert C. Lieberman, Gretchen Ritter, and Laurence Whitehead(Baltimore: Johns Hopkins University Press, 2009), p.140.

87 Foner, *Reconstruction*, p.582.

88 William C. Rempel, Delusions of a Dictator: The Mind of Marcos as Revealed in His Secret Diaries(Boston: Little, Brown and Company, 1993), pp.32, 101-3.

89 A full video of Marcos's speech, September 23, 1972, ABS-CVN News, https://www.youtube.com/watch?v=bDCHIIXEXes.

90 다음을 참조. John Mueller, *War, Presidents, and Public Opinion*(New York: Wiley, 1973). More recent empirical studies of the rally-'round-the-flag effect in the United States include John R. Oneal and Anna Lillian Bryan, "The Rally 'Round the Flag Effect in U.S. Foreign Policy Crises, 1950-1985", *Political Behavior* 17, no.4(1995), pp.379-401; Matthew A. Baum, "The Constituent Foundations of the Rally-'Round-the-Flag Phenomenon", *International Studies Quarterly* 46(2002), pp.263-98; and J. Tyson Chatagnier, "The Effect of Trust in Government on Rallies 'Round the Flag", *Journal of Peace Research* 49, no.5(2012), pp.631-45.

91 David W. Moore, "Bush Approval Rating Highest in Gallup History", *Gallup News Service*, September 21, 2001. 다음을 참조. http://www.gallup.com/poll/4924/bush-job-approval-highest-gallup-history.aspx.

92 Leonie Huddy, Nadia Khatib, and Theresa Capelos, "The Polls—Trends, Reactions to the Terrorist Attacks of September 11, 2001", *Public Opinion Quarterly* 66(2002), pp.418-50; Darren W. Davis and Brian D. Silver, "Civil Liberties vs. Security: Public Opinion in the Context of the Terrorist Attacks on America", *American Journal of Political Science* 48, no.1(2004), pp.28-46; Leonie Huddy, Stanley Feldman, and Christopher Weber, "The Political Consequences of Perceived Threat and Felt Insecurity", *The Annals of the American Academy of Political and Social Science* 614(2007), pp.131-53; and Adam J. Berinsky, *In Time of War: Understanding American Public Opinion from World War II to Iraq*(Chicago: University of Chicago Press, 2009), Chapter 7.

93 Moore, "Bush Approval Rating Highest in Gallup History".

94 온라인 형사 재판 기록. 다음 사이트를 참조했다. http://www.albany.edu/sourcebook/ind/TERRORISM.Public_opinion.Civil_liberties.2.html.

94 "Gallup Vault: World War II-Era Support for Japanese Internment", August 31, 2016, http://www.gallup.com/vault/195257/gallup-vault-wwii-era-support-japanese-internment.aspx.

95 남미 지역의 헌법과 관련하여 "예외적"인 사례는 다음을 참조. Brian Loveman, *The*

Constitution of Tyranny: *Regimes of Exception in Spanish America*(Pittsburgh: University of Pittsburgh Press, 1994). 미국 헌법과 관련해서는 다음을 참조. Huq and Ginsburg, "How to Lose a Constitutional Democracy", pp.29 – 31.

97 Julio F. Carrion, "Public Opinion, Market Reforms, and Democracy in Fujimori's Peru", in *The Fujimori Legacy*: *The Rise of Electoral Authoritarianism in Peru*, ed. Julio F. Carrion(University Park: Pennsylvania State University Press, 2005), p.129.

98 Sterling Seagrave, *The Marcos Dynasty*(New York: Harper and Row, 1988), pp.243 – 44; Rempel, *Delusions of a Dictator*, pp.52 – 55. 1970년 2월 마르코스는 일기에 이렇게 적었다. "애석하게도 나는 반공주의자로 몰리고 말았다."(Rempel, *Delusions of a Dictator*, p.53).

99 Rempel, *Delusions of a Dictator*, pp.61, 122, 172 – 73.

100 Seagrave, *The Marcos Dynasty*, p.244.

101 Rempel, *Delusions of a Dictator*, pp.105 – 7.

102 "Philippines: Marcos Gambles on Martial Law", United States Department of State Declassified Intelligence Note, Bureau of Intelligence Research, Dated October 6, 1972. Also Seagrave, *The Marcos Dynasty*, p.242.

103 Stanley Karnow, *In Our Image*: *America's Empire in the Philippines*(New York: Ballantine Books, 1989), p.359. Also Seagrave, *The Marcos Dynasty*, p.262.

104 다음 역사적 문헌의 설명을 참조. Richard Evans, "The Conspiracists", *London Review of Books* 36, no.9(2014), pp.3 – 9.

105 다음을 참조. John B. Dunlop, *The Moscow Bombings*: *Examinations of Russian Terrorist Attacks at the Onset of Vladimir Putin's Rule*(London: Ibidem, 2014). 또한 다음을 참조. Baker and Glasser, *Kremlin Rising*, p.55.

106 Baker and Glasser, *Kremlin Rising*, p.55.

107 Richard Sakwa, *Putin*: *Russia's Choice*, Second Edition(New York: Routledge, 2007), pp.20 – 22; Masha Gessen, *Man Without a Face*: *The Unlikely Rise of Vladimir Putin*(London: Penguin, 2012), pp.23 – 42; Dunlop, *The Moscow Bombings*.

108 Cagaptay, *The New Sultan*, pp.181 – 82.

109 "Turkey: Events of 2016", Human Rights Watch World Report 2017, https://www.hrw.org/world-report/2017/country-chapters/turkey. 또한 다음을 참조. "Turkey Coup Attempt: Crackdown Toll Passes 50,000", BBC.com, July 20, 2016.

110 이를 통해 대통령은 의회를 해산하고, 헌법재판소 재판관 4/5를 일방적으로 임명할 수 있는 권한을 확보했다. 다음 사이트에서 터키 변호사협회가 내놓은 헌법 수정안에 대한 평가를 확인할 것. http://anayasadegisikligi.barobirlik.org.tr/Anayasa_Degisikligi.aspx.

5장 민주주의를 지켜온 보이지 않는 규범

1 Karen Orren and Stephen Skowronek, *The Search for American Political*

Development(Cambridge: Cambridge University Press, 2004), p.36.

2 출처는 다음을 참조. Guillermo O'Donnell and Laurence Whitehead, "Two Comparative Democratization Perspectives: 'Brown Areas' and 'Immanence'", in *Democratization in America: A Comparative-Historical Perspective*, eds. Desmond King, Robert C. Lieberman, Gretchen Ritter, and Laurence Whitehead, p.48.

3 Kenneth F. Ledford, "German Lawyers and the State in the Weimar Republic", *Law and History Review* 13, no.2(1995), pp.317–49.

4 George Athan Billias, *American Constitutionalism Heard Round the World, 1776–1989*(New York: New York University Press, 2009), pp.124–25; Zackary Elkins, Tom Ginsburg, and James Melton, *The Endurance of National Constitutions*(New York: Cambridge University Press, 2009), p.26.

5 Jonathan M. Miller, "The Authority of a Foreign Talisman: A Study of U.S. Constitutional Practice as Authority in Nineteenth Century Argentina and the Argentine Elite's Leap of Faith", *The American University Law Review* 46, no.5(1997), pp.1464–572. Also Billias, *American Constitutionalism Heard Round the World*, pp.132–35.

6 Miller, "The Authority of a Foreign Talisman", pp.1510–11.

7 Raul C. Pangalangan, "Anointing Power with Piety: People Power, Democracy, and the Rule of Law", in *Law and Newly Restored Democracies: The Philippines Experience in Restoring Political Participation and Accountability*, ed. Raul C. Pangalangan(Tokyo: Institute of Developing Economies, 2002), p.3.

8 Benjamin Harrison, *This Country of Ours*(New York: Charles Scribner's Sons, 1897), p.ix.

9 Huq and Ginsburg, "How to Lose a Constitutional Democracy", p.72; also William G. Howell, *Power Without Persuasion: The Politics of Direct Presidential Action*(Princeton, NJ: Princeton University Press, 2003), pp.13–16.

10 Huq and Ginsburg, "How to Lose a Constitutional Democracy", pp.61–63; also Bruce Ackerman, *The Decline and Fall of the American Republic*(Cambridge, MA: Harvard University Press, 2010), p.183.

11 Huq and Ginsburg, "How to Lose a Constitutional Democracy", p.70.

12 Huq and Ginsburg, "How to Lose a Constitutional Democracy", pp.29, 31. Also Howell, *Power Without Persuasion*, pp.13–14, 183–87; and Ackerman, *The Decline and Fall of the American Republic*, pp.67–85.

13 Huq and Ginsburg, "How to Lose a Constitutional Democracy", pp.60, 75. 예일대 법학자 브루스 애커먼 역시 비슷한 결론을 내놓았다. 다음을 참조. Ackerman, *The Decline and Fall of the American Republic*.

14 다음을 참조. Gretchen Helmke and Steven Levitsky, eds., *Informal Institutions and Democracy: Lessons from Latin America*(Baltimore: Johns Hopkins University Press,

2006).

15 프린스턴 대학 헌법학자 키스 휘팅턴은 이를 "관습convention"이라 불렀다. 다음을 참조. Keith E. Whittington, "The Status of Unwritten Constitutional Conventions in the United States", *University of Illinois Law Review* 5(2013), pp.1847 – 70.

16 다음을 참조. Scott Mainwaring and Aníbal Pérez-Liñan, *Democracies and Dictatorships in Latin America: Emergence, Survival, and Fall*(New York: Cambridge University Press, 2013).

17 미국 상원 내 규범이나 '민습'에 대한 일반적인 설명은 다음을 참조. Donald R. Matthews, *U.S. Senators and Their World*(Chapel Hill: University of North Carolina Press, 1960).

18 Richard Hofstadter, *The Idea of a Party System: The Rise of Legitimate Opposition in the United States, 1780 – 1840*(Berkeley: University of California Press, 1969), p.8.

19 Joseph J. Ellis, *American Sphinx: The Character of Thomas Jefferson*(New York: Alfred A. Knopf, 1997), p.122; Gordon S. Wood, *The Idea of America: Reflections on the Birth of the United States*(New York: Penguin Books, 2011), p.114; Hofstadter, *The Idea of a Party System*, pp.105, 111.

20 Wood, *The Idea of America*, pp.244 – 45; Hofstadter, *The Idea of a Party System*, p.94.

21 Wood, *The Idea of America*, p.245.

22 Hofstadter, *The Idea of a Party System*.

23 Gabriel Jackson, *The Spanish Republic and the Civil War, 1931-1939*(Princeton, NJ: Princeton University Press, 1965), p.52.

24 Shlomo Ben-Ami, "The Republican 'Take-Over': Prelude to Inevitable Catastrophe", in *Revolution and War in Spain, 1931 – 1939*, ed. Paul Preston(London: Routledge, 2001), pp.58 – 60.

25 Gerard Alexander, *The Sources of Democratic Consolidation*(Ithaca, NY: Cornell University Press, 2002), p.111.

26 Raymond Carr, *Spain 1808 – 1939*(Oxford: Oxford University Press, 1966), p.621.

27 Michael Mann, *Fascists*(Cambridge: Cambridge University Press, 2004), p.330.

28 Juan J. Linz, "From Great Hopes to Civil War: The Breakdown of Democracy in Spain", in *The Breakdown of Democratic Regimes: Europe*, eds. Juan J. Linz and Alfred Stepan(Baltimore: Johns Hopkins University Press, 1978), p.162.

29 Jackson, *The Spanish Republic and the Civil War*, pp.147 – 48.

30 다음에서 인용. Linz, "From Great Hopes to Civil War", p.161.

31 탄압 기간에 노동자 2000명이 살해당했고, 좌파 진영에서 약 2만 명이 투옥되었다. 다음을 참조. Hugh Thomas, *The Spanish Civil War*(London: Penguin Books, 2001), p.136; Stanley Payne, *The Franco Regime 1936 – 1974*(Madison: University of Wisconsin Press, 1987), p.43.

32 Jackson, *The Spanish Republic and the Civil War*, pp.165 – 68.

33 자제라는 표현은 앨리샤 홀랜드^{Alisha Holland}에게서 빌려 온 것이다. 다음을 참조. Alisha Holland, "Forbearance", *American Political Science Review* 110, no.2(May 2016), pp.232-46; and Holland, *Forbearance as Redistribution: The Politics of Informal Welfare in Latin America*(New York: Cambridge University Press, 2017). 또한 다음을 참조. Eric Nelson, "Are We on the Verge of the Death Spiral That Produced the English Revolution of 1642-1649?", *History News Network*, December 14, 2014, http://historynewsnetwork.org/article/157822.

34 Oxford Dictionary. 다음 사이트를 참조. https://en.oxforddictionaries.com/definition/forbearance.

35 Whittington, "The Status of Unwritten Constitutional Conventions in the United States", p.106.

36 Reinhard Bendix, *Kings or People: Power and the Mandate to Rule*(Berkeley: University of California Press, 1978), p.7.

37 Edmund Morgan, *Inventing the People: The Rise of Popular Sovereignty in England and America*(New York: W. W. Norton, 1988), p.21; Bendix, *Kings or People*, p.234.

38 Anthony Dawson and Paul Yachnin, eds., *Richard II, The Oxford Shakespeare*(Oxford: Oxford University Press, 2011), p.241.

39 Whittington, "The Status of Unwritten Constitutional Conventions in the United States", p.107.

40 Julia R. Azari and Jennifer K. Smith, "Unwritten Rules: Informal Institutions in Established Democracies", *Perspectives on Politics* 10, no.1(March 2012); also Whittington, "The Status of Unwritten Constitutional Conventions in the United States", pp.109-12.

41 Thomas Jefferson, *Letter to the Vermont State Legislature*, December 10, 1807, quoted in Thomas H. Neale, *Presidential Terms and Tenure: Perspectives and Proposals for Change*(Washington, DC: Congressional Research Service, 2004), p.5.

42 Bruce Peabody, "George Washington, Presidential Term Limits, and the Problem of Reluctant Political Leadership", *Presidential Studies Quarterly* 31, no.3, p.402.

43 Whittington, "The Status of Unwritten Constitutional Conventions in the United States", p.110. 1912년 시어도어 루즈벨트가 비연속적으로 세 번째 임기에 도전했을 때, 공화당은 그를 지명하지 않았다. 결국 루즈벨트는 독자 출마를 결심했고, 선거운동 과정에서 두 번의 임기 제한을 강력하게 주장했던 사람에게 총격을 당했다. 자세한 내용은 다음을 참조. Elkins, Ginsburg, and Melton, *The Endurance of National Constitutions*, p.47.

44 Azari and Smith, "Unwritten Rules: Informal Institutions in Established Democracies", p.44.

45 다음을 참조. Nelson, "Are We on the Verge of the Death Spiral That Produced the English Revolution of 1642-1649?"

46 Juan J. Linz, "The Perils of Presidentialism", *Journal of Democracy* 1, no.1(January 1990), pp.51-69. 또한 다음을 참조. Gretchen Helmke, *Institutions on the Edge: The Origins and Consequences of Inter-Branch Crises in Latin America*(New York: Cambridge University Press, 2017).

47 Mark Tushnet, "Constitutional Hardball", *The John Marshall Law Review* 37(2004), pp.550, 523-53.

48 Page, *Perón*, p.165.

49 Delia Ferreria Rubio and Matteo Gorreti, "When the President Governs Alone: The Decretazo in Argentina, 1989-1993", in *Executive Decree Authority*, eds. John M. Carey and Matthew Soberg Shugart(New York: Cambridge University Press, 1998).

50 Ferreria Rubio and Gorreti, "When the President Governs Alone", pp.33, 50.

51 "Venezuela's Supreme Court Consolidates President Nicolás Maduro's Power", *New York Times*, October 12, 2016; "Supremo de Venezuela declara constitucional el Decreto de Emergencia Económica", *El País*, January 21, 2016. 다음을 참조. http:// internacional.elpais.com/internacional/2016/01/21/america/1453346802_377899. html.

52 "Venezuela Leaps Towards Dictatorship", *The Economist*, March 31, 2017; "Maduro podrá aprobar el presupuesto a espaldas del Parlamento", *El País*, October 13, 2016. 다음을 참조. http://internacional.elpais.com/internacional/2016/10/13/ america/1476370249_347078.html; "Venezuela's Supreme Court Consolidates President Nicolás Maduro's Power", *New York Times*, October 12, 2016; "Supremo de Venezuela declara constitucional el Decreto de Emergencia Económica", *El País*, January 21, 2016. 다음을 참조. http://internacional.elpais.com/ internacional/2016/01/21/america/1453346802_377899.html.

53 "Radiografía de los chavistas que controlan el TSJ en Venezuela", *El Tiempo*, August 29, 2016. 다음을 참조. http://www.eltiempo.com/mundo/latinoamerica/perfil-de-los-jueces-del-tribunal-supremo-de-justicia-de-venezuela-44143.

54 Lev Marsteintredet, Mariana Llanos, and Detlef Nolte, "Paraguay and the Politics of Impeachment", *Journal of Democracy* 42, no.4(2013), p.113.

55 Marsteintredet, Llanos, and Nolte, "Paraguay and the Politics of Impeachment", pp.112-14.

56 Francisco Toro, "What's in a Coup?", *New York Times*, June 29, 2012.

57 파라과이 1992년 헌법 25조는 "충실하지 못한 의무 수행"을 근거로 대통령을 탄핵할 수 있는 권한을 의회에 주었다. 하지만 "애매모호한 표현을 의도적으로 사용함으로써 상원 의원 2/3가 그 의미를 자의적으로 해석할 수 있는 여지를 남겨뒀다." 다음을 참조. Toro, "What' s in a Coup?"

58 Aníbal Pérez-Liñán, *Presidential Impeachment and the New Political Instability in*

Latin America(New York: Cambridge University Press, 2007), p.26.

59 Carlos De la Torre, *Populist Seduction in Latin America*, Second Edition(Athens, OH: Ohio University Press, 2010), p.106; Pérez-Liñán, *Presidential Impeachment and the New Political Instability in Latin America*, p.155.

60 다음을 참조. De la Torre, *Populist Seduction in Latin America*, p.102; Ximena Sosa, "Populism in Ecuador: From José M. Velasco to Rafael Correa", in *Populism in Latin America*, Second Edition, ed. Michael L. Conniff(Tuscaloosa, AL: University of Alabama Press, 2012), pp.172–73; and Pérez-Liñán, *Presidential Impeachment and the New Political Instability in Latin America*, p.26.

61 Kousser, *The Shaping of Southern Politics*, pp.134–36.

62 Nelson, "Are We on the Verge of the Death Spiral That Produced the English Revolution of 1642–1649?" Also Linz, "The Perils of Presidentialism", and Helmke, *Institutions on the Edge*.

63 Nelson, "Are We on the Verge of the Death Spiral That Produced the English Revolution of 1642–1649?"

64 다음을 참조. Arturo Valenzuela, *The Breakdown of Democratic Regimes: Chile*(Baltimore: Johns Hopkins University Press, 1978), pp.13–20.

65 Pamela Constable and Arturo Valenzuela, *A Nation of Enemies: Chile Under Pinochet*(New York: W. W. Norton, 1991), pp.21–22. Also Luis Maira, "The Strategy and Tactics of the Chilean Counterrevolution in the Area of Political Institutions", in *Chile at the Turning Point: Lessons of the Socialist Years, 1970–1973*, eds. Federico Gil, Ricardo Lagos, and Henry Landsberger(Philadelphia: Institute for the Study of Human Issues, 1979), p.247.

66 Constable and Valenzuela, *A Nation of Enemies*, p.21.

67 Valenzuela, *The Breakdown of Democratic Regimes*, pp.22–39.

68 Constable and Valenzuela, *A Nation of Enemies*, p.25.

69 Youssef Cohen, *Radicals, Reformers, and Reactionaries: The Prisoner's Dilemma and the Collapse of Democracy in Latin America*(Chicago: University of Chicago Press, 1994), p.100.

70 Rodrigo Tomic, "Christian Democracy and the Government of the Unidad Popular", in *Chile at the Turning Point: Lessons of the Socialist Years, 1970–1973*, eds. Federico Gil, Ricardo Lagos, and Henry Landsberger, p.232.

71 Paul Sigmund, *The Overthrow of Allende and the Politics of Chile, 1964–1976*(Pittsburgh: University of Pittsburgh Press, 1977), p.18; Valenzuela, *The Breakdown of Democratic Regimes*, p.45.

72 Julio Faúndez, *Marxism and Democracy in Chile: From 1932 to the Fall of Allende*(New Haven, CT: Yale University Press, 1988), p.181.

73 Valenzuela, *The Breakdown of Democratic Regimes*, p.48; Sigmund, *The Overthrow of Allende*, p.111.

74 Sigmund, *The Overthrow of Allende*, pp.118–20; Faúndez, *Marxism and Democracy in Chile*, pp.188–90.

75 Valenzuela, *The Breakdown of Democratic Regimes*, p.49.

76 Valenzuela, *The Breakdown of Democratic Regimes*, pp.50–60, 81; Ricardo Israel, *Politics and Ideology in Allende's Chile*(Tempe: Arizona State University Center for Latin American Studies, 1989), pp.210–16.

77 Sigmund, *The Overthrow of Allende*, p.133; Cohen, *Radicals, Reformers, and Reactionaries*, pp.104–5.

78 Maira, "The Strategy and Tactics of the Chilean Counterrevolution", pp.249–56.

79 Maira, "The Strategy and Tactics of the Chilean Counterrevolution", pp.249–56; Israel, *Politics and Ideology in Allende's Chile*, p.216.

80 Sigmund, *The Overthrow of Allende*, p.164.

81 Valenzuela, *The Breakdown of Democratic Regimes*, p.67; Constable and Valenzuela, *A Nation of Enemies*, p.28.

82 Valenzuela, *The Breakdown of Democratic Regimes*, pp.67–77.

83 Israel, *Politics and Ideology in Allende's Chile*, p.80.

84 Jorge Tapia Videla, "The Difficult Road to Socialism: The Chilean Case from a Historical Perspective", in *Chile at the Turning Point: Lessons of the Socialist Years, 1970–1973*, eds. Federico Gil, Ricardo Lagos, and Henry Landsberger, p.56; Sigmund, *The Overthrow of Allende*, p.282; Valenzuela, *The Breakdown of Democratic Regimes*, pp.83–85.

85 Valenzuela, *The Breakdown of Democratic Regimes*, pp.89–94.

86 Cohen, *Radicals, Reformers, and Reactionaries*, p.117.

6장 민주주의에 감춰진 시한폭탄

1 Franklin Roosevelt, *First Inaugural Address*, March 4, 1933, *The Avalon Project: Documents in Law, History, and Diplomacy*, Yale Law School, http://avalon.law.yale.edu/20th_century/froos1.asp.

2 Samuel Eliot Morison and Henry Steele Commager, *The Growth of the American Republic*(New York: Oxford University Press, 1953), pp.615–16.

3 Sidney Milkis and Michael Nelson, *The American Presidency: Origins and Development, 1776–2014*, Seventh Edition(Washington, DC: Congressional Quarterly Press, 2016), pp.378–79.

4 Noah Feldman, *Scorpions: The Battles and Triumphs of FDR's Great Supreme Court Justices*(New York: Twelve, 2010), p.108.

어떻게 민주주의는 무너지는가

5 Hofstadter, *The Idea of a Party System*, p.107.

6 Matthew Crenson and Benjamin Ginsberg, *Presidential Power: Unchecked and Unbalanced*(New York: W. W. Norton, 2007), pp.49-50; Hofstadter, *The Idea of a Party System*, pp.107-11.

7 Hofstadter, *The Idea of a Party System*, pp.136, 140; Wood, *The Idea of America*, p.246.

8 위의 책, p.216.

9 Donald B. Cole, *Martin Van Buren and the American Political System*(Princeton, NJ: Princeton University Press, 1984), pp.39, 430.

10 다음을 참조. Hofstadter, *The Idea of a Party System*, pp.216-31.

11 Donald Fehrenbacher, *The South and the Three Sectional Crises*(Baton Rouge: Louisiana State University Press, 1980), p.27.

12 다음에서 인용. John Niven, *John C. Calhoun and the Price of Union: A Biography* (Baton Rouge: Louisiana State University Press, 1988), p.325.

13 Representative Henry M. Shaw, U.S. House of Representatives, April 20, 1858. 다음을 참조. https://archive.org/details/kansasquestionsp00shaw; Ulrich Bonnell Phillips, *The Life of Robert Toombs*(New York: The MacMillan Company, 1913), p.183.

14 Representative Thaddeus Stevens, U.S. House of Representatives, February 20, 1850. 다음을 참조. https://catalog.hathitrust.org/Record/009570624.

15 Joanne B. Freeman, "Violence Against Members of Congress Has a Long, and Ominous, History", *Washington Post*, June 15, 2017. 또한 다음을 참조. Joanne B. Freeman, *The Field of Blood: Congressional Violence and the Road to Civil War*(New York: Farrar, Straus and Giroux, 2018).

16 Milkis and Nelson, *The American Presidency*, pp.212-13.

17 Louis Menand, *The Metaphysical Club: A Story of Ideas in America*(New York: Farrar, Straus and Giroux, 2001), p.61.

18 Woodrow Wilson, *Congressional Government: A Study in American Politics*(Boston: Houghton Mifflin Company, 1885).

19 Robert Green Ingersoll, *Fifty Great Selections, Lectures, Tributes, After Dinner Speeches*(New York: C. p.Farrell, 1920), pp.157-58.

20 Horwill, *The Usages of the American Constitution*, p.188.

21 "Comparing Two Impeachments", *University of Pennsylvania Journal of Constitutional Law* 2 no.2(May 2000), pp.438-39.

22 Charles Calhoun, *From Bloody Shirt to Full Dinner Pail: The Transformation of Politics and Governance in the Gilded Age*(New York: Hill and Wang, 2010), p.88.

23 C. Vann Woodward, *Reunion and Reaction: The Compromise of 1877 and the End of Reconstruction*(Boston: Little, Brown and Company), 1966.

24 Nolan McCarty, Keith Poole, and Howard Rosenthal, *Polarized America: The Dance of Ideology and Unequal Riches*(Cambridge, MA: MIT Press, 2008), p.10.

25 Kimberly Morgan and Monica Prasad, "The Origins of Tax Systems: A French American Comparison", *American Journal of Sociology* 114, no.5(2009), p.1366.

26 James Bryce, *The American Commonwealth*, vol. 1(New York: Macmillan and Company, 1896), pp.393–94.

27 Howell, *Power Without Persuasion*, pp.13–14.

28 Arthur Schlesinger, *The Imperial Presidency*(Boston: Houghton Mifflin, [1973] 2004); Crenson and Ginsberg, *Presidential Power*; Ackerman, *The Decline and Fall of the American Republic*; Milkis and Nelson, *The American Presidency*; Chris Edelson, *Power Without Constraint: The Post-9/11 Presidency and National Security*(Madison: University of Wisconsin Press, 2016).

29 Ackerman, *The Decline and Fall of the American Republic*, pp.87–119; Crenson and Ginsberg, *Presidential Power*, pp.180–351; Edelson, *Power Without Constraint*.

30 William Howell, "Unitary Powers: A Brief Overview", *Presidential Studies Quarterly* 35, no.3(2005), p.417.

31 다음을 참조. James F. Simon, *Lincoln and Chief Justice Taney: Slavery, Secession, and the President's War Powers*(New York: Simon & Schuster, 2007).

32 Alexander Hamilton, Federalist 74.

33 다음에서 인용. Fred Greenstein, *Inventing the Job of President: Leadership Style from George Washington to Andrew Jackson*(Princeton, NJ: Princeton University Press, 2009), p.9.

34 Milkis and Nelson, *The American Presidency*, p.91.

35 위의 책, p.82.

36 위의 책에서 인용, p.82.

37 Gerhard Peters and John T. Woolley, "Executive Orders", *The American Presidency Project*, eds. John T. Woolley and Gerhard Peters, Santa Barbara, CA, 1999–2017. Available at http://www.presidency.ucsb.edu/data/orders.php.

38 Gary Wills, *Cincinnatus: George Washington and the Enlightenment*(Garden City, NY: Doubleday, 1984), p.23.

39 Gordon Wood, *Revolutionary Characters: What Made the Founders Different*(New York: Penguin, 2006), pp.30–31. 또한 다음을 참조. Seymour Martin Lipset, "George Washington and the Founding of Democracy", *Journal of Democracy* 9, no.4(October 1998), pp.24–36.

40 Stephen Skowronek, *The Politics Presidents Make: Leadership from John Adams to Bill Clinton*(Cambridge, MA: Harvard University Press, 1993), pp.243–44.

41 다음에서 인용. Milkis and Nelson, *The American Presidency*, pp.125–27.

42 위의 책에서 인용, p.125.

43 위의 책, p.128.

44 Sidney Milkis and Michael Nelson, *The American Presidency: Origins and Development, 1776 - 2007*, Fifth Edition(Washington, DC: Congressional Quarterly Press, 2008), p.217.

45 위의 책, pp.289 - 90.

46 Crenson and Ginsberg, *Presidential Power*, p.211 ; Ackerman, *The Decline and Fall of the American Republic*, p.87.

47 Lauren Schorr, "Breaking the Pardon Power : Congress and the Office of the Pardon Attorney", *American Criminal Law Review* 46(2009), pp.1535 - 62.

48 Alexander Pope Humphrey, "The Impeachment of Samuel Chase", *The Virginia Law Register* 5, no.5(September 1889), pp.283 - 89.

49 Ellis, *American Sphinx*, p.225.

50 Humphrey, "The Impeachment of Samuel Chase", p.289. Historian Richard Hofstadter describes Chase's impeachment as an "act of partisan warfare, pure and simple"(Hofstadter, *The Idea of a Party System*, p.163).

51 Lee Epstein and Jeffrey A. Segal, *Advice and Consent: The Politics of Judicial Appointment*(New York : Oxford University Press, 2005), p.31.

52 일곱 가지 사례는 다음과 같다. 1)1800년 힘을 잃은 연방주의자 의회는 제퍼슨의 대법관 임명권을 축소하기 위해 대법원 규모를 여섯 명에서 다섯 명으로 줄였다. 2)1801년 새롭게 모습을 드러낸 연방주의자 의회는 대법원 규모를 다섯 명에서 다시 여섯 명으로 돌려놓았다. 3)1807년 하원은 제퍼슨에게 추가적인 임명권을 부여하기 위해 대법원 규모를 일곱 명으로 확장했다. 4)1837년에 하원은 앤드류 잭슨에게 대법관 두 명에 대한 추가적인 임명권을 부여하기 위해 대법원 규모를 다시 아홉 명으로 늘렸다. 5)1863년 링컨 대통령 시절 하원은 노예제에 반대하는 대법원을 구성하기 위해 규모를 열 명으로 확장했다. 6)1866년 공화당이 장악했던 하원은 민주당 대통령 앤드류 존슨의 대법관 임명권을 축소하기 위해 대법원 규모를 일곱 명으로 줄였다. 7)1869년 하원은 새롭게 선출된 공화당 대통령 율리시스 그랜트에게 대법관 두 명에 대한 추가 임명권을 부여하기 위해 대법원 규모를 아홉 명으로 확대했다. 다음을 참조. Jean Edward Smith, "Stacking the Court", *New York Times*, July 26, 2007.

53 Woodrow Wilson, *An Old Master and Other Political Essays*(New York : Charles Scribner's Sons, 1893), p.151.

54 Benjamin Harrison, *This Country of Ours*(New York : Charles Scribner's Sons, 1897), p.317.

55 Horwill, *The Usages of the American Constitution*, p.190.

56 Lee Epstein and Jeffrey A. Segal, *Advice and Consent: The Politics of Judicial Appointment*(New York : Oxford University Press, 2005), p.46.

57 다음에서 인용. H. W. Brands, *Traitor to His Class: The Privileged Life and Radical*

주

Presidency of Franklin Delano Roosevelt(New York: Doubleday, 2008), pp.470 – 71.

58 다음에서 인용. Feldman, *Scorpions*, p.108.

59 Brands, *Traitor to His Class*, p.472.

60 Gene Gressley, "Joseph C. O'Mahoney, FDR, and the Supreme Court", *Pacific Historical Review* 40, no.2(1971), p.191.

61 Morison and Commager, *The Growth of the American Republic*, p.618.

62 Gregory Koger, *Filibustering: A Political History of Obstruction in the House and Senate*(Chicago: University of Chicago Press, 2010); Gregory J. Wawro and Eric Schickler, *Filibuster: Obstruction and Lawmaking in the U.S. Senate*(Princeton, NJ: Princeton University Press, 2006).

63 Wawro and Schickler, *Filibuster*, p.6.

64 Matthews, *U.S. Senators and Their World*, p.100.

65 위의 책, p.101; Wawro and Schickler, *Filibuster*, p.41.

66 Matthews, *U.S. Senators and Their World*, p.101.

67 위의 책; also Donald Matthews, "The Folkways of the United States Senate: Conformity to Group Norms and Legislative Effectiveness", *American Political Science Review* 53, no.4(December 1959), pp.1064 – 89.

68 Matthews, *U.S. Senators and Their World*, pp.98 – 99.

69 다음에서 인용. Matthews, "Folkways", 1959, p.1069.

70 Matthews, *U.S. Senators and Their World*, p.98.

71 위의 책, p.99.

72 Matthews, "Folkways", p.1072.

73 다음에서 인용. Matthews, *U.S. Senators and Their World*, p.100.

74 상원 필리버스터의 기원과 발전 과정은 다음을 참조. Sarah Binder and Steven Smith, *Politics or Principle? Filibustering in the United States Senate*(Washington, DC: Brookings Institution Press, 1997); Wawro and Schickler, *Filibuster*; and Koger, *Filibustering*.

75 Wawro and Schickler, *Filibuster*, pp.25 – 28.

76 Binder and Smith, *Politics or Principle?*, p.114.

77 위의 책, p.11.

78 Wawro and Schickler, *Filibuster*, p.41.

79 Binder and Smith, *Politics or Principle?*, p.60.

80 위의 책, p.9.

81 Horwill, *The Usages of the American Constitution*, pp.126 – 28; Lee Epstein and Jeffrey A. Segal, *Advice and Consent: The Politics of Judicial Appointments*(New York: Oxford University Press, 2007); Robin Bradley Kar and Jason Mazzone, "The Garland Affair: What History and the Constitution Really Say About President

어떻게 민주주의는 무너지는가

Obama's Powers to Appoint a Replacement for Justice Scalia", *New York University Law Review* 91(May 2016), pp.58 – 61.

82 Horwill, *The Usages of the American Constitution*, pp.137 – 38; Kar and Mazzone, "The Garland Affair", pp.59 – 60.

83 Epstein and Segal, *Advice and Consent*, p.21.

84 Horwill, *The Usages of the American Constitution*, pp.137 – 38.

85 다음 자료에 기반을 두었다. Kar and Mazzone, "The Garland Affair", pp.107 – 14.

86 Epstein and Segal, *Advice and Consent*, p.106.

87 위의 책, p.107.

88 다음 자료에 기반을 두었다. Kar and Mazzone, "The Garland Affair", pp.107 – 14.

89 James Bryce, *American Commonwealth*(New York: Macmillan and Company, 〔1888〕 1896), p.211.

90 Keith Whittington, "An Impeachment Should Not Be a Partisan Affair", *Lawfare*, May 16, 2017.

91 위의 책.

92 Tushnet, "Constitutional Hardball", p.528.

93 다음 자료를 참조했다. Gerhard Peters and John T. Woolley, "The American Presidency Project"(2017), http://www.presidency.ucsb.edu/executive_orders.php?year=2017.

94 헌법학자 노아 펠드먼Noah Feldman은 그 대법원 재구성 계획을 이렇게 평가했다. "헌법 역사상 가장 멀리 벗어난 놀라운 시도." 다음을 참조. Feldman, *Scorpions*, p.108.

95 Edward Shils, *The Torment of Secrecy*(Glencoe: Free Press, 1956), p.140.

96 Richard Fried, *Nightmare in Red: The McCarthy Era in Perspective*(Oxford: Oxford University Press, 1990), p.122.

97 위의 책에서 인용, p.123.

98 위의 책, p.125.

99 위의 책에서 인용, p.125.

100 다음에서 인용. Robert Griffith, *The Politics of Fear: Joseph McCarthy and the Senate* (Amherst: University of Massachusetts Press, 1970), pp.53 – 54.

101 Iwan Morgan, *Nixon*(London: Arnold Publishers, 2002), p.19.

102 Matthews, *U.S. Senators and Their World*, p.70.

103 Fried, *Nightmare in Red*, p.22.

104 David Nichols, *Ike and McCarthy: Dwight Eisenhower's Secret Campaign Against Joseph McCarthy*(New York: Basic Books, 2017), pp.12 – 15.

105 Morgan, *Nixon*, p.53.

106 위의 책, p.57.

107 Geoffrey Kabaservice, *Rule and Ruin: The Downfall of Moderation and the Destruction of the Republican Party, from Eisenhower to the Tea Party*(New York:

Oxford University Press, 2012), p.126.

108 Morgan, *Nixon*, pp.158‒59; Keith W. Olson, *Watergate: The Presidential Scandal That Shook America*(Lawrence: University Press of Kansas, 2003), p.2.

109 Jonathan Schell, "The Time of Illusion", *The New Yorker*, June 2, 1975; Olson, *Watergate*, p.30.

110 Morgan, *Nixon*, p.24.

111 Rick Perlstein, *Nixonland: The Rise of a President and the Fracturing of America*(New York: Scribner, 2008), p.667.

112 Morgan, *Nixon*, pp.160, 179; Olson, *Watergate*, p.12; Perlstein, *Nixonland*, pp.517, 676.

113 Morgan, *Nixon*, p.24.

114 Perlstein, *Nixonland*, p.413.

115 Olson, *Watergate*, pp.35‒42.

116 위의 책에서 인용, p.90.

117 위의 책, pp.76‒82.

118 위의 책, p.102.

119 위의 책, p.155.

120 Morgan, *Nixon*, pp.186‒87.

121 Olson, *Watergate*, p.164.

122 Eric Schickler, *Racial Realignment: The Transformation of American Liberalism, 1932‒1965*(Princeton, NJ: Princeton University Press, 2016).

123 또한 다음을 참조. Mickey, Levitsky, and Way, "Is America Still Safe for Democracy?", pp.20‒29.

7장 규범의 해체가 부른 정치적 비극

1 스캘리아의 죽음을 둘러싸고 소셜 미디어 상에서 떠돈 이야기는 두 가지 원천에서 비롯되었다. Jonathan Chait, "Will the Supreme Court Just Disappear?", *New York Magazine*, February 21, 2016, and "Supreme Court Justice Antonin Scalia Dies: Legal and Political Worlds React", *The Guardian*, February 14, 2016.

2 위의 책.

3 Kar and Mazzone, "The Garland Affair", pp.53‒111. 칼과 마조네의 설명 따르면 미국 역사상 총 여섯 번이 있었으며, 모두 20세기 이전에 벌어졌다. 당시 상원은 대통령의 대법관 임명에 대해 의결을 거부했다. 그러나 여섯 번 모두 임명에 대한 정당성은 의심받지 않았다. 임명이 대통령 후계자 선출 후에 이루어졌거나, 아니면 대통령이 선거를 통해서가 아니라 부통령 자격으로 대통령의 지위를 물려받았기 때문이다(19세기 내내 지위를 물려받은 부통령이 진정한 대통령인지, 아니면 그저 대행에 불과한 것인지를 놓고 헌법적 논의가 뜨거웠다).

4 다음 자료를 근간으로 한 것이다. Kar and Mazzone, "The Garland Affair", pp.107‒14.

5   연설문 자료는 다음에서 확인이 가능하다. "To College Republicans: Text of Gingrich Speech", *West Georgia News*. 혹은 다음 사이트를 참조. http://www.pbs.org/wgbh/pages/frontline/newt/newt78speech.html.

6   Ike Brannon, "Bob Michel, House GOP Statesman Across Five Decades, Dies at Age 93", *Weekly Standard*, February 17, 2017.

7   Ronald Brownstein, *The Second Civil War: How Extreme Partisanship Has Paralyzed Washington and Polarized America*(New York: Penguin, 2007), pp.137, 144; Thomas E. Mann and Norman J. Ornstein, *The Broken Branch: How Congress Is Failing America and How to Get It Back on Track*(Oxford: Oxford University Press, 2008), p.65.

8   Matt Grossman and David A. Hopkins, *Asymmetric Politics: Ideological Republicans and Interest Group Democrats*(New York: Oxford University Press, 2016), p.285.

9   Brownstein, *The Second Civil War*, p.142.

10   Thomas E. Mann and Norman J. Ornstein, *It's Even Worse Than It Looks: How the American Constitutional System Collided with the New Politics of Extremism*(New York: Basic Books, 2016), p.35.

11   다음에서 인용. James Salzer, "Gingrich's Language Set New Course", *Atlanta Journal-Constitution*, January 29, 2012.

12   다음에서 인용. Salzer, "Gingrich's Language Set New Course".

13   Gail Sheehy, "The Inner Quest of Newt Gingrich", *Vanity Fair*, January 12, 2012.

14   Mann and Ornstein, *It's Even Worse Than It Looks*, p.39; James Salzer, "Gingrich's Language Set New Course".

15   Sean Theriault, *The Gingrich Senators: The Roots of Partisan Warfare in Congress* (Oxford: Oxford University Press, 2013).

16   다음에서 인용. Salzer, "Gingrich's Language Set New Course".

17   Michael Wines, "G.O.p.Filibuster Stalls Passage of Clinton $16 Billion Jobs Bill", *New York Times*, April 2, 1993.

18   Binder and Smith, *Politics or Principle?*, pp.10-11; Mann and Ornstein, *The Broken Branch*, pp.107-8.

19   전 상원의원 찰스 마티아스Charles Mathias. 다음에서 인용. Binder and Smith, *Politics or Principle?*, p.6.

20   미 상원 자료. 다음을 참조. https://www.senate.gov/pagelayout/reference/cloture_motions/clotureCounts.htm.

21   Mann and Ornstein, *The Broken Branch*, pp.109-10; Grossman and Hopkins, *Asymmetric Politics*, p.293.

22   Whittington, "Bill Clinton Was No Andrew Johnson", p.459.

23   1868년 앤드류 존슨에 대한 탄핵은 훨씬 더 심각한 사건이었다. 당시 대통령의 헌법적 권

한을 둘러싼 뜨거운 논쟁이 일었다. 다음을 참조. Whittington, "Bill Clinton Was No Andrew Johnson".

24 Mann and Ornstein, *The Broken Branch*, p.122.

25 Jacob Hacker and Paul Pierson, *Winner Take All Politics*(New York: Simon & Schuster, 2010), p.207.

26 다음에서 인용. John Ydstie, "The K Street Project and Tom DeLay", *NPR*, January 14, 2006.

27 Sam Tanenhaus, "Tom DeLay's Hard Drive", *Vanity Fair*, July 2004.

28 Brownstein, *The Second Civil War*, p.227.

29 Tanenhaus, "Tom DeLay's Hard Drive".

30 Brownstein, *The Second Civil War*, pp.263－323.

31 위의 책, pp.339－40.

32 Todd F. Gaziano, "A Diminished Judiciary: Causes and Effects of the Sustained High Vacancy Rates in the Federal Courts", *The Heritage Foundation*, October 10, 2002; Mann and Ornstein, *The Broken Branch*, pp.164－65.

33 Neil Lewis, "Washington Talk: Democrats Readying for a Judicial Fight", *New York Times*, May 1, 2001.

34 Tushnet, "Constitutional Hardball", pp.524－25; Epstein and Segal, *Advice and Consent*, p.99.

35 다음에서 인용. Mann and Ornstein, *The Broken Branch*, p.167.

36 미 상원 자료. 다음을 참조. https://www.senate.gov/pagelayout/reference/cloture_motions/clotureCounts.htm.

37 Mann and Ornstein, *It's Even Worse Than It Looks*, pp.7, 50.

38 Mann and Ornstein, *The Broken Branch*, p.172.

39 위의 책, p.xi.

40 Brownstein, *The Second Civil War*, pp.274－75.

41 위의 책, pp.274－75.

42 Tushnet, "Constitutional Hardball", p.526.

43 Steve Bickerstaff, *Lines in the Sand: Congressional Redistricting in Texas and the Downfall of Tom DeLay*(Austin: University of Texas Press, 2007), pp.132, 171.

44 위의 책, pp.84－108.

45 위의 책, pp.102－4.

46 위의 책에서 인용, p.108.

47 위의 책, pp.220, 228.

48 위의 책, pp.251－53.

49 위의 책에서 인용, pp.251－53.

50 "First Democrat Issue: Terrorist Rights", *The Rush Limbaugh Show*, January 10,

2006. 다음을 참조. https://origin-www.rushlimbaugh.com/daily/2006/01/10/first_democrat_issue_terrorist_rights/.

51 Ann Coulter, *Treason: Liberal Treachery from the Cold War to the War on Terrorism*(New York: Three Rivers Press, 2003).

52 Coulter, *Treason*, pp.292, 16.

53 "Coulter Right on Rape, Wrong on Treason", *CoulterWatch*, December 11, 2014. 다음을 참조. https://coulterwatch.wordpress.com/2014/12/11/coulter-right-on-rape-wrong-on-treason/@@_edn3.

54 이 공격에 대한 요약은 다음을 참조. Martin A. Parlett, *Demonizing a President: The "Foreignization" of Barack Obama*(Santa Barbara, CA: Praeger, 2014).

55 Grossman and Hopkins, *Asymmetric Politics*, pp.129–30.

56 Parlett, *Demonizing a President*, p.164.

57 "Rep.Steve King: Obama Will Make America a 'Totalitarian Dictatorship'", *ThinkProgress*, October 28, 2008.

58 Grossman and Hopkins, *Asymmetric Politics*, p.130.

59 Dana Milibank, "Unleashed, Palin Makes a Pit Bull Look Tame", *Washington Post*, October 7, 2008.

60 Frank Rich, "The Terrorist Barack Hussein Obama", *New York Times*, October 11, 2008.

61 다음을 참조. Christopher S. Parker and Matt A. Barreto, *Change They Can't Believe In: The Tea Party and Reactionary Politics in America*(Princeton, NJ: Princeton University Press, 2013). 또한 다음을 참조. Theda Skocpol and Vanessa Williamson, *The Tea Party and the Remaking of American Conservatism*(New York: Oxford University Press, 2013).

62 "Georgia Congressman Calls Obama Marxist, Warns of Dictatorship", *Politico*, November 11, 2008.

63 "Broun Is Asked, Who'll 'Shoot Obama'", *Politico*, February 25, 2011.

64 Mann and Ornstein, *It's Even Worse Than It Looks*, p.214.

65 다음을 참조. Parker and Barreto, *Change They Can't Believe In*.

66 다음에서 인용. Parker and Barreto, *Change They Can't Believe In*, p.2.

67 다음에서 인용. Jonathan Alter, *The Center Holds: Obama and His Enemies*(New York: Simon & Schuster, 2013), p.36.

68 다음에서 인용. Parker and Barreto, *Change They Can't Believe In*, p.200.

69 "Newt Gingrich: Obama 'First Anti-American President'", *Newsmax*, March 23, 2016; and "Gingrich: Obama's Worldview Shaped by Kenya", *Newsmax*, September 12, 2010.

70 Darren Samuelson, "Giuliani: Obama Doesn't Love America", *Politico*, February 18,

2015.

71 "Mike Coffman Says Obama 'Not an American' at Heart, Then Apologizes", *Denver Post*, May 16, 2012.

72 Gabriel Winant, "The Birthers in Congress", *Salon*, July 28, 2009.

73 위의 책.

74 "What Donald Trump Has Said Through the Years About Where President Obama Was Born", *Los Angeles Times*, December 16, 2016.

75 Parker and Barreto, *Change They Can't Believe In*, p.210.

76 "Fox News Poll: 24 Percent Believe Obama Not Born in the U.S.", FoxNews.com, April 7, 2011.

77 "43Percent of Republicans Believe Obama is a Muslim", *The Hill*, September 13, 2015.

78 "Democrats May Not Be Headed for a Bloodbath", *Newsweek*, August 27, 2010.

79 다음에서 인용. Abramowitz, *The Polarized Public?*, p.101.

80 Skocpol and Williamson, *The Tea Party and the Remaking of American Conservatism*, pp.83 – 120.

81 "How the Tea Party Fared", *New York Times*, November 4, 2010. Also Michael Tesler, *Post-Racial or Most-Racial? Race and Politics in the Obama Era*(Chicago: University of Chicago Press, 2016), pp.122 – 23.

82 "Who Is in the Tea Party Caucus in the House?", CNN.com(Political Ticker), July 29, 2011.

83 "Ted Cruz Calls Obama 'The Most Lawless President in the History of This Country'", Tu94.9FM. 다음을 참조. http://tu949fm.iheart.com/articles/national-news-104668/listen-ted-cruz-calls-barack-obama-14518575/.

84 다음의 보고를 참조. Michael Grunwald, *The New New Deal: The Hidden Story of Change in the Obama Era*(New York: Simon & Schuster, 2013), pp.140 – 42.

85 위의 책, pp.140 – 42.

86 다음에서 인용. Abramowitz, *The Polarized Public?*, p.122.

87 그 법안은 결국 통과되었다. 다음을 참조. Joshua Green, "Strict Obstructionist", *The Atlantic*, January/February 2011.

88 Mann and Ornstein, *It's Even Worse Than It Looks*, pp.87 – 89.

89 위의 책, p.85.

90 Milkis and Nelson, *The American Presidency*, p.490.

91 Mann and Ornstein, *It's Even Worse Than It Looks*, pp.92 – 94.

92 "Reid, Democrats Trigger 'Nuclear' Option: Eliminate Most Filibusters on Nominees", *Washington Post*, November 21, 2013.

93 위의 책에서 인용.

94 다음에서 인용. Jonathan Turley, "How Obama's Power Plays Set the Stage for

Trump", *Washington Post*, December 10, 2015.

95 다음을 참조. Nelson, "Are We on the Verge of the Death Spiral That Produced the English Revolution of 1642 – 1649?"

96 "Obama Mandates Rules to Raise Fuel Standards", *New York Times*, May 21, 2010.

97 "Obama to Permit Young Migrants to Remain in U.S.", *New York Times*, June 15, 2012.

98 "Obama Orders Cuts in Federal Greenhouse Gas Emissions", *New York Times*, March 19, 2015.

99 "McConnell Urges U.S. States to Defy U.S. Plan to Cut Greenhouse Gases", *New York Times*, March 4, 2015.

100 "A New Phase in Anti-Obama Attacks", *New York Times*, April 11, 2015.

101 Mann and Ornstein, *It's Even Worse Than It Looks*, p.5.

102 Mann and Ornstein, *It's Even Worse Than It Looks*, pp.6 – 7.

103 Grossman and Hopkins, *Asymmetric Politics*, pp.295 – 96; Mann and Ornstein, *It's Even Worse Than It Looks*, pp.7 – 10.

104 Mann and Ornstein, *It's Even Worse Than It Looks*, pp.25 – 26.

105 위의 책, pp.7 – 8, 26 – 27.

106 위의 책, p.26.

107 조지 W. 부시 대통령의 연설문 작성을 맡았던 마이클 거슨Michael Gerson은 이렇게 표현했다. "상원은 외국 정부를 상대로 외교정책을 실행할 권리가 없다. 특히 적대국에 대해서는 (…) 코튼의 서한은 공화당 상원 의원들이 행정부의 협상 실패를 바라고 있다는 인상을 준다." Michael Gerson, "The True Scandal of the GOP Senators' Letter to Iran", *Washington Post*, March 12, 2015.

108 다음에서 인용. Susan Milligan, "Disrespecting the Oval Office", *U.S. News & World Report*, March 16, 2015.

109 다음 날 뉴욕 데일리뉴스는 전면 기사를 통해 "배신자Traitor" 논쟁에 불을 붙였다.

110 Kar and Mazzone, "The Garland Affair".

111 "Republican Senators Vow to Block Any Clinton Supreme Court Nominee Forever", *The Guardian*, November 2, 2006.

112 위의 책.

113 위의 책에서 인용.

114 Marc J. Hetherington and Jonathan D. Weiler, *Authoritarianism and Polarization in American Politics*(New York: Cambridge University Press, 2009); Abramowitz, *The Polarized Public?*

115 Bill Bishop with Robert G. Cushing, *The Big Sort: Why the Clustering of Like-Minded America Is Tearing Us Apart*(Boston: Houghton Mifflin, 2008), p.23.

116 Shanto Iyengar, Gaurav Sood, and Yphtach Lelkes, "Affect, Not Ideology: A Social

Identity Perspective on Polarization", *Public Opinion Quarterly* 76, no.3(2012), pp.417 – 18.

117 위의 책.

118 Pew Research Center, "Partisanship and Political Animosity in 2016", June 22, 2016, http://www.people-press.org/2016/06/22/partisanship-and-political-animosity-in-2016/.

119 다음을 참조. James L. Sundquist, *Dynamics of the Party System: Alignment and Re-Alignment of Political Parties in the United States*(Washington, DC: The Brookings Institution, 1983), pp.214 – 27; Alan I. Abramowitz, *The Disappearing Center: Engaged Citizens, Polarization, and American Democracy*(New Haven, CT: Yale University Press, 2010), pp.54 – 56.

120 Geoffrey Layman, *The Great Divide: Religious and Cultural Conflict in American Party Politics*(New York: Columbia University Press, 2001), p.171.

121 Schickler, *Racial Realignment*, p.179; Edward G. Carmines and James A. Stimson, *Issue Evolution: Race and the Transformation of American Politics*(Princeton, NJ: Princeton University Press, 1989), Chapter 3.

122 위의 책, p.119.

123 Binder and Smith, *Politics or Principle?*, p.88.

124 다음을 참조. Mickey, *Paths out of Dixie*.

125 Abramowitz, *The Disappearing Center*, pp.66 – 73; Tesler, *Post-Racial or Most-Racial?*, pp.11 – 13.

126 Earl Black and Merle Black, *The Rise of Southern Republicans*(Cambridge, MA: Harvard University Press, 2002); Abramowitz, *The Disappearing Center*, pp.66 – 73.

127 Carmines and Stimson, *Issue Evolution*.

128 Matthew Levendusky, *The Partisan Sort: How Liberals Became Democrats and Conservatives Became Republicans*(Chicago: University of Chicago Press, 2009).

129 위의 책; Abramowitz, *The Disappearing Center*, pp.63 – 73.

130 다음을 참조. Pew Research Center, *Political Polarization in the American Public* (Washington, DC: Pew Foundation), June 12, 2014.

131 이 부분은 다음에 기반을 둔 것이다. Hetherington and Weiler, *Authoritarianism and Polarization in American Politics*; Abramowitz, *The Disappearing Center*; Abramowitz, *The Polarized Public?*; and Alan I. Abramowitz and Steven Webster, "The Rise of Negative Partisanship and the Nationalization of U.S. Elections in the 21st Century", *Electoral Studies* 41(2016), pp.12 – 22.

132 "It's Official: The U.S. Is Becoming a Majority-Minority Nation", *U.S. News & World Report*, July 6, 2015.

133 Sandra L. Colby and Jennifer M. Ortman, "Projections of the Size and Composition of

어떻게 민주주의는 무너지는가

the U.S. Population: 2014 – 2060", *United States Census Bureau Current Population Reports*, March 2015. 다음을 참조. https://www.census.gov/content/dam/Census/library/publications/2015/demo/p25-1143.pdf.

134 Tesler, *Post-Racial or Most-Racial?*, p.166; Abramowitz, *The Polarized Public?*, p.29.

135 Tesler, *Post-Racial or Most-Racial?*, pp.166 – 68.

136 Geoffrey C. Layman, *The Great Divide: Religious and Cultural Conflict in American Party Politics*(New York: Columbia University Press, 2001); Abramowitz, *The Polarized Public?*, pp.69 – 77.

137 "The Parties on the Eve of the 2016 Election: Two Coalitions, Moving Further Apart", Pew Research Center, September 13, 2016, http://www.people-press.org/2016/09/13/2-party-affiliation-among-voters-1992-2016/.

138 Abramowitz, *The Polarized Public?*, p.67.

139 Abramowitz, *The Disappearing Center*, p.129.

140 위의 책, p.129.

141 Hetherington and Weiler, *Authoritarianism and Polarization in American Politics*, pp.27 – 28, 63 – 83.

142 Grossman and Hopkins, *Asymmetric Politics*; Mann and Ornstein, *It's Even Worse Than It Looks*.

143 Levendusky, *How Partisan Media Polarize America*, pp.14 – 16; Grossman and Hopkins, *Asymmetric Politics*, pp.149 – 64.

144 Levendusky, *How Partisan Media Polarize America*, p.14.

145 Grossman and Hopkins, *Asymmetric Politics*, pp.170 – 74.

146 Theda Skocpol and Alexander Hertel-Fernandez, "The Koch Network and Republican Party Extremism", *Perspectives on Politics* 16, no.3(2016), pp.681 – 99.

147 Levendusky, *How Partisan Media Polarize America*, p.152.

148 Levendusky, *How Partisan Media Polarize America*, p.152.

149 다음에서 인용. Grossman and Hopkins, *Asymmetric Politics*, p.177.

150 Skocpol and Hertel-Fernandez, "The Koch Network", pp.681 – 99.

151 Elizabeth Drew, *Whatever It Takes: The Real Struggle for Power in America*(New York: Viking Press, 1997), p.65.

152 Skocpol and Hertel-Fernandez, "The Koch Network", p.683.

153 위의 책, p.684.

154 Grossman and Hopkins, *Asymmetric Politics*, pp.43 – 46, 118 – 23.

155 Abramowitz, *The Disappearing Center*, p.129.

156 Richard Hofstadter, *The Paranoid Style in American Politics and Other Essays*(New York: Vintage, 1967), p.4.

157 Parker and Barreto, *Change They Can't Believe In*, pp.3, 157.

158 Arlie Russell Hochschild, *Strangers in Their Own Land: Anger and Mourning on the American Right*(New York: The New Press, 2016).

159 엘리자베스 타이스-모스Elizabeth Theiss-Morse는 미국 전역에서 실시한 설문 조사에 대한 분석을 바탕으로 스스로 미국인임을 자신하는 사람들은 '진정한 미국인'의 요건으로 대개 다음 네 가지를 꼽는다는 사실을 확인했다. 1) 미국에서 출생 2) 영어를 구사 3) 백인 4) 기독교인. 다음을 참조. Elizabeth Theiss Morse, *Who Counts as an American: The Boundaries of National Identity*(New York: Cambridge University Press, 2009), pp.63 – 94.

160 Ann Coulter, *Adios America! The Left's Plan to Turn Our Country into a Third World Hellhole*(Washington, DC: Regnery Publishing, 2015), p.19.

161 Parker and Barreto, *Change They Can't Believe In*.

8장 트럼프의 민주주의 파괴

1 Thomas E. Patterson, "News Coverage of Donald Trump's First 100 Days", Shorenstein Center on Media, Politics, and Public Policy, May 18, 2017, https:// shorensteincenter.org/news-coverage-donald-trumps-first-100-days. 이 연구를 보도한 언론사는 다음과 같다. 〈뉴욕 타임스〉, 〈월스트리트 저널〉, 〈워싱턴포스트〉, CNN, CBS, CNN, 폭스 뉴스, NBC, 그리고 두 곳의 유럽 매체.

2 다음을 참조. Glenn Thrush and Maggie Haberman, "At a Besieged White House, Tempers Flare and Confusion Swirls", *New York Times*, May 16, 2017.

3 Patterson, "News Coverage of Donald Trump's First 100 Days".

4 "Trump Says No President Has Been Treated More Unfairly", *Washington Post*, May 17, 2017.

5 "Comey Memo Says Trump Asked Him to End Flynn Investigation", *New York Times*, May 16, 2017; "Top Intelligence Official Told Associates Trump Asked Him If He Could Intervene with Comey on FBI Russia Probe", *Washington Post*, June 6, 2017.

6 Josh Gerstein, "Trump Shocks with Ouster of FBI's Comey", *Politico*, May 9, 2017; and "Trump Said He Was Thinking of Russia Controversy When He Decided to Fire Comey", *Washington Post*, May 11, 2017.

7 Philip Bump, "Here's How Unusual It Is for an FBI Director to Be Fired", *Washington Post*, May 9, 2017; "FBI Director Firing in Early '90s Had Some Similarities to Comey Ouster", *U.S. News & World Report*, May 10, 2017.

8 Tina Nguyen, "Did Trump's Personal Lawyer Get Preet Bharara Fired?", *Vanity Fair*, June 13, 2017; "Mueller Expands Probe into Trump Business Transactions", *Bloomberg*, July 20, 2017.

9 "Mueller Expands Probe into Trump Business Transactions."

10 Nolan McCaskill and Louis Nelson, "Trump Coy on Sessions's Future: 'Time Will

Tell'", *Politico*, July 25, 2017; Chris Cilizza, "Donald Trump Doesn't Want to Fire Jeff Sessions. He Wants Sessions to Quit", CNN.com, July 24, 2017.

11 Michael S. Schmidt, Maggie Haberman, and Matt Apuzzo, "Trump's Lawyers, Seeking Leverage, Investigate Mueller's Investigators", *New York Times*, July 20, 2017.

12 "Venezuela's Chief Prosecutor Luisa Ortega Rejects Dismissal", BBC.com, August 6, 2017.

13 "Trump Criticizes 'So-Called Judge' Who Lifted Travel Ban", *Wall Street Journal*, February 5, 2017.

14 White House Office of the Press Secretary, "Statement on Sanctuary Cities Ruling", April 25, 2017. 다음을 참조. https://www.whitehouse.gov/the-press-office/2017/04/25/statement-sanctuary-cities-ruling.

15 "President Trump Is 'Absolutely' Considering Breaking Up the Ninth Circuit Court", *Time*, April 26, 2017.

16 며칠 전에 트럼프는 한 집회에서 큰 박수를 보내며 이렇게 말했다. "여기 계신 분들은 셰리프 보안관을 좋아하시죠?" 그러고는 과장스러운 표정을 지으며 이렇게 물었다. "그 보안관은 자신의 임무를 수행하다가 유죄 판결을 받은 게 아닌가요?" 다음을 참조. "Trump Hints at Pardon for Ex-Sheriff Joe Arpaio", CNN.com, August 23, 2017.

17 "Trump's Lawyers Are Exploring His Pardoning Powers to Hedge Against the Russia Investigation", *Business Insider*, July 20, 2017.

18 Martin Redish, "A Pardon for Arpaio Would Put Trump in Uncharted Territory", *New York Times*, August 27, 2017.

19 Ryan Lizza, "How Trump Broke the Office of Government Ethics", *The New Yorker*, July 14, 2017.

20 조지 W. 부시 행정부에서 윤리 변호사로 활동했던 리처드 페인터[Richard Painter]는 체이피즈의 행동을 "강압적인", 그리고 "정치적인 보복"으로 평가했다. "GOP Lawmaker Hints at Investigating Ethics Chief Critical of Trump", *New York Times*, January 13, 2017.

21 "White House Moves to Block Ethics Inquiry into Ex-Lobbyists on Payroll", *New York Times*, May 22, 2017.

22 Lizza, "How Trump Broke the Office of Government Ethics".

23 "Trump Faces Tough Choices in FBI Pick", *The Hill*, May 15, 2017. 트럼프가 최종적으로 임명한 크리스토퍼 레이[Christopher Wray]는 FBI의 독립성을 지켜줄 것으로 기대를 모았다.

24 "Trump Is Reportedly Considering Bringing Rudy Giuliani on as Attorney General amid Troubles with Jeff Sessions", *Business Insider*, July 24, 2017.

25 "Trump Calls the News Media the 'Enemy of the American People'", *New York Times*, February 17, 2017.

26 "Remarks by President Trump at the Conservative Political Action Committee", White House Office of the Press Secretary, February 24, 2017. 다음을 참조. https://www.

whitehouse.gov/the-press-office/2017/02/24/remarks-president-trump-conservative-political-action-conference.

27 다음을 참조. https://twitter.com/realdonaldtrump/status/847455180912181249.

28 Jonathan Turley, "Trump's Quest to Stop Bad Media Coverage Threatens Our Constitution", *The Hill*, May 2, 2017.

29 "Confrontation, Repression in Correa's Ecuador", Committee to Protect Journalists, September 1, 2011, https://cpj.org/reports/2011/09/confrontation-repression-correa-ecuador.php.

30 Conor Gaffey, "Donald Trump Versus Amazon: All the Times the President and Jeff Bezos Have Called Each Other Out", *Newsweek*, July 25, 2017.

31 Philip Bump, "Would the Trump Administration Block a Merger Just to Punish CNN?", *Washington Post*, July 6, 2017.

32 "President Trump Vows to Take Aggressive Steps on Immigration", *Boston Globe*, January 25, 2017.

33 "Judge Blocks Trump Effort to Withhold Money from Sanctuary Cities", *New York Times*, April 25, 2017.

34 "Venezuela Lawmakers Strip Power from Caracas Mayor", Reuters, April 7, 2009.

35 "Judge Blocks Trump Effort to Withhold Money from Sanctuary Cities", *New York Times*, April 25, 2017.

36 Aaron Blake, "Trump Wants More Power and Fewer Checks and Balances—Again", *Washington Post*, May 2, 2017. Also https://twitter.com/realdonaldtrump/status/869553853750013953.

37 Aaron Blake, "Trump Asks for More Power. Here's Why the Senate GOP Will Resist", *Washington Post*, May 30, 2017.

38 다음을 참조. Hasen, *The Voting Wars*; Ari Berman, *Give Us the Ballot: The Modern Struggle for Voting Rights in America*(New York: Picador, 2015).

39 Berman, Give Us the Ballot; Benjamin Highton, "Voter Identification Laws and Turnout in the United States", *Annual Review of Political Science* 20, no.1(2017), pp.49-67.

40 Justin Levitt, "The Truth About Voter Fraud", New York University School of Law Brenner Center for Justice(2007). 다음을 참조. https://www.brennancenter.org/publication/truth-about-voter-fraud; also Minnite, *The Myth of Voter Fraud*; Hasen, *The Voting Wars*, pp.41-73; Sharad Goel, Marc Meredith, Michael Morse, David Rothschild, and Houshmand Shirani-Mehr, "One Person, One Vote: Estimating the Prevalence of Double-Voting in U.S. Presidential Elections", unpublished manuscript, January 2017.

41 예를 들어 다음 자료를 참조. Levitt, "The Truth About Voter Fraud"; Minnite, *The Myth*

어떻게 민주주의는 무너지는가

of Voter Fraud.

42 다음에서 인용. Berman, *Give Us the Ballot*, p.223.

43 위의 책, p.223.

44 위의 책에서 인용, p.254.

45 위의 책, pp.260 – 61.

46 Highton, "Voter Identification Laws and Turnout in the United States", pp.152 – 53.

47 Charles Stewart III, "Voter ID: Who Has Them? Who Shows Them?" *Oklahoma Law Review* 66(2013).

48 위의 책, pp.41 – 42.

49 Berman, *Give Us the Ballot*, p.254.

50 위의 책, p.264.

51 Highton, "Voter Identification Laws and Turnout in the United States", p.153.

52 Peter Waldman, "Why We Should Be Very Afraid of Trump's Vote Suppression Commission", *Washington Post*, June 30, 2017.

53 다음을 참조. Ari Berman, "The Man Behind Trump's Voter-Fraud Obsession", *New York Times Magazine*, June 13, 2017.

54 다음을 참조. https://twitter.com/realdonaldtrump/status/802972944532209664?lang = en.

55 "Without Evidence, Trump Tells Lawmakers 3 Million to 5 Million Illegal Ballots Cost Him the Popular Vote", *Washington Post*, January 23, 2017. 트럼프의 발언은 유명한 음모론자 알렉스 존스Alex Jones가 자신의 웹사이트 '인포워스Infowars'에 게재한 주장을 기반으로 삼은 듯 보인다. 다음을 참조. Jessica Huseman and Scott Klein, "There's No Evidence Our Election Was Rigged", *ProPublica*, November 28, 2016.

56 Huseman and Klein, "There's No Evidence Our Election Was Rigged".

57 "There Have Been Just Four Documented Cases of Voter Fraud in the 2016 Election", *Washington Post*, December 1, 2016.

58 Berman, "The Man Behind Trump's Voter-Fraud Obsession".

59 Max Greenwood and Ben Kamisar, "Kobach: 'We May Never Know' If Clinton Won Popular Vote", *The Hill*, July 17, 2019.

60 Waldman, "Why We Should Be Very Afraid of Trump's Vote Suppression Commission".

61 Goel, Meredith, Morse, Rothschild, and Houshmand, "One Person, One Vote".

62 2017년 7월 44개 주 정부는 위원회와 유권자 정보를 공유하자는 제안을 거절했다. 다음을 참조. "Forty-Four States and DC Have Refused to Give Certain Voter Information to Trump Commission", CNN.com, July 5, 2017.

63 "Poland's President Vetoes 2 Laws That Limited Courts' Independence", *New York Times*, July 24, 2017.

64 예를 들어 캘리포니아 공화당 하원 의원 던컨 헌터는 2016년 선거운동 기간에 트럼프의 음담패설 녹음 파일인 '액세스 할리우드Access Hollywood'가 유출된 뒤에도 트럼프를 공개적으로 옹호했다. 다음을 참조. "Trump's 10 Biggest Allies in Congress", *The Hill*, December 25, 2016.

65 "Special Counsel Appointment Gets Bipartisan Praise", *The Hill*, May 17, 2017.

66 "Republicans to Trump: Hands off Mueller", *Politico*, June 12, 2017.

67 위의 책.

68 다음을 참조. https://projects.fivethirtyeight.com/congress-trump-score/?ex_cid=rrpromo.

69 "Senators Unveil Two Proposals to Protect Mueller's Russia Probe", *Washington Post*, August 3, 2017; Tracy, "As Mueller Closes In, Republicans Turn away from Trump".

70 Jeffrey M. Jones, "Trump Has Averaged 50% or Higher Job Approval in 17 States", Gallup News Service, July 24, 2017. 다음을 참조. http://www.gallup.com/poll/214349/trump-averaged-higher-job-approval-states.aspx.

71 다음을 참조. https://projects.fivethirtyeight.com/congress-trump-score/?ex_cid=rrpromo.

72 "Trump's 10 Biggest Allies in Congress."

73 "In West Virginia, Trump Hails Conservatism and a New GOP Governor", *New York Times*, August 3, 2017.

74 다시 한 번 다음을 참조. Mueller, *War, Presidents, and Public Opinion*. 그리고 안보결집 효과에 관해 최근에 나온 실증적 연구 자료는 다음과 같다. Oneal and Bryan, "The Rally 'Round the Flag Effect in U.S. Foreign Policy Crises, 1950-1985", Baum, "The Constituent Foundations of the Rally-Round-the-Flag Phenomenon", and Chatagnier, "The Effect of Trust in Government on Rallies 'Round the Flag".

75 Huddy, Khatib, and Capelos, "The Polls—Trends", pp.418-50; Darren W. Davis and Brian D. Silver, "Civil Liberties vs. Security: Public Opinion in the Context of the Terrorist Attacks on America", *American Journal of Political Science* 48, no.1(2004), pp.28-46; Huddy, Feldman, and Weber, "The Political Consequences of Perceived Threat and Felt Insecurity", pp.131-53; and Adam J. Berinsky, *In Time of War: Understanding American Public Opinion from World War II to Iraq*(Chicago: University of Chicago Press, 2009), Chapter 7.

76 Howell, *Power Without Persuasion*; Ackerman, *The Decline and Fall of the American Republic*, pp.67-85.

77 Howell, *Power Without Persuasion*, p.184.

78 2016년 선거운동 기간에 공화당 외교정책 전문가 50인(많은 이들이 부시 행정부 관료를 지냄)은 서한을 통해 트럼프의 무지와 무모함이 "국가 안보를 위기로 몰아넣을 것"이라고 경고했다. 다음을 참조. "50 G.O.p.Officials Warn Donald Trump Would Put Nation's Security

'At Risk'", *New York Times*, August 8, 2016.

79 "smashed through the behavior standards": David Brooks, "Getting Trump out of My Brain", *New York Times*, August 8, 2017.

80 James Wieghart and Paul Healy, "Jimmy Carter Breaks Protocol at Inauguration", *New York Daily News*, January 21, 1977.

81 Christine Hauser, "The Inaugural Parade, and the Presidents Who Walked It", *New York Times*, January 19, 2017.

82 Paul F. Boller, *Presidential Campaigns: From George Washington to George W. Bush*(Oxford: Oxford University Press, 2004), p.70

83 이어지는 설명은 다음을 기반으로 한 것이다. Clarence Lusane, *The Black History of the White House*(San Francisco: City Lights Books, 2011), pp.219–78.

84 위의 책.

85 "President Trump Breaks a 150-Year Tradition of Pets in the White House", AOL. com, July 28, 2017.

86 Yashar Ali, "What George W. Bush Really Thought of Donald Trump's Inauguration", *New York Magazine*, March 29, 2017.

87 전 공직자윤리국 국장 월터 쇼브는 이렇게 말했다. "에너지부 장관도 얼마든지 쉐브론Chevron, 엑슨Exxon, B.P.[의 지분을] 보유할 수 있다. 매일 출근해서 책상에 발을 올린 채 빈둥빈둥 놀 생각이라면 말이다." 다음을 참조. Lizza, "How Trump Broke the Office of Government Ethics".

88 트럼프는 자신의 국제적인 비즈니스 거래와 트럼프 오거니제이션Trump Organization에 대한 광범위한 연관에서 비롯된 다양한 잠재적인 이해관계 충돌에 직면해 있다. 대선을 몇 주 앞둔 시점에 선라이트 재단Sunlight Foundation은 "위험한" 이해관계 충돌 목록을 작성했다. 2016년 11월 발표된 목록에는 32가지 항목이 포함되어 있었다. 그러나 2017년 7월에 발표한 목록은 600가지를 넘어섰다. 트럼프의 각료 및 자문 임명자들(에너지, 금융, 로비 분야에서 데려온) 중 많은 이들 역시 잠재적인 이해관계 충돌에서 자유롭지 못하다. 다음 자료를 참조. http://www.sunlightfoundation.com.

89 "As Trump Inquiries Flood Ethics Office, Director Looks to House for Action", NPR. com, April 17, 2017. 트럼프 법률 팀은 전 부통령 넬슨 록펠러Nelson Rockefeller를 가족의 재산과 관련하여 완전히 자유롭지 못한 대표적인 인물로 꼽았다. 하지만 록펠러 부통령은 잠재적인 이해충돌 사안에 대해 이미 4개월에 걸쳐 청문회를 받은 바 있다. 다음을 참조. "Conflicts of Interest: Donald Trump 2017 vs. Nelson Rockefeller 1974", CBSNews. com, January 13, 2017.

90 다음을 참조. https://twitter.com/realdonaldtrump/status/802972944532209664?lang=en.

91 "California Official Says Trump's Claim of Voter Fraud Is 'Absurd'", *New York Times*, November 28, 2016; "Voter Fraud in New Hampshire? Trump Has No Proof and

Many Skeptics", *New York Times*, February 13, 2017; "Trump's Baseless Assertions of Voter Fraud Called 'Stunning'", *Politico*, November 27, 2016.

92 "Un Tercio de los Mexicans Cree Que Hubo Fraude en las Elecciones de 2006", *El País*, July 3, 2008. 다음을 참조. https://elpais.com/internacional/2008/07/03/actualidad/1215036002_850215.html; Emir Olivares Alonso, "Considera 71% de los Mexicanos que Puede Haber Fraude Electoral", *La Jornada*, June 29, 2012. 다음을 참조. http://www.jornada.unam.mx/2012/06/29/politica/003n1pol.

93 Sam Corbett-Davies, Tobias Konitzer, and David Rothschild, "Poll: 60% of Republicans Believe Illegal Immigrants Vote; 43% Believe People Vote Using Dead People's Names", *Washington Post*, October 24, 2016.

94 "Many Republicans Doubt Clinton Won Popular Vote", *Morning Consult*, July 27, 2017.

95 Ariel Malka and Yphtach Lelkes, "In a New Poll, Half of Republicans Say They Would Support Postponing the 2020 Election If Trump Proposed It", *Washington Post*, August 10, 2017.

96 https://twitter.com/realdonaldtrump/status/837996746236182529; 또한 다음을 참조. www.politifact.com/truth-o-meter/article/2017/mar/21/timeline-donald-trumps-false-wiretapping-charge%2F.

97 "Many Politicians Lie, but Trump Has Elevated the Art of Fabrication", *New York Times*, August 8, 2017.

98 〈폴리티팩트PolitiFact〉. 다음을 참조. http://www.politifact.com/personalities/donald-trump/.

99 David Leonhardt and Stuart Thompson, "Trump's Lies", *New York Times*, https://www.nytimes.com/interactive/2017/06/23/opinion/trumps-lies.html?mcubz=1.

100 Rebecca Savransky, "Trump Falsely Claims He Got Biggest Electoral College Win Since Reagan", *The Hill*, February 16, 2017; Tom Kertscher, "Donald Trump Not Close in Claiming He Has Signed More Bills in First Six Months Than Any President", *PolitiFact Wisconsin*, July 20, 2017, http://www.politifact.com/wisconsin/statements/2017/jul/20/donald-trump/donald-trump-not-close-claiming-he-has-signed-more/.

101 Ella Nilsen, "Trump: Boy Scouts Thought My Speech Was 'Greatest Ever Made to Them.' Boy Scouts: No", *Vox*, August 2, 2017.

102 2017년 중반에 실시한 설문 조사에 따르면 미국인 57퍼센트는 트럼프가 솔직하지 않다고 생각한다. 다음을 참조. Quinnipiac University Poll, "Trump Gets Small Bump from American Voters", January 10, 2017(https://poll.qu.edu /national/release-detail?ReleaseID=2415); "U.S. Voters Send Trump Approval to Near Record Low", May 10, 2017(https://poll.qu.edu/national/release-detail?ReleaseID=2456); "Trump Gets

Small Bump from American Voters", June 29, 2017(https://poll.qu.edu/national/release-detail?ReleaseID=2471).

103 다음을 참조. Robert Dahl, *Polyarchy: Participation and Opposition*(New Haven, CT: Yale University Press, 1971).

104 "With False Claims, Trump Attacks Media on Turnout and Intelligence Rift", *New York Times*, January 21, 2017. 또한 다음을 참조. http://video.foxnews.com/v/5335781902001/?@@sp=show-clips.

105 https://twitter.com/realdonaldtrump/status/880408582310776832, https://twitter.com/realdonaldtrump/status/880410114456465411.

106 "CNN, New York Times, Other Media Barred from White House Briefing", *Washington Post*, February 24, 2017.

107 "Trump Not the Only President to Ban Media Outlets from the White House", ABC10.com, February 24, 2017.

108 Daniel Patrick Moynihan, "Defining Deviancy Down: How We've Become Accustomed to Alarming Levels of Crime and Destructive Behavior", *The American Scholar* 62, no.1(Winter 1993), pp.17-30.

109 메인 주 수전 콜린스는 전체 안건 중 79퍼센트에 대해 트럼프에 찬성표를 던졌다. 다음을 참조. https://projects.fivethirtyeight.com/congress-trump-score/?ex_cid=rrpromo.

110 다음을 참조. https://projects.fivethirtyeight.com/congress-trump-score/?ex_cid=rrpromo.

111 "GOP Candidate in Montana Race Charged with Misdemeanor Assault After Allegedly Body-Slamming Reporter", *Washington Post*, May 24, 2017.

112 "Attitudes Toward the Mainstream Media Take an Unconstitutional Turn", *The Economist*, August 2, 2017; https://www.economist.com/blogs/graphicdetail/2017/08/daily-chart-0.

113 "Why Join the National Rifle Association? To Defeat Liberal Enemies, Apparently", *The Guardian*, July 1, 2017.

114 "'We're Coming for You': NRA Attacks New York Times in Provocative Video", *The Guardian*, August 5, 2017.

9장 민주주의 구하기

1 Mickey, *Paths out of Dixie*.

2 Mickey, Levitsky, and Way, "Is America Still Safe for Democracy?", pp.20-29.

3 다음을 참조. Larry Diamond, "Facing Up to the Democratic Recession", *Journal of Democracy* 26, no.1(January 2015), pp.141-55; and Roberto Stefan Foa and Yascha Mounk, "The Democratic Disconnect", *Journal of Democracy* 27, no.3(July 2016), pp.5-17.

4 Diamond, "Facing Up to the Democratic Recession".

5 Steven Levitsky and Lucan A. Way, "The Myth of Democratic Recession", *Journal of Democracy* 26, no.1(January 2015), pp.45–58.

6 Levitsky and Way, *Competitive Authoritarianism*; Mainwaring and Pérez-Liñan, *Democracies and Dictatorships in Latin America*.

7 공화당은 민주당 표를 도심 지역으로 집중시킴으로써 여러 부처를 장악했다. 이를 통해 공화당 후보들은(주로 소도시와 시골 지역에서 압도적인 지지를 얻은) 상당수 선거구에서 절대적인 우위를 점했고, 선거인단과 특히 상원에서 강력한 위력을 보여주었다.

8 다음을 참조. https://www.census.gov/quickfacts/NC.

9 Jedediah Purdy, "North Carolina's Partisan Crisis", *The New Yorker*, December 20, 2016.

10 "North Carolina Governor Signs Controversial Transgender Bill", CNN.com, March 24, 2016.

11 다음에서 인용. Mark Joseph Stern, "North Carolina Republicans' Legislative Coup Is an Attack on Democracy", *Slate*, December 15, 2016.

12 Max Blau, "Drawing the Line on the Most Gerrymandered District in America", *The Guardian*, October 19, 2016.

13 다음을 참조. http://pdfserver.amlaw.com/nlj/7-29-16%204th%20Circuit%20NAACP%20v%20NC.pdf, pp.10, 13.

14 "North Carolina Governor Signs Extensive Voter ID Law", *Washington Post*, August 12, 2013; and "Critics Say North Carolina Is Curbing the Black Vote. Again", *New York Times*, August 30, 2016.

15 "Justices Reject Two Gerrymandered North Carolina Districts, Citing Racial Bias", *New York Times*, May 27, 2017.

16 "Critics Say North Carolina Is Curbing the Black Vote. Again."

17 "North Carolina Governor Alleges Voter Fraud in Bid to Hang On", *Politico*, November 21, 2016; and "North Carolina Gov. Pat McCrory Files for Recount as Challenger's Lead Grows", NBCNews.com, November 22, 2016.

18 "Democrats Protest as GOP Calls Surprise Special Session", WRAL.com, December 14, 2016.

19 "NC Is in the Hot National Spotlight Yet Again as Media Focus on General Assembly, Cooper", *Charlotte Observer*, December 16, 2016; Stern, "North Carolina Republicans' Legislative Coup Is an Attack on Democracy".

20 "A Brazen Power Grab in North Carolina", *New York Times*, December 15, 2016.

21 "Proposed Cuts to Gov.-Elect Roy Cooper's Appointment Powers Passes NC House in 70–36 Vote", *News & Observer*, December 15, 2016; 그리고 다음을 참조. "Bill Would Curb Cooper's Appointment Powers", WRAL.com, December 14, 2016.

22 "Before Leaving Office, McCrory Protected 908 State Jobs from Political Firings", *News & Observer*, February 23, 2017.

23 "Senate Passes Controversial Merger of Ethics, Elections Boards", WRAL.com, December 15, 2016.

24 다음을 참조. https://www.ncsbe.gov/about-us.

25 Purdy, "North Carolina's Partisan Crisis".

26 "Proposed Cuts to Gov.-Elect Roy Cooper's Appointment Powers Passes NC House in 70 – 36 Vote."

27 "Rebuked Twice by Supreme Court, North Carolina Republicans Are Unabashed", *New York Times*, May 27, 2017.

28 다음에서 인용. Purdy, "North Carolina's Partisan Crisis".

29 Baron von Montesquieu, *The Spirit of the Laws*(Cambridge: Cambridge University Press, 1989).

30 Gunnar Myrdal, *An American Dilemma: The Negro Problem and American Democracy*(New York: Harper and Brothers, 1944), pp.3 – 4.

31 David Faris, "It's Time for Democrats to Fight Dirty", *The Week*, December 1, 2016.

32 "doing little to stop him": Dahlia Lithwick and David S. Cohen, "Buck Up, Democrats, and Fight Like Republicans", *New York Times*, December 14, 2016.

33 "lacks legitimacy": Quoted in Daniella Diaz and Eugene Scott, "These Democrats Aren't Attending Trump's Inauguration", CNN.com, January 17, 2017.

34 다음에서 인용. Theodore Schleifer, "John Lewis: Trump Is Not a 'Legitimate' President", CNN.com, January 14, 2017.

35 Michelle Goldberg, "Democrats Are Finally Learning How to Fight Like Republicans", *Slate*, January 19, 2017.

36 Faris, "It's Time for Democrats to Fight Dirty". Also Graham Vyse, "Democrats Should Stop Talking About Bipartisanship and Start Fighting", *The New Republic*, December 15, 2016.

37 Michelle Goldberg, "The End Is Nigh", *Slate*, May 16, 2017.

38 Daniella Diaz, "Rep.Maxine Waters: Trump's Actions 'Leading Himself' to Impeachment", CNN .com, February 6, 2017.

39 Goldberg, "The End Is Nigh".

40 위의 책.

41 다음을 참조. Laura Gamboa, "Opposition at the Margins: Strategies Against the Erosion of Democracy in Colombia and Venezuela", *Comparative Politics* 49, no.4(July 2017), pp.457 – 77.

42 위의 책, p.466.

43 Laura Gamboa, "Opposition at the Margins: The Erosion of Democracy in Latin

America ", PhD Dissertation, *Department of Political Science*(University of Notre Dame, 2016), pp.129 – 51.

44 위의 책, pp.102 – 7.

45 위의 책.

46 Gamboa, "Opposition at the Margins: Strategies Against the Erosion of Democracy in Colombia and Venezuela ", pp.464 – 68.

47 위의 책, pp.468 – 72.

48 Omar Wasow, "Do Protests Matter? Evidence from the 1960s Black Insurgency ", unpublished manuscript, Princeton University, February 2, 2017.

49 "Interview with President Ricardo Lagos ", in *Democratic Transitions: Conversations with World Leaders*, eds. Sergio Bitar and Abraham F. Lowenthal(Baltimore: Johns Hopkins University Press, 2015), p.85.

50 위의 책, p.74.

51 위의 책.

52 "Interview with President Patricio Aylwin ", in Bitar and Lowenthal, *Democratic Transitions*, pp.61 – 62.

53 위의 책.

54 Constable and Valenzuela, *A Nation of Enemies*, pp.271 – 72.

55 "Interview with President Ricardo Lagos ", p.83.

56 위의 책.

57 Peter Siavelis, "Accommodating Informal Institutions and Chilean Democracy ", in *Informal Institutions and Democracy: Lessons from Latin America*, eds. Gretchen Helmke and Steven Levitsky(Baltimore: Johns Hopkins University Press, 2006) pp.40 – 48.

58 위의 책, p.49.

59 위의 책, pp.48 – 49.

60 위의 책, p.50.

61 예를 들어 다음을 참조. Nathaniel Persily, ed., *Solutions to Political Polarization in America*(New York: Cambridge University Press, 2015).

62 Jacob Hacker and Paul Pierson, *Off Center: The Republican Revolution and the Erosion of American Democracy*(New Haven, CT: Yale University Press, 2006); Mann and Ornstein, *It's Even Worse Than It Looks*; Grossman and Hopkins, *Asymmetric Politics*; Michael Barber and Nolan McCarty, "Causes and Consequences of Polarization ", in Persily, *Solutions to Political Polarization in America*.

63 Nathaniel Persily, "Stronger Parties as a Solution to Polarization ", in Persily, *Solutions to Political Polarization in America*, p.123.

64 Jeff Flake, *Conscience of a Conservative: A Rejection of Destructive Politics and a Return to Principle*(New York: Random House, 2017), p.8.

65 Daniel Ziblatt, *Conservative Parties and the Birth of Democracy*(Cambridge: Cambridge University Press, 2017).

66 Charles Maier, "The Two Postwar Eras and the Conditions for Stability in Twentieth-Century Western Europe", *American Historical Review* 86, no.2, pp.327-52.

67 Ziblatt, *Conservative Parties and the Birth of Democracy*, pp.172-333.

68 Jeffrey Herf, *Divided Memory: The Nazi Past in the Two Germanys*(Cambridge, MA: Harvard University Press, 1997), p.270. 초기에 이 당의 일부 인사는 나치 정권과 연관이 있었고, 이로 인해 줄곧 비판을 받았다.

69 Noel Cary, *The Path to Christian Democracy: German Catholics and the Party System from Windthorst to Adenauer*(Cambridge, MA: Harvard University Press, 1996), p.147.

70 Geoffrey Pridham, *Christian Democracy in Western Germany*(London: Croom Helm, 1977), pp.21-66.

71 위의 책, p.32.

72 위의 책에서 인용. pp.26-28.

73 Mark Penn and Andrew Stein, "Back to the Center, Democrats", *New York Times*, July 6, 2017; Bernie Sanders, "How Democrats Can Stop Losing Elections", *New York Times*, June 13, 2017; 또한 다음을 참조. Mark Lilla, "The End of Identity Liberalism", *New York Times*, November 18, 2016.

74 Penn and Stein, "Back to the Center, Democrats". Also Mark Lilla, "The End of Identity Liberalism".

75 Danielle Allen, "Charlottesville Is Not the Continuation of an Old Fight. It Is Something New", *Washington Post*, August 13, 2017.

76 Thomas Piketty, *Capital in the Twenty-First Century*(Cambridge, MA: Harvard University Press, 2013).

77 Robert Gordon, *The Rise and Fall of American Growth: The U.S. Standard of Living Since the Civil War*(Princeton, NJ: Princeton University Press, 2016), p.613.

78 Katherine Kramer, *The Politics of Resentment: Rural Consciousness in Wisconsin and the Rise of Scott Walker*(Chicago: University of Chicago Press, 2016), p.3.

79 Ian Haney Lopez, *Dog Whistle Politics*(Oxford: Oxford University Press, 2013).

80 Gosta Esping-Andersen, *The Three Worlds of Welfare Capitalism*(Princeton, NJ: Princeton University Press, 1990).

81 Paul Krugman, "What's Next for Progressives?", *New York Times*, August 8, 2017.

82 위의 책.

83 Harold Wilensky, *American Political Economy in Global Perspective*(Cambridge: Cambridge University Press, 2012), p.225.

84 이러한 일이 가능했던 하나의 사례로 뉴딜 연합에 대한 수정주의 입장을 참조. Eric

Schickler, *Racial Realignment*.

85 E. B. White, "The Meaning of Democracy", *The New Yorker*, July 3, 1943.

어떻게 민주주의는 무너지는가

주요 개념

포퓰리스트 31, 117, 142

국가

EU 260

가나 8, 260

그리스 260

남아프리카 260

니카라과 11

독일 9, 23, 28, 30, 34-36, 40, 46, 61, 82,
122, 128, 200, 214, 281-283, 299

러시아 11, 108-110, 112, 122, 224-226,
236, 240-242, 260-261, 271

레바논 263

루마니아 210-211, 260

베네수엘라 9-10, 12, 24-27, 29, 31, 107,
109, 111-112, 141, 154, 163, 226, 231,
237, 251, 254, 260, 272-273

벨기에 28, 35-38

볼리비아 111

브라질 8, 21, 82, 129, 260

스리랑카 11, 260

스웨덴 33-34, 214

스페인 30, 134-136, 260, 278-279

아르헨티나 8, 30, 100, 111, 128, 140-141,
154, 163, 237, 260

에콰도르 31, 99, 142-143, 174, 210, 229,
236-237, 254

영국 7, 28, 134, 137-138, 144-145, 161,
168, 174, 214

우크라이나 11

이스라엘 263

인도 260

조지아 11

체코 260

칠레 7-8, 11, 29, 145-149, 260, 277-279

코스타리카 28

콜롬비아 141, 260, 273

터키 8, 12, 108, 110, 122, 224, 237, 254,
260, 287, 306

튀니지 260

페루 8, 21, 31, 95-97, 99-100, 103-104,
106, 121, 224, 237, 260

폴란드 104, 237-238, 260, 302

핀란드 28, 35, 38-39

필리핀 11, 118, 121, 128

한국 260

헝가리 11-12, 30, 103, 113, 237-238, 260

정당

가톨릭 청년전선(벨기에) 36

가톨릭당(벨기에) 35-38, 40

공화당(미국) 14-15, 41, 50-51, 59-61, 64, 66,
72-81, 86-91, 115-118, 133, 143, 155,
157-161, 166-167, 176-182, 185-219, 228,
231-233, 235, 238-240, 243, 247-248,
252-253-255, 259, 262-267, 269-272, 275-
276, 279-285, 298, 315, 323, 330, 334

공화당(스페인) 134-136

국민당(이탈리아) 24

국민당(칠레) 146

급진시민연합(아르헨티나) 100

기독교민주동맹[기민당](독일) 281-283

어떻게 민주주의는 무너지는가

How Democracies Die
어떻게 민주주의는 무너지는가

어떻게 민주주의는 무너지는가

초판 1쇄 발행 2018년 10월 2일
초판 24쇄 발행 2025년 1월 2일

지은이 스티븐 레비츠키, 대니얼 지블랫
옮긴이 박세연
발행인 김형보
편집 최윤경, 강태영, 임재희, 홍민기, 강민영, 송현주, 박지연
마케팅 이연실, 송신아, 김보미 **디자인** 송은비 **경영지원** 최윤영, 유현

발행처 어크로스출판그룹(주)
출판신고 2018년 12월 20일 제 2018-000339호
주소 서울시 마포구 동교로 109-6
전화 070-5038-3533(편집) 070-8724-5877(영업) **팩스** 02-6085-7676
이메일 across@acrossbook.com **홈페이지** www.acrossbook.com

한국어판 출판권 ⓒ 어크로스출판그룹(주) 2018

ISBN 979-11-6056-058-9 03340

만든 사람들
편집 이환희 **교정** 안덕희 **디자인** 오필민 **조판** 성인기획